JN014647

スポーツ栄養学がわかる

パフォーマンス向上から健康維持まで

杉浦克己 著

NPO 法人日本トレーニング指導者協会 企画協力

大修館書店

推薦のことば

　杉浦克己先生は、日本におけるスポーツ栄養学の名実ともに第一人者であり、これまで30年以上にわたりパイオニアとして活動してこられました。また、日本トレーニング指導者協会（Japan Association of Training Instructors: JATI）の開設時より、協会の活動にご尽力をいただき、さらに本協会の機関誌であるJATI EXPRESSに、スポーツ栄養学の連載記事の執筆を現在も継続中です。

　本書は、その連載内容をもとに加筆・修正した充実した内容となっています。具体的な内容としては，日本のスポーツ栄養学の歴史、スポーツ栄養学の基礎、過去から最新の研究知見、トップアスリートへの栄養サポートの実例、ウエイトトレーニングにおける実践的なスポーツ栄養のスキル、効果的なサプリメント摂取法、健康増進と疾病予防と栄養学、糖質制限ダイエットに対する最新の考え方などが紹介されています。本書を読めば、まさに現在の最高峰のスポーツ栄養学を知ることができるでしょう。

　杉浦先生は、明治製菓株式会社（現　株式会社明治）のザバス スポーツ＆ニュートリション・ラボ設立と同時に所長に就任されました。そして、オリンピックをはじめとする国際大会に帯同しアスリートの活躍、メダル獲得に貢献された実績もお持ちです。また、東京大学において博士号も授与されています。スポーツ栄養学において、実践と研究の両方のキャリアのあるエキスパートであり、現在

は大学において教育にも従事されています。

　本書を熟読すれば、トレーニングやスポーツにおいてスランプに陥ったり、また何らかの課題を抱えている読者は、トレーニング・食事・休養という勝利の方程式で解決するヒントを必ず見つけることができるでしょう。栄養学は、広い意味でトレーニングや休養も含みます。身体の新陳代謝・リカバリーには、外部の栄養素の摂取が欠かせません。

　本書は、読者の皆様がスポーツを通じて豊かで幸福な人生を送ることにつながる1冊です。多くの方々に役立てていただける書籍として、推薦させていただきます。

2021年8月

日本トレーニング指導者協会理事長
有賀　雅史

はじめに

　トップアスリートの活躍を目にすると、「何を食べたら、あんなに速く走れるんだろう、あんなにパワーが出るんだろう、あんなに筋肉がつくんだろう」という具合に、その食生活にも興味がわいてきます。

　実際に、現代のトップアスリートは、日々の練習の目的・内容によって食事や練習時の栄養についても考えていて、トレーニング効果を最大限に高めるように工夫しています。ハードトレーニングの後は、疲れて食欲がないこともあるし、好きなものを好きなだけ食べたいという欲求も起こるでしょう。でも、目標とする勝利や記録のためには、その時どきに摂取するとよい栄養素の種類と量があるので、それをいかに摂取するかを考え実行しているのです。『スポーツ栄養学』は、このようなトップアスリートのために緩やかに発達してきました。

　緩やかにというのは、国として緊急性を認めなかったため、取り組みが弱かったということです。例えば、病気の人のための『臨床栄養学』も特殊な栄養学の一つですが、こちらは病人の生命にかかわるので、現在も遺伝子治療や再生医療など、多くの人材と莫大な費用がかけられ、各国がしのぎを削って取り組んでいます。また、特殊な栄養学としては、ほかに『軍隊栄養学』もあります。兵士のパフォーマンスを高めるための栄養学という点で、日本ではこの種の研究は少なかったのです。

　唯一の例外は、1964 年の東京オリンピックです。この時だけは、敗戦からの回復、国威発揚という明確な目的意識と緊急性とがあったので、栄養学にもしっかりと取り組んでいました。しかし、その後に日本の経済が発展し、食生活が豊かになるにつれて、東京オリンピックの栄養への取り組みは忘れられていきました。やがて日本の国際競技力に限りが見えた時に、それでも「何としても金メダルを獲りたい」という強い目的意識を持った、陸上競技・マラソンと柔道、そして J リーグ 100 年構想によって強くなることを宿命づけられたサッカーの中で、緩やかに、しかし確実に発達し、スポーツ医科学の一分野として、他の競技へと普及していったのです。

　ところで、『スポーツ栄養学』は、トップアスリートだけのものでしょうか。

　現代の日本は世界トップクラスの長寿国となり、高齢者が全人口の 4 分の 1 以上を占めるまでになりましたが、平均寿命は長くても、元気に自立して生活することができる健康寿命が長いとは言い切れません。メタボリックシンドロームやロコモティブシンドロームなどの多くの疾病が、健康寿命を伸ばすことを阻んでいます。

　さらに中高年男性に肥満が多いこと、若い女性のヤセ願望が強いこと、子どもたちの健全な発育発達のための食事のあり方などを考え合わせると、運動不足と栄養の偏りについての課題が山積みです。そのため、2005 年に『食育基本法』が制定され、2011 年には『スポーツ基本法』が施行されたほどです。

　つまり、わが国の健康づくりのためのキーワードは、『運動・スポーツ』と『栄養・食事』であり、2 つのキーワードを合体させると、『スポーツ栄養学』となるのです。

　筆者は、運動・スポーツを通じて自らを高めようとする人々を「アスリート」と呼んできました。トップアスリートでなくても、

もっとうまくなろう、強くなろうとする「レクリエーショナルアスリート」、体力を高めて余裕をもって仕事に邁進する「ビジネスアスリート」、筋力を高めて介護の要らない身体をつくろうとする「エルダーアスリート」等々、このような、今の自分を超えていこうという人すべてに、『スポーツ栄養学』は役立ちます。

　本書では、基礎から実践までを深く学べるように、6つの章立てとしました。

　第1章は「スポーツ栄養の基礎知識」として、学問的な成り立ち、エネルギーのインプットとアウトプット、基本的な食事の考え方をまとめました。

　第2章は「アスリートの栄養戦略」として、試合前に何を食べるか、身体づくりとダイエットの秘訣、そして競技別の栄養など、目的に応じた栄養学を解説しました。

　第3章は「ジュニア・女性・高齢者への栄養アドバイス」です。これらの対象の栄養については、一般に知られていないことが多いものです。

　第4章は「サプリメントを知り尽くせ！」とし、サプリメントの正体と利用法、そして水分補給についてまとめました。

　第5章は「スポーツ栄養とコンディショニング」とし、疲労、腸内細菌、感染症（特にコロナウイルス）対策、筋トレとアンチエイジングとの関係に触れました。

　第6章は「これを知れば、あなたも栄養博士」とし、食品のラベルの読み方と、関連する法律、加えて、いま話題の糖質制限食（ケトン食）、ベジタリアンの注意点、遺伝子ドーピング、そして1964年東京オリンピックの栄養サポートについても解説しました。

　本書は、興味のある項目から読み進めていただいて結構です。トップアスリートが国際舞台で活躍するためにも、皆様がいい学び、

いい仕事をしてウエルネスな人生を送るためにも、本書が有用な武器（あるいは防具）となることを信じています。

2021 年 8 月

杉浦　克己

目 次

第6章　これを知れば、あなたも栄養博士　　203

第 1 章

スポーツ栄養の基礎知識

1-1 スポーツ栄養学の考え方

　スポーツ栄養という言葉には、スポーツをする人（本書では便宜的にアスリートと呼ぶ）の栄養摂取のすべてが含まれています。

アスリートの栄養サポート

　その栄養摂取は、大きく分けて2つの研究あるいは現場サポートによって発達してきました（**図 1-1-1**)[1]。一つは食事調査をベースとしてアスリートの栄養摂取状況を明らかにし、いわゆる「バランスのよい食事」を実現することを目指します。この場合の「バランスのよい食事」とは、年齢・性別・体格・競技種目・目的・シーズンに応じてアスリートに必要となるエネルギーと栄養素量を含む

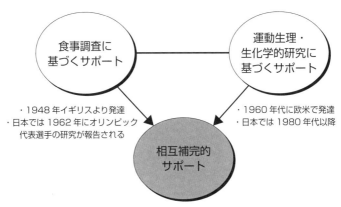

図 1-1-1　アスリートの栄養サポート

適切な食事のことです。文献的には、海外では太平洋戦争後から見られますが、国内では 1964 年の東京オリンピックに向けた選手強化が始まった頃から認められます[2]。このサポートを専門的に行うのは栄養士・管理栄養士、栄養学者が中心であり、食事調査を行って理想に対する過不足を把握し、栄養指導していきます。

　もう一つは運動生理・生化学的手法を用いて、特定の栄養素や物質がスポーツパフォーマンスとどのような関わりを持つかを研究するものです。文献的には運動生理学発達史の初期からありますが、1960 年代より欧米において著しく発展してきました[3]。この研究からは、運動処方に合わせた栄養処方、スポーツドリンクやサプリメントが生まれてきます。しかし、食事の場というよりは、むしろスポーツの現場においてトレーニング効果を高めたり、疲労からの回復を早めたり、競技のパフォーマンスを高めることが目的になります。研究・サポートを行う主体は、運動生理学者や生化学者、医師であり、実験室と一部フィールドで遂行されるのです。

　冒頭に書いたように、スポーツ栄養がアスリートの栄養摂取のすべてを含むものであるなら、アスリートが試合に向けてトレーニングを重ねて準備し、試合中にパフォーマンスを発揮し、試合終了後に早期の回復を図るのに対して、栄養、すなわち利用できる飲食物を用いてサポートすることが、スポーツ栄養の実際面でしょう。そこで、どのようなアスリートがどのような運動をした時に、どのような食事、ドリンク、サプリメントを摂取すればよいのかについてトータルで研究し、指導することが求められるはずです。スポーツ栄養が、スポーツに正しい形で貢献できるためには、研究・サポート自体が上記の 2 つの方法に基づいて行われ、さらにお互いを補って有機的に進められる相互補完的なサポートが必要となります。お互いを軽視するようなことがあっては意味がありません。

　そして、現場に専門家が常にいて役割分担で動けるようなトップ

選手やチームを別とすると、栄養についてはアスリート本人、および指導者、保護者や配偶者がその役割を担うことも少なくありません。よって、読者には、スポーツ栄養の基本的な知識を持ち、最新のトピックスについても頭に入れておいていただきたいと思っています。

バランスのよい食事の実現

　食事については、アスリートも一般人も基本は同じであって、『食事バランスガイド』（図 1-1-2）の構成要素を用いて考えることができます。『食事バランスガイド』は、農林水産省と厚生労働省により 2005 年に策定されたものであり、同年に制定された食育基本法に則り、日常的な食生活を評価・教育するためのツールとして、「どのような食品」を「どれだけ」食べたらよいかをわかりやすく示したものです[4]。コマの形をしていて、食品を主食、副菜（野菜）、主菜（おかず）、果物、牛乳・乳製品の 5 つのグループに分け、面積の大きいグループから相対的にたくさん摂取します。図 1-1-3

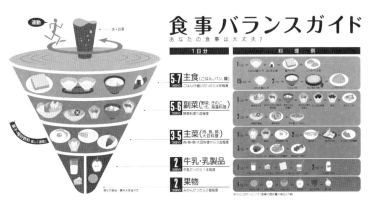

図 1-1-2　食事バランスガイド（農林水産省ホームページ）
https://www.maff.go.jp/j/balance_guide/

図 1-1-3　食事例

に、食事バランスガイドの考えに則ったアスリートの食事例を示します。この５つのグループを、アスリートの年齢・性別・体格・競技種目・目的・シーズンによって増減しながら、バランスのよい食事を実現していきます。

　食事面には、栄養科学の進歩が最近はあまり認められないように思われがちですが、アスリートに常にバランスのよい食事をしてもらうことは、案外難しいものです。アスリート本人の意識、知識、行動が伴うためには、栄養教育・サポートの方法こそが重要でしょう。これについては行動変容の事例も含めて別の章で解説します。

パフォーマンス向上の研究

　一方の運動生理・生化学的研究においては、日進月歩で新たな知見が生まれてきます。ただ、その目指すところは、**図 1-1-4** に示

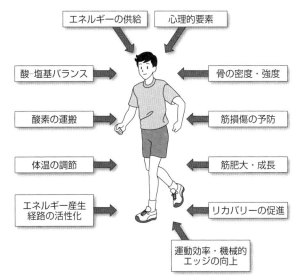

図 1-1-4　運動パフォーマンスを向上させる因子
(Williams 2009)[5]

したように、運動パフォーマンスを向上させる因子[5]に集約される
のではないでしょうか。

　図の左上から左下を見てみましょう。エネルギーの供給には糖質
が重要であり、ブドウ糖、マルトデキストリンなどが有名です。持
久的エネルギーにはカフェイン、瞬発的エネルギーにはクレアチン
も用いられますし、最近では硝酸塩も注目されています。酸－塩基
バランスには、例えば陸上競技の 400 m 走のように筋内の水素イ
オン濃度が高まり、酸性化が進んで運動の持続が困難になった時に、
アルカリ（重炭酸ナトリウム）やβ－アラニンを摂取するという研
究があります。酸素の運搬には、赤血球およびヘモグロビンの増加
を考えるので、タンパク質、鉄、ビタミン E などが関与します。
体温調節は主に水分補給であり、水分に何を加えるかがポイントに
なります。エネルギー産生経路の活性化にはビタミン B 群などが

考えられます。

　さらに、図の右上から右下をみてみます。心理的要素もビタミンB群が考えられますが、食事の内容とタイミング（消化のしやすさなど）も少なからず影響するでしょう。骨に関しては、コラーゲン、カルシウム、ビタミンD、関節・軟骨にはグルコサミン、コンドロイチン硫酸、メチルスルフォニルメタン（MSM）などが用いられます。筋損傷の予防、筋肥大・成長には、エネルギー補給、タンパク質・アミノ酸、クレアチン、最近では炎症反応からの回復にω-3不飽和脂肪酸（EPA、DHA）も注目されています。リカバリーには、エネルギー補給、プロテイン・アミノ酸、ビタミン類が関係します。運動効率・機械的エッジの向上とは、力を効率よく伝えることを念頭におきますので、必要以上の体脂肪を落として機能的な身体を目指すということで、大豆タンパク質、カフェイン、カプサイシン（唐辛子の辛味成分）、カルニチン、ガルシニア、コエンザイムQ_{10}などのダイエット食品が有効かもしれません。

　もちろん、ここで紹介した以外にも多くの素材が可能性を秘めているでしょう。対象となるスポーツ特有の動きや代謝により、どのような因子が要求されるかを把握し、それに有効な物質を考えてみることが必要です。ただし、安全性が第一です。スポーツではドーピングの問題を常に意識し、あくまで栄養の範囲で取り組まねばなりません。そして、これらのサプリメントを支える研究がどこまで進んでいるか、信頼できるものであるかについても理解しておかねばなりません。

　本書では、エネルギーや栄養素に着目した栄養管理、栄養教育の考え方と現場での栄養サポート事例、水分補給とスポーツドリンク、目的別の栄養摂取をサプリメントを含めた形で議論していこうと思います。

参考文献

1) 杉浦克己：トップクラススポーツ選手の栄養サポート．保健の科学．39: 635-639, 1997.
2) 白井伊三郎：オリンピックローマ大会に出場した体操およびボート選手の栄養摂取量について．体力科学．11: 61-65, 1962.
3) Bergstrom J and Hultman E: Muscle glycogen synthesis after exercise: An enhancing factor localized to the muscle cells in man. Nature, 210: 309-310, 1966.
4) 田中茂穂：日本人の食事摂取基準（2010年版）．子どもと発育発達, 9: 163-167, 2011.
5) Williams MH: Nutrition for Health, Fitness and Sport. 9th Ed., 2009.

1-2　エネルギー消費量を見る

　アスリートの栄養サポートを行う時に、個々の選手あるいはチームの1日のエネルギー消費量がどの程度であるかを把握できると、どのくらいの量の食事をすればいいかが決められます。しかし、このエネルギー消費量を測定しようと考えると、それほど簡単にはいかないというのが本項のテーマです。

エネルギーの構成要素

　1日の総エネルギー消費量は、基礎代謝量、食事誘発性熱産生、身体活動による消費の3つから構成されています（**図1-2-1**）[1]。基礎代謝量（basal metabolic rate: BMR）は、呼吸・循環・体温の維持といった生命活動のうち最低限必要なエネルギーを表しています。実際の測定では、被検者は前日に施設に来て、定められた夕食を摂り、温度・湿度が快適な室内で8時間睡眠し、夕食から12時

図 1-2-1　1 日の総エネルギー消費量の構成

間以上の絶食状態で、目だけ覚ましたところで、安静仰臥の状態の
まま呼気ガスを測定されます。

　一般には、年齢、性別、体重から推定する方式が考案されていて、
現在は 18〜29 歳の男性で 1 日に体重 1 kg あたり 23.7 kcal、女性で
同じく 22.1 kcal という数値が用いられます[2]。基礎代謝量は除脂肪
体重と正の相関があるので、米国のスポーツ現場では、以下に示す
Cunningham の方程式[3]がしばしば用いられているようです。

$$22（kcal）×除脂肪体重（kg）＋500（kcal）$$

　食事誘発性熱産生（diet induced thermogenesis: DIT）は、食事
の消化・吸収により消費されるエネルギー量であり、糖質、脂質は
摂取したエネルギーの 4〜5% であるのに対し、タンパク質のそれ
は約 30% と高くなります。このことから、朝食時に高タンパク食
を摂ると体温が上がり、1 日の消費エネルギーが大きくなることが
予想されるので、ダイエットに好都合といわれるようになりました。

　身体活動による消費（physical activity energy expenditure:
PAEE）は、日常生活における消費と、運動・スポーツによる消費
を含んでいます。一般人は、1 日の消費エネルギーの約 60% が
BMR であり、30〜40% が PAEE であることが多いものですが、
アスリートでは PAEE が 50% 以上になることが少なくありません。

エネルギー消費の測定方法

　エネルギーのインプットとアウトプットが釣り合っていれば、体
重は変化せずに維持されると考えられます。図 1-2-2 はその考え
方を示しており、左側がインプットにあたるエネルギー摂取量、右
側がアウトプットにあたるエネルギー消費量です。

　つまり、左側が相対的に大きくなれば体重は増加しますし、右側
が大きくなれば体重は減少します。それを利用すれば、増量や減量

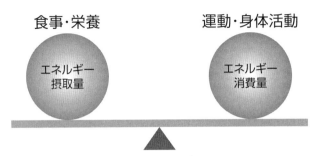

図 1-2-2　エネルギーバランスの考え方

を考えることができますし、体重を維持したければ左右を釣り合わせるようにすればいいのです。

　そこで、エネルギー消費量を測定あるいは推定する必要が生じます。その方法を以下に示します。

　①ヒューマンカロリーメーター法
　②呼気ガス分析法
　③二重標識水法
　④加速度計法
　⑤要因加算法

　まず、①と②は、酸素の消費量と二酸化炭素の産生量から消費エネルギーを算出するものです。①のヒューマンカロリーメーター法は、被検者にワンルームの部屋型の測定装置に 24 時間暮らしてもらい、日常生活で何に何時間使うかを決めて実施、体操や簡易トレッドミルあるいは自転車エルゴメータを用いた運動なども行ってもらいます。部屋に流入する大気と、部屋から流出する空気との体積、酸素濃度、二酸化炭素濃度をモニタリングして、酸素消費と二酸化炭素産生を分析します。大がかりな施設が必要で価格も高額ですが、専門に製造するメーカーのホームページによると、2020 年までに国内では国立健康・栄養研究所をはじめとし、21 の研究機関に納品された実績があるそうです[4]。この方法は、日本人の食事摂取基

準を策定するための研究には貢献しましたが、狭い室内に暮らすため、様々な運動様式のスポーツに適用することは難しいといえるでしょう。

　②の呼気ガス分析法は、実験室や屋外での測定が可能ですが、ガスマスクをつけての運動は負担が大きいものです。そこで、酸素摂取量と心拍数が正の相関を示すことを利用して、あらかじめ被検者の酸素摂取量と心拍数とを測定して関係を把握しておき、実際の測定では心拍モニターのみを装着して、心拍数から酸素摂取量を推定することが多いようです。それでも、格闘技やコンタクトスポーツでの測定は心拍モニターの装着が難しいですし、運動強度が一定の走行運動では信頼できるデータが得られるものの、高強度と低強度の運動を繰り返すような場合には誤差を生じやすくなります。

　③の二重標識水法は、エネルギー消費量測定のゴールデンスタンダードとして近年注目されています。被検者に、２つの安定同位体 ^{2}H と ^{18}O に標識された水（$H_2O : {}^2H_2{}^{18}O$）を飲んでもらい、日常生活やスポーツをしてもらって尿だけ採取します。生体内における水素原子と酸素原子の排出経路が異なる点を利用して（^{2}H は水分のみ、^{18}O は水分と二酸化炭素として排出するので、尿への排出が異なってくる）、二酸化炭素排出量からエネルギー消費量を求める方法です。日常の生活動作のいっさいを妨げず、誤差は±5% 程度ですが、安定同位体が高価であり、分析に際して質量比分析装置が必要、その操作にも高い専門技術が要求されます。また、動作ごとの消費量は測定できないという欠点があります。

　しかし、この方法を用いてアスリートのエネルギー消費量を測定した報告も見られるようになりました[5]。筆者がこの方法で気をつけなければならないと思うのは、二重標識水法は現実を反映するのみであるということです。それはよいことなのですが、アスリートが測定の時に本気で運動しているかどうかが問われるのではないか

と思います。例えば韓国の K リーグの試合期のエネルギー消費量を測定した研究では、非常に参考になるデータが得られたと思います。しかし、日本である競技の合宿期のエネルギー消費を測定した報告では、どう見てもエネルギー消費量が低すぎるように感じました。アスリートのエネルギー消費量は正しく測ることができたと思いますが、それがそのまま、その競技のアスリートに必要なエネルギー摂取量として独り歩きしていくことには賛成できません。なぜなら、選手がその合宿で、思い切り練習しているかどうかが疑わしいからです。

　以前、知り合いの栄養学の研究者が、男性のオリンピック代表選手に栄養指導をした時、食事調査の結果から 2200 kcal の栄養摂取であったので、もっと食べるように指導して摂取エネルギーを 4200 kcal に増やしたという話を聞きました。しかし、その選手の体重は 1 kg も増えませんでした。不思議に思った研究者が選手にたずねると、食事量が増えたことで練習の強度が上がり、練習内容が充実してきたという答えだったそうです。その選手はオリンピックで金メダルを獲得しました。

　つまり、アスリートが思い切り練習しているのか "抜いて" 練習しているのか、指導者が追い込んでいるのか、調整練習なのかによって、得られるデータは変わってきますので、そういう条件を考慮してデータを解釈するべきだと考えます。測定した研究者はそのことを理解していると思いますが、その論文の背景を知らずに代表選手の栄養必要量として引用することは避けねばならないでしょう。

　④の加速度計法は、歩数あるいは加速度が酸素摂取量と正の相関にあることを利用して開発された方法です。誤差は ±10％ 以上あり、やや過小評価する傾向があります。また、運動の種類によって測定が不向きなものもあります。アスリート向きではありませんが、現在は三次元センサーも導入され、個人間の差をみるのには適して

いますので、一般人の健康増進や生活習慣病予防には手軽で役立つ方法といえるでしょう。

要因加算法と栄養管理

　⑤の要因加算法は、古くからよく用いられるエネルギー推定法です。活動・運動内容とそれに要した時間を本人または観察者が記録し、それぞれにエネルギー消費量を当てはめて加算していきます。費用があまりかからないので、取り組みやすい方法ですが、記録を正確にしていく必要があります。

　現在は、このエネルギー消費量にメッツ（metabolic equivalents: METs）という指標が使われます。**表 1-2-1** は、スポーツ活動のメッツです[6]。座位安静時におけるエネルギー消費量（安静時代謝量）を１メッツとして、各活動・運動がその何倍のエネルギー消費に相当するかで表します。

　まず、安静時の酸素摂取量１メッツが 3.5 mL/kg/ 分であり、酸素 1L が約 5 kcal に相当することから、エネルギー消費量は、3.5（mL/kg/分）×体重（kg）× 5（kcal/L）÷1000×メッツ×活動・運動時間（分）と表すことができます。これをまとめると、次のようになります。

　　　　エネルギー消費量
　　　＝1.05×体重（kg）×メッツ×活動・運動時間（時間）

　例えば、体重 60 kg の人が、4.0 メッツの卓球を 30 分間実施した場合のエネルギー消費量は、以下のように計算できます。

$$1.05 \times 60 \times 4.0 \times 0.5 = 126 \text{ kcal}$$

　できれば連続３日間（練習日２日と休日１日を含むようにすることが多い）のエネルギー消費量をこの要因加算法で計算し、平均して１日分を決定します。そして、その量をまかなえるように栄養量

表 1-2-1　スポーツ活動の強度
(厚生労働省「健康づくりのための身体活動基準 2013」)

メッツ	3 メッツ以上の運動の例
3.0	ボウリング、バレーボール、社交ダンス(ワルツ、サンバ、タンゴ)、ピラティス、太極拳
3.5	自転車エルゴメーター(30〜50 ワット)、自体重を使った軽い筋力トレーニング(軽・中等度)、体操(家で、軽・中等度)、ゴルフ(手引きカートを使って)、カヌー
3.8	全身を使ったテレビゲーム(スポーツ・ダンス)
4.0	卓球、パワーヨガ、ラジオ体操第 1
4.3	やや速歩(平地、やや速めに＝93 m/分)、ゴルフ(クラブを担いで運ぶ)
4.5	テニス(ダブルス)*、水中歩行(中等度)、ラジオ体操第 2
4.8	水泳(ゆっくりとした背泳)
5.0	かなり速歩(平地、速く＝107 m/分)、野球、ソフトボール、サーフィン、バレエ(モダン、ジャズ)
5.3	水泳(ゆっくりとした平泳ぎ)、スキー、アクアビクス
5.5	バドミントン
6.0	ゆっくりとしたジョギング、ウェイトトレーニング(高強度、パワーリフティング、ボディビル)、バスケットボール、水泳(のんびり泳ぐ)
6.5	山を登る(0〜4.1 kg の荷物を持って)
6.8	自転車エルゴメーター(90〜100 ワット)
7.0	ジョギング、サッカー、スキー、スケート、ハンドボール*
7.3	エアロビクス、テニス(シングルス)*、山を登る(約 4.5〜9.0 kg の荷物を持って)
8.0	サイクリング(約 20 km/時)
8.3	ランニング(134 m/分)、水泳(クロール、ふつうの速さ、46 m/分未満)、ラグビー*
9.0	ランニング(139 m/分)
9.8	ランニング(161 m/分)
10.0	水泳(クロール、速い、69 m/分)
10.3	武道・武術(柔道、柔術、空手、キックボクシング、テコンドー)
11.0	ランニング(188 m/分)、自転車エルゴメーター(161〜200 ワット)
メッツ	3 メッツ未満の運動の例
2.3	ストレッチング、全身を使ったテレビゲーム(バランス運動、ヨガ)
2.5	ヨガ、ビリヤード
2.8	座って行うラジオ体操

＊試合の場合
【出典】厚生労働科学研究費補助金(循環器疾患・糖尿病等生活習慣病対策総合研究事業)「健康づくりのための運動基準 2006 改定のためのシステマティックレビュー」(研究代表者:宮地元彦)

を決めて食事をしてもらい、体重と体組成の変化をモニタリングしながら、栄養摂取量を加減していくというのが、現実的な栄養サポート法、栄養管理の方法となると思います。

参考文献

1）海老根直之，高田和子：2章エネルギー消費量の評価とエネルギーバランス．田口素子，樋口満編著，体育・スポーツ指導者と学生のためのスポーツ栄養学．pp.13-29, 2014.
2）厚生労働省：日本人の摂取基準（2020年版），2020.
3）Cunningham JJ: A reanalysis of the factors influencing basal metabolic rate in normal adults. Am J Clin Nutr. 33: 2372-2374, 1980.
4）富士医科産業株式会社ホームページ（2021年4月22日閲覧）https://www.fujiika.com/fujihumancalorimeter/
5）Ebine N et al.: Measurement of total energy expenditure by the doubly labelled water method in professional soccer players. J Sport Sci. 20: 391-397, 2002.
6）Ainsworth BE et al.: Compendium of physical activities: an update of activity codes and MET intensities. Med Sci Sports Exerc. 32: S498-516, 2000.

1-3 　食事バランスガイドで基本の食事を知る

　前項でエネルギーの考え方をつかめたとして、次に、現状の食事がアスリートとしてふさわしい内容となっているかを点検しなければなりません。それには、一般に食事調査を行います。しかし、食事調査もどこにどの方法で頼めばいいかわからない、という声も少なくありません。知り合いの栄養の専門家がいれば、その人に頼めばいいのですが、知識としてどのような方法があるのか見ておきましょう。

　このような敷居の高さを鑑み、専門家がそばにいなくても国民が自分で栄養摂取状況を把握できるようにと、農林水産省と厚生労働省は「食事バランスガイド」を策定しました。そこで本項は、各種の食事調査の方法、食事バランスガイドの成り立ちとこれを用いた自分でできる食事点検法について解説します。

食事調査の方法

　食生活のアセスメントのうち、エネルギーと栄養素の摂取量を把握するものとして、食事調査があります。主な食事調査法は、**表1-3-1**のように、記録法（秤量法、目安量法）、24時間思い出し法、食物摂取頻度調査法、そして陰膳法です。このうち陰膳法は研究以外では用いられません。

表 1-3-1　主な食事調査法

調査法	方法	特徴
記録法 （秤量法、目安量法）	摂取した食物をすべて記録してもらう方法。秤量法は食物の重量を測定し、目安量法は茶わん1杯等の目安で記録する。メニューの画像を補強データとすることもある。得られたデータをもとに食品成分表を用いてエネルギーおよび各栄養素の摂取量を算出する	・秤量法は日本ではゴールドスタンダードとして使用されてきた。対象者に負担が大きく、長期の調査は困難である ・目安量法は秤量法よりも負担は少なく、もっとも多用される調査法の1つであるが、個人の「感覚」に依存した誤差が影響する。同一個人での縦断的変化の観察に向いている
24時間思い出し法	昨日、または典型的な1日の食事を調査者が聞き出す方法	・習慣的な食事ではなく、また記憶に頼るので、フードモデル等を使用して精度を高める ・調査者の技能に影響される ・対象者の負担は少ない
食物摂取頻度調査法	食品や料理のリストからなる調査票に、一定期間内に日常摂取している食品の摂取頻度を記載させる方法。FFQ（Food Frequency Questionnaire）と呼ばれ、国際的にも広く使用される	・個人の習慣的な栄養摂取が把握できる ・食事時刻など行動レベルの内容は把握できない ・質問項目の妥当性と信頼性に影響される ・対象者に負担がかかる
陰膳法	2人分の全く同量の食事を用意し、1人分は対象者が摂取し、摂食量を記録。もう1人分は摂食量を揃えた上で、料理丸ごと全部をミキサーにかけ懸濁液にし、栄養成分の分析を行う。	・調査者の手間と費用がかかる ・摂食した絶対的「量」が測定可能 ・対象者の負担は最も少ない

　スポーツの現場では、記録法のうち目安量法を用いることが多いのですが[1,2]、アスリートの栄養摂取状況を国際間で比較する研究では、より厳密に行うという趣旨から、秤量法も用いられます[3]。また、得られたデータからエネルギーと各栄養素の量を評価するには、主に食品成分表を用います。

　近年は国立スポーツ科学センター（JISS）を始めとし、食物摂取頻度調査法を用いるケースも増えてきました。佐々木は、厚生労働省の研究の一環として簡易型自記式食事歴質問票（brief-typeself-administered diet history questionnaire: BDHQ）[4]を開発し、その妥当性・信頼性を検証しています。ただし、この方法も精密に行おうとすればするほど質問項目が増え、記入に20～30分を要することもあります。そこでUenishiらは、より簡易型の食物摂取頻度調査法[5]を開発し、陸上長距離選手の骨と栄養の関連性について研究を進めています[6]。

　そして実際に食事調査を行う場合、得られたデータおよび結果の信頼性を高めるために知っておかねばならない誤差の問題がある[7]ので、以下にまとめました。

　①日間変動
　②季節間変動
　③申告漏れ
　④食習慣への干渉
　⑤過小・過大評価
　⑥食品成分表：食事アセスメントの基準
　⑦対象者の消化・吸収能力

食育基本法と食事バランスガイド

食育については6-3、6-4項で詳しく述べますが、ここでも簡単に触れておきます。

　2005 年 6 月 10 日、小泉内閣時代の第 162 回国会において食育基本法が成立し、同年 7 月 15 日より施行されました。その目的は、国民が生涯にわたって健全な心身を培い、豊かな人間性を育むことができるようにするため、食育を総合的、計画的に推進することにあります。

　この食育という言葉が初めて歴史に現れるのは、明治時代に陸軍薬剤監をしていた石塚左玄の著作とされています。明治 29 年（1896 年）の『化学的食養長寿論』[8]において、「体育・智育・才育は即ち食育なり」として「食育」という言葉をつくり、その改訂版ともいえる明治 31 年（1898 年）の『食物養生法』[9]では、「食能（よ）く人を健にし弱にし、食能く人を聖にし暴にし、食能く人を雅にし俗にするのみならず、食能く人の心を軟化して質素静粛に勤勉し、食能く人の心を硬化して華美喧噪に断行するに至る（原文は旧かな使いで読点がないため筆者加筆）」と述べるなど、食が人に及ぼす影響が大きいことを強調しています。

　しかし、その後は戦争などをはさんで日本の食糧事情は「食べるのがやっと」という時代になっていったことから、1980 年代になるまで「食育」という言葉はほとんど使われなくなりました。1980 年代以降はいわゆる「飽食の時代」と呼ばれていますが、自らが知識を持って食を選ぶ眼を持たないと、栄養の偏りなどなどから肥満になったり、生活習慣病に罹患するリスクが高まってしまう時代になったことと、「食育」という言葉の再発見とがほぼ一致するようです[10]。そして、いよいよ食育が注目され始めたのは、2004 年 11 月 21 日に自由民主党の政務調査会に「食育調査会」が設置されてからですので、石塚の創作から 100 年以上を経過してからのことです。この食育調査会は、関係各省庁、有識者、ジャーナリスト、学校給食関係者、食品産業関係者等を交えて 2005 年 6 月 3 日までに 21 回の会合を持ち、食育基本法案を衆議院に提出しました。

　なお、基本法という言葉は、国の制度・政策に関する理念、基本方針を示すものです。また、食育を推進する上での多面性を考えると、複数の省庁が関連して活動を推進していかねばならないため、そのコーディネータは内閣府がすることになり、さらにその活動を国の責務として全国民的に推進していくためには、内閣総理大臣が牽引していくべきものと位置付けられました。それほど、テーマとしても重要かつ緊急であることの表れとみなせます。

　この法律が制定する前にも、文部科学省は、児童生徒が正しい食事の摂り方や望ましい食習慣を身につけるよう、家庭科を中心とし、給食も活用して食育を推進してきました。厚生労働省は、国民の健康づくり運動（「健康日本21」など）の中で食育を行ってきましたし、農林水産省は、日本の食文化の継承、農林漁業や食品産業に関する正しい知識の普及の中で、食育を展開してきました。

　その上で、この法律が制定されるに当たり、国民一人一人におけるバランスのとれた食生活を実現することが最も重要と考えられ、そのためには食べ物を選ぶ時に「何を」「どれだけ」食べたらよいかがわかるような、実際の食の選択の際の参考となるツールの開発が必要とされ、「食事バランスガイド」が策定されたのです。ようやく本題に戻りました。

食事バランスガイドの用い方

　5大栄養素、すなわち糖質（炭水化物）、タンパク質、脂質、ビタミン、ミネラルを厳密にそろえて食事するには栄養士や管理栄養士による栄養価計算や献立づくりが必要です。しかし、多くのアスリートにとっては、日常的な毎日の食事をこのように管理された食事として摂ることは現実的には困難です。そこで、どのような環境においても、バランスのとれた食事を選ぶためのツールとして、食事バランスガイドを使ってみましょう。

　食事バランスガイドは、2005 年 6 月に農林水産省と厚生労働省が策定し、健康な身体を維持するためのバランスのよい食生活をわかりやすく示すため、コマの形のイラストで表しました（3 ページの図 1-1-2 参照）。コマの上から順に、言い換えると、多めに食べる順に、「主食、副菜、主菜、そして果物と牛乳・乳製品」の 5 つの食品から成っています。

　実は、筆者は 1992 年より、栄養指導に「栄養フルコース型の食事」を考案し、推奨してきました[11]。これは 5 つの食品群である主食、おかず（主菜）、野菜（副菜）、果物、牛乳・乳製品を 3 度の食事で毎回そろえるという考え方であり、食事バランスガイドに非常に近いものでした。食事バランスガイドでは、基本的に 1 日分の摂取食品のバランスを示しているのですが、基本的な食品構成は同じものです。言い換えれば、健康な身体の維持を目的とした食事も、アスリートにとっての食事も、その構成内容は変わらず、摂取するそれぞれの食品の量やタイミングがアスリートにとっては重要であるということです。

　さて、この 5 つの食品群をそろえると、5 大栄養素の確保が容易になることがおわかりでしょう（図 1-3-1）。主食には糖質（炭水化物）が豊富に含まれ、アスリートにとって必要なエネルギーの確保が可能となります。主菜や牛乳・乳製品にはタンパク質、ミネラル（カルシウム、鉄）が豊富に含まれ、身体づくりに貢献します。野菜や果物には、ビタミン、ミネラル、そして食物繊維が豊富に含まれるのでコンディショニングに貢献します。野菜には色の薄い野菜（レタスやキャベツなど）と色の濃い野菜（カボチャやニンジン、ホウレン草など）がありますが、色の濃い野菜にはビタミンが豊富に含まれ、また根菜類（ニンジン、ゴボウなど）には食物繊維が豊富に含まれるので、様々な種類の野菜をしっかり摂るべきです。また、果物には酸味のある果物（柑橘類など）と酸味がない果物（桃

主食	糖質（炭水化物） エネルギー	
主菜	タンパク質・鉄 身体づくり	
副菜	ビタミン・ミネラル 食物繊維 コンディショニング	
果物	ビタミン・ミネラル 糖質 コンディショニング エネルギー	
牛乳・ 乳製品	タンパク質・ カルシウム 身体づくり	

図 1-3-1　バランスのよい食事の考え方

やバナナなど）がありますが、酸味のある果物にはビタミンCが豊富に含まれています。果物も野菜同様に、同じ食材ばかりに偏るのではなく、季節ごとに旬の食材を積極的に摂取することを推奨します。

　食事バランスガイドの用い方は、農水省のHP（https://www.maff.go.jp/j/syokuiku/zissen_navi/balance/index.html）に詳しいので、一読をお勧めします。しかし、実際のバランスを即チェックするには、農水省の『毎日の食生活チェックブック（https://www.maff.go.jp/j/syokuiku/pdf/check_book.pdf）』を印刷して、紙ベースで食事メニューを記入しながら評価してもいいですし、オンラインで簡便に評価するシステムも自治体などにより提供されています（『健康にいがた21』https://www.kenko-niigata.com/syoku/syokuiku/guide/2/334.html）ので、ぜひトライしてください。

　ただし、一般人を対象としたシステムですので、たくさん食べるアスリートの場合は、「食べ過ぎです」という評価が出る可能性があります。その時は、5つの食品群で摂取量の少ないものが、その

アスリートの弱点になりますから、そこを強化するように考えれば
いいと思います。

　普段は、このように食事バランスガイドを用い、体重・体組成の
変化をモニターして食生活を考えていき、定期的に専門家に食事調
査を依頼して、食事バランスガイドを有効に使えているかをチェッ
クしたり、選び方を矯正していけば、すぐに好ましい食生活が身に
つくことでしょう。

参考文献

1) Sugiura K et al.: Nutritional intake of elite Japanese Track-and-Field athletes. Int J Sport Nutr. 9: 202-212, 1999.
2) 酒井健介ほか：サッカー女子日本代表選手の栄養摂取状況．日本臨床スポーツ医学会誌，12: 521-527, 2004.
3) Okano G et al.: A Survey comparing nutritional status and exercise training programs between adolescent Japanese and Chinese athletes. Jpn J Phys Fitness Sports Med. 42: 446-454, 1993.
4) 佐々木敏：生体指標ならびに食事歴法質問票を用いた個人に対する食事評価法の開発・検証．平成 13-15 年度厚生科学研究費補助金がん予防等健康科学総合研究事業，「健康日本 21」における栄養・食生活プログラムの評価方法に関する研究．pp.10-44, 厚生労働省，2004.
5) Uenishi K et al.: Development of a simple food frequency questionnaire to estimate intakes of calcium and other nutrients for the prevention and management of osteoporosis. J. Nutr. Sci. Vitaminol. 54: 25-29, 2008.
6) 虎石真弥ほか：大学生陸上長距離選手の骨状態と骨におけるビタミン K 栄養状態の関連．栄養学雑誌，69: 115-125, 2011.
7) 日本栄養改善学会監修：食事調査マニュアル 改定 2 版．南山堂，2008.
8) 石塚左玄：体育智育才育は即ち食育なり．化学的食養長寿論，p. 276, 博文館（東京），1896.
9) 石塚左玄：食能く人を聖にし暴にし雅にし俗にす．食物養生法，p. 177, 博文館（東京），1898.
10) 森田倫子：食育の背景と経緯―「食育基本法案」に関連して―．調査と情報（国立国会図書館），p. 457: 1-10, 2004.
11) 杉浦克己ほか：選手を食事で強くする本，中経出版，1992.

第 2 章

アスリートの栄養戦略

2-1　試合のための栄養

　試合に向けてはどのような栄養素が必要で、何を食べればいいのでしょうか。この事柄には、皆さんの関心も高いでしょう。実際は、通常練習期の食事が大事であって、試合前はいつも食べ慣れたものを摂ればいい、という考えもあるのですが、スポーツ栄養学的には「仕上げの栄養」でもあるので、これまで指導してきた内容をまとめてみます。

歴史的なこと

　わが国においては、戦国時代の武士は、合戦の前にはすぐに食べられる食事を摂ったとされています[1]。とりわけ、ご飯に味噌汁をかける「汁掛け飯」や、水をかける「水飯」、湯をかける「湯漬け」がその代表であり、水飯や湯漬けには香の物や焼き味噌などをつけて、塩分他の栄養素を補給したようです。出陣の命が下った時に、すぐにエネルギーと栄養素を摂る必要があったことから生まれた、武士のたしなみといえるでしょう。

　このようなことは、武家社会が終わってからも庶民の間に生活習慣として残り、庶民にとっては運動会の日にご飯を中心とした弁当を持たせる形で受け継がれていたのだと思います。アスリートも、おにぎりを試合前食として用いることが多かったのでしょう。

　一方、明治時代に入ってきた洋食の中で、ビフテキ（ビーフステーキ）とトンカツは動物性タンパク質や脂肪に富んでいて、身体を

つくりパワーの源となることから、ゲンをかついで「テキにカツ」と呼ばれ、海軍などで食されていました[2]。それでも大正、昭和と社会が貧困にあえぎ、庶民の口に入らない時代が続きます。やがて、太平洋戦争後に進駐軍が来て、また高度経済成長時代に欧米のアスリートやプロレスラーが来日して、肉をたくさん食べる光景を目の当たりにし、日本人は「テキにカツ」を思い出していきます。筆者の記憶では、1970 年代以降、試合前にスタミナをつけるということで肉を食べる風習が表れてきたように思います。主食よりもおかずを選んだことになります。

炭水化物（糖質）の見直し

ところが欧米の運動生理・生化学者は、まず食事の炭水化物の量が持久的運動能力に与える影響を明らかにしていましたが[3]、筋バイオプシーという医学的手法をスポーツの研究に持ち込むことによって筋グリコーゲンを実測することに成功し、筋グリコーゲンは運動により枯渇させると初期の状態よりも高いレベルに回復すること[4]、同時に炭水化物の摂取をコントロールすることにより筋グリコーゲンの蓄積を最大にすること[5]を解明していきました。後者を研究した Bergström らの研究は、そこからグリコーゲンローディングという食事法も生み出し、世界に広がっていきます。

このグリコーゲンローディング法は、現在では古典法と呼ばれていて、試合の 6 日前と 3 日前に筋グリコーゲンを枯渇させる運動を実施します（**図 2-1-1**）。食事は、試合 6 日前から 4 日前までは低炭水化物食、試合 3 日前から当日までは高炭水化物食とします。ただ、実験では被検者に軍隊の兵隊を用い、固定式の自転車エルゴメータを漕いでもらって脚が動かなくなるのを枯渇としたのですが、スポーツ現場では、例えばマラソン選手が動けなくなるまでロードで走り込んだり、バレーボール選手が腕が上がらなくなるまでスパ

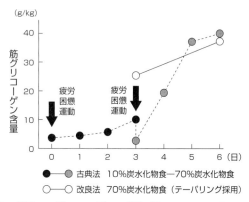

図 2-1-1 グリコーゲンローディング法 (Sherman and Costill 1984)[6]

イクを打ったりしてしまうので、ケガを招いたりなど、競技の良好
な結果は得られないことが多かったようです。日本では、枯渇の
exhaustion を「疲労困憊運動」と訳すケースが多かったのも、指
導者による厳しい追い込み練習を招いたようで、古典法の成功を難
しくしたのでしょう。

　しかし、1980 年代に入ると米国の Costill のグループが、陸上競
技の長距離選手を被検者として用い、試合の 1 週間前から練習量を
少なくしていき（テーパリング）、食事は 3 日前から高炭水化物に
することにより、古典法と同レベルまで筋グリコーゲン含量を高め
られることを報告しました[6]（図 2-1-1）。この方法は、のちにグリ
コーゲンローディングの改良法と呼ばれるようになり、現在も有効
な方法として使われています。

　さて、このように、試合に向けた調整期の食事として注意すべき
点は、炭水化物の摂取と、摂取エネルギーのコントロールであると
考えられます。具体的には、主食と果物を中心とした食事に適量の
おかず、野菜、乳製品を組み合わせるのがいいでしょう。試合前日
の夕食や試合当日の朝食は、脂質やタンパク質の多い食品を摂るこ

とは避けたいところです。これらの栄養素が多く含まれる食品は、胃内滞留時間が長いため、試合前の食事としては適当ではありません。また、野菜の中でも根菜類には食物繊維が豊富ですので、このような食品もたくさん摂取することは避けたいところです。食品衛生上の観点からは、摂取する食品は加熱食品であることも重要です。生ものを摂取したことによる食中毒などは絶対に避けなければならないからです。

　試合当日の朝食は、午前に試合がある場合、少なくとも試合開始3〜4時間前までには済ませておきます。午後の試合であれば、直前の食事を試合開始3〜4時間前になるよう準備するのが適当であり、朝食の時間と内容をコントロールする必要があります。試合までの時間と摂取する食品については、**図 2-1-2、2-1-3**を参考にしてください。

　ところで、炭水化物を摂取せずに運動を行うと、筋タンパクの分解を促す[7]こともわかっているので、「スポーツに炭水化物は必要」と考えておいてください。**表 2-1-1**には、炭水化物摂取のガイドラインを要約しておきます[8]。

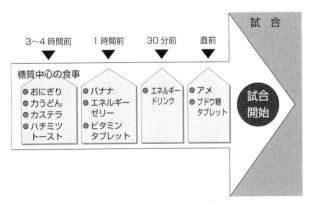

図 2-1-2　試合までの時間と食べ物の関係

図 2-1-3　試合前の軽食（3〜4 時間前）
主食（ごはん、パスタ、うどん、カステラ等）＋果物・果汁 100％ ジュース。
腹八分目に、できるだけエネルギー補給をする。

表 2-1-1　炭水化物摂取のガイドライン

短期間/単回摂取の場合	
筋グリコーゲンの十分な貯蔵 （運動後のリカバリーや競技に向けたローディング時）	7〜10 g/kg BW/日
8 時間以内に次の競技が行われる場合の、競技後の筋グリコーゲンの回復	1 g/kg BW を 2 時間ごと補給
長時間の競技前の炭水化物摂取	1〜4 時間前に 1〜4 g/kg BW
1 時間以内の中等度の強度の競技や間欠的運動中の炭水化物補給	0.5〜1 g/kg/時（30〜60 g/時）
長期間あるいは習慣的な摂取の場合	
適度な運動 （1 時間以内の運動あるいは軽度な運動）	5〜7 g/kg BW/日
持久的運動選手 （1〜3 時間の中等度から高強度の運動）	7〜10 g/kg BW/日
高強度運動 （4〜5 時間以上の高強度運動）	10〜12 g/kg BW/日 以上

/kg BW：体重 1 kgあたり

トレーニングロー・コンピートハイについて

　数年前に盛んにいわれたことに、練習期の食事の炭水化物の割合を下げて筋グリコーゲンの含量を低く抑え、脂肪を利用する能力（酵素の活性など）を高めておき、試合前に炭水化物を摂取して筋グリコーゲン含量を高めれば、持久力を向上させることができる、というものがありました。例えばマラソンでは、脂肪をうまく使いながら走って筋グリコーゲンの利用を節約し、レース終盤に温存した筋グリコーゲンを使って一気にスパートする、ということです。そこで、炭水化物をトレーニング期に低く、競争の時は高くということで、「トレーニングロー・コンピートハイ」と呼ばれました。

　きっかけは、長距離王国であるケニア・エチオピアの選手の研究から発想されたもののようです。ケニア・エチオピアの選手の研究は、『金メダル遺伝子を探せ！』[9]に詳しいのですが、研究者が彼らの練習を観察していると、早朝練習で 20 km、30 km と走り、練習後半には筋グリコーゲンが不足した状態で練習しているのではないか、それが持久力向上に有利に働いているのではないかと考えたようです。再現した研究では、持久的トレーニングに適応したことを示すいくつかのマーカーが活性化されることが報告されています[10,11]。

　この理論は興味深いものであり、市民ランナー向け雑誌に記事が書かれたり、スポーツ界の新たな話題として紹介されましたので、筆者も講演会などでずいぶん質問されました。

　結局、2013 年の ECSS（ヨーロッパスポーツ科学学会）において、英国ラフバラ大学の Hulston は、よく訓練された自転車選手を被検者とした自らの研究を紹介して、低炭水化物群は、高炭水化物群に比べて、脂肪を分解する酵素は活性化されるものの、筋グリコーゲン貯蔵量は低く、運動パフォーマンスも低下したことを示しました[12]。今後さらなる研究によりポジティブな成果が出てこない限りは、いわゆるアスリートにこの方法を勧めることに懐疑的であると

付け加えたのです。現代の日本では、低炭水化物ダイエットとか糖質制限食が流行っていますが、アスリートが飛びつかないよう、メリットとデメリットを挙げて情報提供をしていかなければならないと思います。

参考文献

1) 川口素生：87 汁掛け飯をめぐる食事の作法と武将の器量とは？,『戦国時代なるほど事典―合戦・武具・城の真実から武将・庶民の生活事情まで』, PHP 研究所, 2001.
2) 樫野葉舟：日本兵食概観 (1), 日本醸造協會雜誌. 34: 180-187, 1939.
3) Christensen EH and Hansen O: Arbeitsfahigket and Ernahrrug. Scand Arch Physiol. 81: 160-171, 1939.
4) Bergström J and Hultman E: Muscle glycogen synthesis after exercise: an enhancing factor localized to the muscle cells in man. Nature. 16: 309-310, 1966.
5) Bergström J et al.: Diet, muscle glycogen and physical performance. Acta Physiol Scand. 71: 140-150, 1967.
6) Sherman WM and Costill DL: The marathon: dietary manipulation to optimize performance. Am J Sports Med. 12(1): 44-51, 1984.
7) Poortmans JR: Protein metabolism. In: Poortmans JR, ed., Principles of Exercise Biochemistry, Kager, Basel, pp. 164-193, 1988.
8) Burke LM et al.: Carbohydrates and fat for training and recovery. J Sports Sci. 22: 15-30, 2004.
9) 善家賢：ケニア人の遺伝子の謎.『金メダル遺伝子を探せ！』角川書店, 2010.
10) Hansen AK et al.: Skeletal muscle adaptation: training twice every second day vs. training once daily. J Appl Physiol. 98: 93-99, 2005.
11) Hawley JA and Burke LM: Carbohydrate availability and training adaptation: effects on cell metabolism. Exerc Sport Sci Rev. 38: 152-160, 2010.
12) Hulston CJ et al.: Training with low muscle glycogen enhances fat metabolism in well-trained cyclists. Med Sci Sports Exerc. 42: 2046-2055, 2010.

2-2　増量・身体づくりの栄養

　増量と身体づくりをひとまとめにすることについては、異論もあるでしょうが、ここでは体重を増やす、それもできれば筋肉で増やすことを目指すアスリートへのアドバイスをしたいと思います。実際に現場でもよく相談される内容です。

考え方

①エネルギーを十分に摂取する

　増量を可能にするには、生活活動やスポーツで使う1日の消費エネルギー量を、食事や飲料から得る1日の摂取エネルギー量が上回らなければなりません。まずはこれが一番大事だと思います。特に練習量の多いアスリートは、その消費量を上回る食事を毎日摂取することは結構たいへんなことです。量を食べることが第一です。

②食べる内容を考える

　そうなると、摂取エネルギーを高めるには、ご飯をいっぱい食べるか、揚げ物などでカロリーを高めるかという選択が取り組みやすくなります。ところが、ご飯の主成分は炭水化物（糖質）であり、筋肉の材料はタンパク質ですから、ご飯を食べることを否定はしませんが、ご飯だけで筋肉をつけようとするのは効率的ではありません。俗に「木こりの一升飯」という言葉がありますが、山に入って1日ずっと重労働を続ける木こりは、ご飯を一升（いっしょう＝10合：今ですと茶わん30杯相当）食べないと体力を維持して働くことができないといわれました。これだけ食べられたとしても、タンパク質の含有量は約90gですから、鶏ムネ肉400g分くらいしかないのです。また、揚げ物は油を吸っていますから、増量できても体脂肪が増えてしまう恐れがあります。

③おかずと乳製品をチェック

　そこで、食事バランスガイドを思い出してください。主食・主菜・副菜・果物・乳製品の5つをそろえるのが、栄養バランスを良くする方法でした。主食はエネルギー、主菜と乳製品は身体づくり、副菜はコンディショニング、果物はコンディショニングとエネルギーに主に役立つので、主菜（おかず）と乳製品をしっかり摂ってい

朝食 1109kcal
野菜・きのこ類・海藻には整腸作用のある食物繊維がたっぷり

昼食 877kcal
高タンパク低脂肪のカジキは和洋中どんな味つけにも合う優れもの

間食 224kcal
肉まん1個＋ウーロン茶

夕食 1116kcal
みそ汁も具だくさんにすればりっぱなおかずに変身

図2-2-1 「基礎体力トレーニング期」のメニュー例（青山 2003[1]）より作成）

るかが重要になります。毎食、タンパク質が豊富なおかずと乳製品がそろっているかをチェックすることが次に重要です（**図2-2-1**）[1]。

タンパク質の摂取量

ここは難しい問題です。整理しましょう。

①体重あたりのタンパク質

まず一般人の話です。『日本人の食事摂取基準2020年版』では、まずアメリカ・カナダの食事摂取基準において19歳以上の男女のタンパク質維持必要量は1日あたり0.66 g/kg体重に設定されてい

ることをもとにして、これに日常食混合タンパク質の消化吸収率
90% を想定し、推定平均必要量を以下のように算出しています。

$$0.66/0.9 = 0.73 \, \text{g/kg 体重/日}$$

そして、推奨量は、個人間の変動係数を 12.5% と見積もり、推
定平均必要量に推奨量算定係数 1.25 を乗じた値としています。す
なわち、体重 1 kg あたり 0.91 g の摂取が推奨値となります。ただ
し、前後の年齢区分の値に合わせるように平滑化を行っています。
詳しくは、118 ページの**表 3-1-3** を参照してください。そして、
2020 年版では、特に高齢者のフレイルやサルコペニアを意識し、
少なくとも 1.0 g/kg 体重/日以上のタンパク質摂取が望ましいと記
されるようになりました。

さて『日本人の食事摂取基準』には、「スポーツを行う人」に関
するコメントはなされていませんが、2000 年に策定された第 6 次
改定『日本人の栄養所要量』にはスポーツ選手に関するコメントも
付記されていて、筋力トレーニング時には 1.7〜1.8 g/kg 体重、持
久的運動時には 1.2〜1.4 g/kg 体重のタンパク質の摂取量を推奨す
る Lemon[2] の報告が引用されています。

運動をすることで汗や尿からの窒素化合物の排泄増加や、運動刺
激による筋微細構造の損傷とその回復、またエネルギー産生に伴う
アミノ酸酸化などがタンパク質の要求性の向上に影響を与えること
が考えられます。スポーツには様々な種目や運動強度があり、性別
や年齢区分別にこれら対象者からデータを科学的に採取することは
きわめて困難ですので、スポーツ選手のための基準が策定されない
一つの原因となっているのでしょう。

筆者は、これまで多くのアスリートの栄養サポートを行ってきま
したが、体重 1 kg あたり 2 g のタンパク質の確保を目指してきまし
た。これは食事摂取基準の約 2 倍の数値です。**図 2-2-2** をご覧い

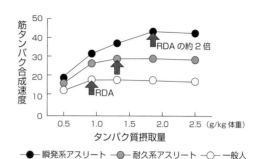

図 2-2-2　タンパク質摂取量と筋タンパク合成速度 (Lemon 1998)[3]

ただくと、欧米でも瞬発系アスリートのタンパク質推奨量（RDA）
は、一般人の RDA の約 2 倍です[3]。日本人の食事では、動物性タ
ンパク質の割合が欧米よりも低いので、欧米より少し高い値の 2 g
という値は妥当であると考えています。実際に現場では、体重
1 kg あたり 2 g の摂取を目指して、良好な結果を得ています[4-7]。

② PFC 比

　ただし、この体重あたりのタンパク質摂取量は、いつも議論にな
りますので、それを避けるには、エネルギーをつくる 3 大栄養素
（protein, fat, carbohydrate）の比率（PFC 比）で考えます。『日本
人の食事摂取基準 2020 年版』では、タンパク質の目標量として、
49 歳まではエネルギーの 13〜20% としています。例えば 4000 kcal
の食事をするとして、13〜20% は 520〜800 kcal に相当します。タ
ンパク質 1 g は 4 kcal の熱量をもつので、これはタンパク質として
130〜200 g になります。体重 1 kg あたりタンパク質 2 g で考える
と、これはアスリートの体重として 65〜100 kg をカバーできるこ
とになります。よって、十分なエネルギーが摂れる食事を用意して、
かつ、おかずと乳製品をチェックしておけば、体重 1 kg あたり 2 g
は確保できるでしょう。

③主食も大事

タンパク質を確保することもそうですが、十分な炭水化物（主食）も欠かさないことが重要です。木こりの一升飯は必要ありませんが、エネルギー比でいえば、55%以上の炭水化物エネルギー比は維持すべきです。低炭水化物、高タンパク質食では、エネルギー産生がタンパク質に依存するため、（筋肉などの）体タンパク質の分解が促進する結果を引き起こす可能性があります[8]。多くのスポーツ選手は、筋肉の増量を目的にタンパク質を含む食品を摂取しているのに、極端な高タンパク質食の食事が、結果として体タンパク質の分解を促進することに気づくべきでしょう。

サプリメントの活用

さて、増量を促進するサプリメントとして、プロテインパウダー、BCAA、クレアチンがよく知られています。これらはどういうもので、どのように使うものでしょうか。

①プロテイン

スポーツサプリメントとして最も有名で、売上規模も大きいものです。牛乳タンパクのカゼイン、ホエイと、大豆タンパク等を原料とし、目的によってそれぞれ単体あるいは配合されて製品化されています。パウダー状が主流ですが、ゼリードリンクやバー食品、最近では牛乳タイプの飲料も見られます。

表 2-2-1 プロテイン摂取の実践的推奨 (van Loon 2014[9])を筆者改変)

・毎食、最低でも20〜25 gのタンパク質は確保する
・運動直後に20〜40 gのホエイプロテインを摂取する
・就寝前にも20〜40 gのカゼインプロテインを摂取する
・ホエイの吸収は速い
・筋グリコーゲンの回復には糖質と一緒に摂るとよい

　筋トレ期や、食事でおかずを十分に食べられない場合などに、サプリメントとして用いますが、吸収を速めるためペプチド状に分解したものなど、運動直後に飲むために、消化器官への負担を軽くするように設計されたものもあります。この摂取タイミングとしては、運動直後が最適であることはよく知られていますが、就寝前も有効であることがオランダの van Loon のグループにより報告され[9,10]、彼らによるプロテイン摂取の実践的推奨がまとめられています（**表2-2-1**）。ただし、腎臓に疾患がないことが前提になります。

②分岐鎖アミノ酸（branched chain amino acids：BCAA）

　タンパク質を構成するアミノ酸のうちバリン、ロイシン、イソロイシンの3種類はBCAAと呼ばれ、特長的なのは筋肉でエネルギーとなることです。一般に、持久的運動であっても瞬発的運動であ

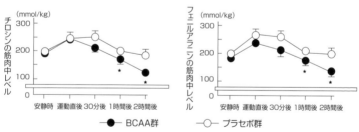

図2-2-3　BCAA 摂取による筋タンパク質分解抑制効果
(Blomstrand and Saltin 2001)[11]

BlomstrandとSaltinは7名の健常男性を対象に60分間の運動（70% VO₂max）時に体重1kgあたり100mgのBCAAもしくはプラセボの摂取（15分前、直前、開始後15、30、45、60分後および回復期15、30、60、90分後）をさせた。筋肉中で代謝されない芳香族アミノ酸（チロシン、フェニルアラニン）の筋肉中レベルを評価した。その結果運動中は、いずれの被験物摂取時も約30％濃度上昇を観察したが、運動後の回復期においては、BCAA摂取でこれら芳香族アミノ酸の有意な低下が観察された。これらの結果は、回復期における筋タンパクの分解をBCAA摂取が抑制することを示唆している。

っても、筋グリコーゲンが枯渇してくると、筋タンパクが分解されてアミノ酸となり、エネルギー源として利用されることが知られています。このような場合に、運動前、運動中にBCAAを補給しておくと、筋タンパクの分解とエネルギー化を抑えることができるとされています（**図2-2-3**）[11]。

③クレアチン

クレアチンを摂取することにより、筋中のクレアチンリン酸濃度が上昇し、瞬発力（ATP-CP系のパワー発揮能力）が高まります。これはエネルギーの問題です。しかし、例えば筋トレ期にクレアチンを摂取しつつトレーニングを行えば、セットを重ねても瞬発力の持続的発揮が可能となり、トレーニングをより積めることになり、結果として筋量が増加するのです（**図2-2-4**）[12]。

クレアチンは食肉中に含まれる成分であり、日本では食品に分類されるので、決められた量を守って摂取すれば、副作用等はありません。しかし、使用にあたっては、

・日常の栄養摂取を理想状態にする（食事バランスガイドの活用）

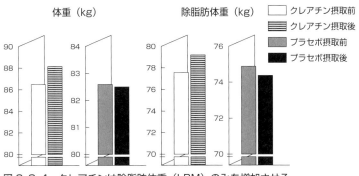

図2-2-4　クレアチンは除脂肪体重（LBM）のみを増加させる
(Earnest et al. 1985)[12]

36

・水分補給を十分に行う

・ウォーミングアップやクーリングダウンをおろそかにしない

ことが必要です。さらに、不純物のない純度の高い製品を選ぶこと、筋中濃度を最大にするためのローディング期（1日20gを4回に分けて6日間摂取）と、身体を慣らすためのメンテナンス期（1日5gを1週間以上）という用法・用量を守ることが重要です。

以上のように、食事をしっかり摂って、運動直後や就寝前にプロテインを摂取し、さらに上を目指す人は運動前・運動中にBCAAを摂取、さらにという人はクレアチンを試すという順番で、かなり良好な結果が得られると思います。

参考文献

1) 青山晴子：スポーツ選手の栄養学と食事プログラム．西東社，2003.
2) Lemon PWR: Is increased dietary protein necessary or beneficial for individuals with a physically active lifestyle? Nutr Rev. 54: S169-S175, 1996.
3) Lemon PWR: Effects of exercise on dietary protein requirements. Int J Sports Nutr. 8: 426-447, 1998.
4) 喜多村彰子ら：学校スポーツ現場における栄養管理―高校バスケットボール部における栄養管理活動から―．日本体育協会スポーツ医・科学研究報告 1996(7): 72-76, 1996.
5) 青山晴子ら：オリンピック代表選手への食事による減量指導．柔道科学研究，1: 39-44, 1993.
6) Sugiura K et al.: Nutritional requirements of elite Japanese marathon runners during altitude training. Med Sci Sports Exerc. 31(5): S192, 1998.
7) 杉浦克己，菅泰夫：代表チームにおける栄養サポート．臨床スポーツ医学，23(5): 531-537, 2006.
8) Poortmans JR: Protein metabolism. In: Poortmans JR, ed., Principles of Exercise Biochemistry, Kager, Basel, pp. 164-193, 1988.
9) van Loon L: Protein ingestion prior to sleep: potential for optimizing post-exercise recovery. Sports Science Exchange 26 (No. 117): 1-5, 2013.
10) Snijders T et al.: Protein ingestion before sleep increases muscle mass and strength gains during prolonged resistance-type exercise training in healthy young men. J Nutr. 145: 1178-1184, 2015.
11) Blomstrand E and Saltin B: BCAA intake affects protein metabolism in muscle after but not during exercise in humans. Am J Physiol Endocrinol Metab. 281: E365-E374, 2001.
12) Earnest CP et al.: The effect of creatine monohydrate ingestion on anaerobic power

indices, muscular strength and body composition. Acta Physiol Scand. 153: 207-209, 1995.

2-3　減量・ダイエットの栄養

　この10年ぐらいで肥満や抗肥満に関わる遺伝子も紹介されてきましたが、減量あるいは一般人にとってのダイエットは、運動と栄養をどのようにコントロールするかが基本となります。

減量に至る形

　まず、何のために減量するかということを整理する必要があります。それは、減量を達成した後にその体重を維持するかどうかにも関わってきます。減量に至るパターンは以下３つに大別されるのではないでしょうか。

①体重・体脂肪量が多すぎるため、動きにキレがないので絞る

　アスリート自身あるいは指導者の眼から見て、体重が重すぎる、体脂肪が多いと感じる時、もっと体を絞るために減量を考えます。そして、できれば減量後もその体重を維持したいはずです。過去には、陸上競技の女子マラソンなどで、指導者の経験から（あまり体組成に言及することなしに）、「やせろ」という指示が出て、選手は食事を制限して減量し、場合によってはそれが行き過ぎて、摂食障害になることもありました。同じエンジンならボディが軽量のほうがいい、という考えでしょうか。日本陸上競技連盟では、1988年のソウルオリンピック後にこの問題を解決すべく、有識者からなるプロジェクトをつくり、研究成果を『ハッピーアスリートをめざして』という小冊子にまとめています。

②やせたほうがきれいに見える

　プロポーションがいい・悪いというように、見た目で判断される審美系のスポーツに多く見られます。新体操や、筋量は多いですがボディビル、そしてファッションモデルや女優など、人に見られる、美しくあるべきとされる職業にも見られます。そのプロポーションをずっと維持する場合と、ボディビルではコンテストまで、モデルや女優ではオーディションまで、減量に執着する場合があります。

　しかし、体脂肪は健康に生きていくために必要なものであり、男性で体重の約3%、女性で約12%が不可欠脂肪ですので、これを下回る状態が長くなることは避けたいものです。特に女性の場合、体脂肪率が12%を下回ると生殖活動に影響し、月経不順、ホルモンバランスの悪化を招き、骨粗鬆症の原因になるとされます。ところがボディビルのコンテストでは、体脂肪率12%以上では入賞は難しいので、コンテストまでは減量して12%より下げる必要があります。そこで日本ボディビル・フィットネス連盟では、オフ期には体重・体脂肪ともに12%以上に増やすよう指導されています。

③階級制競技

　そして、階級制競技のアスリートです。柔道、レスリング、ボクシングなどの格闘技、重量挙げやボートなどがこのカテゴリーに入ります。まず、どの階級に出場するかが問題です。筆者は長く柔道日本代表の減量を観察してきましたが、アスリート本人と指導者が相談して階級を決めています。そこには、柔道のスタイル、身長や手の長さ、外国選手との相性、近い階級での国内のライバルの存在などが関係しています。そして、たいていの場合、普段の体重よりは絞って下の階級にエントリーしますので、減量することが多いものです。

　経験上いえるのは、普段は好きに暮らして減量時に10kg前後も

落とさなければならないアスリートよりは、普段から少し意識して減量に苦労しないようにしているアスリートのほうが、結果が良好のようです。男子柔道では、シドニーオリンピックの頃ですが、合宿参加時に規定体重プラス 5％ 以内でないと合宿に参加させずに帰らせるということも行われていました。規定体重 60 kg ならば 63 kg まで、100 kg ならば 105 kg までということですので、この程度であれば減量も比較的楽でしょう。

減量の実際

体重は測定するけれども、体脂肪までは気が回らないことは多いものです。体脂肪率の測定法 (**表 2-3-1**)[1] としては、水中体重法や DXA 法は専門の機器や熟練者が必要で費用もかかりますが、より簡便なインピーダンス法もだいぶ改良されてきました。InBody や TANITA の体組成計をそろえている施設も増えているので、条件（同じ機器、アスリート用のモード、計測する時間帯、運動・食事・風呂シャワーの前後など）をそろえて計測し、その変化をモニ

表 2-3-1　体脂肪率の測定法 （日本肥満学会編集委員会 2001[1] より改変）

基本的測定法	応用的測定法
・密度法（densitometry） 　水中体重法 　空気置換法（BodPod） ・二重 X 線吸収法（DXA 法） ・体水分量法　カリウム法など	・インピーダンス法 ・皮脂厚計（キャリパー）法 ・超音波法

体脂肪率の評価 （一般人の場合）

判　定		適正範囲	軽度肥満	中等度肥満	重度肥満
男　性		14〜20％	20％ 以上	25％ 以上	30％ 以上
女性	（6〜14 歳）	17〜25％	25％ 以上	30％ 以上	35％ 以上
	（15 歳以上）	20〜27％	30％ 以上	35％ 以上	40％ 以上

注）近年は男性の軽度肥満を 25％ 以上とする。

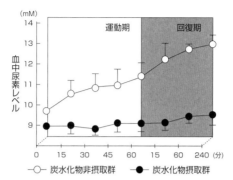

図 2-3-1　運動による血中尿素レベルの上昇に対する炭水化物摂取の影響
(Poortmans 1984)[1]

炭水化物非摂取群では運動期・回復期の血中尿素レベルが高いため、タンパク分解の促進が示唆される。

ターしましょう。

　さて、減量の考え方は、摂取エネルギーよりも消費エネルギーを大きくすることです。これには運動量を多くすることと、食事量を制限することが含まれます。

　一般人の場合は、まず運動で消費エネルギーを増やすことが大事です。しかしアスリートの場合は、すでに運動をしているので、より多くの時間を運動に割くことは難しいかもしれません。それでも筋力トレーニング（以下、筋トレ）で代謝を高めたり、有酸素運動の割合を増やして、より多くの脂肪をエネルギーに使うようにする工夫はできると思います。

　食事制限も必要ですが、一気に減らすと筋タンパクも減ってしまう[2]（**図 2-3-1**）ので、ある程度時間をかけて行うことが必要です。できれば月に 2 kg 減のペースが望ましいですが、場合によってはその 2 倍のペースも可能でしょう。1 週間で 10 kg 減量という例[3]もありますが、競技結果はついてきません。理論的には、1 日に 500 kcal の赤字をつくると 1 ヵ月で 15000 kcal になります。体脂肪

栄養と運動の合わせ技なら
・1日あたり、例えば栄養で 300 kcal、運動で 200 kcal 赤字にすることができれば、合計 500 kcal の赤字
・1ヵ月で約2kgのダイエットが可能

例）『日本人の食事摂取基準 2020 年版』18～29 歳の推定エネルギー必要量（kcal/日）

	身体活動レベル		
	低い	ふつう	高い
男子	2300	2650	3050
女子	1700	2000	2300

図 2-3-2　ダイエットの方法
身体活動レベルが低い人の栄養で、高い人の運動量に近づけていくのがよい。

は1gが約7kcal のエネルギーを持っているとされるので、1kg では 7000 kcal となります。これは1ヵ月で約2kgの体脂肪を燃やすことに相当します。無理のないように、運動と食事の合わせ技で考えましょう（**図 2-3-2**）。

　また、運動については諸説ありますが、ウォーミングアップの後、レジスタンス運動をしてから有酸素運動をするのが、現場的にも受け入れられている方法です。レジスタンス運動によって除脂肪体重（LBM）の増加を図ると同時に、安静時代謝を高めて食事制限や有酸素運動による代謝の低下を抑えます。成長ホルモンの分泌が起これば有酸素運動時の脂肪分解もより高まることが期待できます[4]。この順番はまた、動脈スティフネス（動脈壁硬化）にも悪い影響を与えないであろう、ということです。

奥の手とサプリメント

　糖質制限食が取り沙汰されますが、糖質を制限すれば体重は減るものの、食べればまた戻るので、「とにかく体重を落としたい時に採用する場合もある」というスタンスが望ましいでしょう。糖質は、

骨格筋にグリコーゲンとして貯えられる時に、1 g あたり3 g の水も貯えます。グリコーゲンが300 g 貯えられれば、水は900 g 貯えられて、体重は1.2 kg 増えることになります。制限すればその分の体重も落とせるでしょう。しかし、運動をしっかりと行うのには、筋グリコーゲンは不可欠ですから、練習メニューと相談して採用するかどうかです。

塩分を控えるという最終手段もあります[5]。食塩（NaCl）1 g を減らすと、水が約150 ml 減るので、1日あたり5 g 減らせば750 ml の水分が減ることになります。4日間続ければ、食塩が20 g 減って水は3L、つまり3 kg の体重を落とすことが可能となります。この場合、電解質の不足により神経や筋の興奮性が低下する可能性があるので、あくまでもやむを得ない場合にとどめることが大事です。

サプリメントとしては、燃焼系のカフェイン、カプサイシン、カルニチン、糖質を脂肪に変えないとされるガルシニア（ヒドロキシクエン酸）、大豆タンパクやアミノ酸などが知られていますが、いずれも運動と併用すると有効に働く可能性が高いです。

また、輸入品の中には日本で認可されていない抗肥満薬（シブトラミン、オルリスタット、フェンフルラミンなど）が混入されていたり、漢方薬（下剤、利尿剤）が配合されているものもあるので、よく見極めて、信頼できる製品を選んでください。

参考文献

1) 日本肥満学会編集委員会編：肥満・肥満症の指導マニュアル〈第2版〉，医歯薬出版，2001.
2) Poortmans JR: Protein turnover and amino acid oxidation during and after exercise. Med Sport Sci. 17: 130-147, 1984.
3) 青山晴子ら：オリンピック代表選手への食事による減量指導．柔道科学研究，1: 39-44, 1993.
4) Gravholt CH et al.: Effects of a physiological GH pulse on interstitial glycerol in

abdominal and femoral adipose tissue. Am J Physiol. 277 : E848-854, 1999.
5)　石井直方：ウエイトコントロールの理論．JBBF 公認指導員認定講習会テキスト．

2-4　瞬発系と持久系競技の栄養

　「瞬発系競技の選手と持久系競技の選手とで、食事はどう変えるのでしょうか」という質問を受けることがあります。「基本は変わりませんね」と答えると、意外だという顔をされるのですが、実際は見た目にもわかるほどには変わらないのです。消費エネルギーは、体格と運動強度と運動持続時間で決まってくるのですが、体重は軽くても走り込みの多い陸上競技の長距離選手が、短距離選手よりもたくさん食べることも多いものです。本項では、このあたりを整理してみたいと思います。

試合形式は確かに違う

　アスリートは、化学的エネルギーを、筋収縮を伴う力学的エネルギーに変換することでパフォーマンス発揮に用いています。この化学的エネルギーは高エネルギーリン酸化合物である ATP（アデノシン 3 リン酸）に依存していて、ATP を分解することにより生まれます。

　しかし ATP は筋肉中には限られた量しか貯蔵されておらず、また組織から組織に血液を介して移行することもないので、主働筋において必要に応じて合成される必要があります。

　筋肉には、大きく分けると 3 つのエネルギー産生システムがあります（図 2-4-1）。

　最初のエネルギー産生系は、主に ATP-CP 系と呼ばれるシステムであり、ATP および、もう一つの高エネルギーリン酸化合物である CP（クレアチンリン酸）から構成され、ハイパワー（瞬発

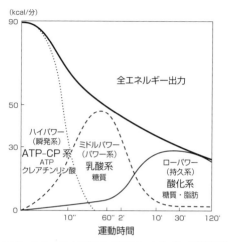

図 2-4-1　最大運動中の各種エネルギー供給機構

系）とも呼ばれます。クレアチンリン酸は、筋肉中ではクレアチンと約2：1の比率で存在しています。高強度の運動負荷時には、貯蔵された ATP は数秒しかエネルギーを供給できませんので、分解して生成した ADP とクレアチンリン酸のリン酸基を利用してATP が再合成されます。しかし、クレアチンリン酸の貯蔵量にも限界があるため、この系によるエネルギー産生は 10 秒程度と非常に短い時間しか対応できません。また、このエネルギー産生系には酸素を必要としません。

　次に、乳酸系と呼ばれるシステムがあり、主として筋中の糖質（グリコーゲン）がエネルギー基質として利用され、ミドルパワー（パワー系）とも呼ばれます。筋グリコーゲンの分解は細胞質内の解糖系により行われ、比較的すばやい ATP 産生が可能ですが、その量も多くはありません。また糖質の代謝産物として乳酸が産生され、これをミトコンドリアが処理しきれないと濃度が高まってきます。

　最後は、主に酸化系と呼ばれるシステムであり、炭水化物（糖質）や脂質などの基質が酸素を用いて ATP を産生する系です。ローパワー（持久系）とも呼ばれます。十分な酸素が骨格筋に供給された状況でのエネルギー産生は、ATP-CP 系や乳酸系によるエネルギー産生とは大きく異なり、ATP の産生速度は遅いものの、ミトコンドリア内での TCA 回路（クエン酸回路）、酸化的リン酸化反応を経て大量の ATP を供給することができます。

　このように産生されるエネルギーは、実施する運動強度の違いにより主として動員されるエネルギー基質が異なるのです。このエネルギー供給機構だけを比較すると、瞬発系はクレアチンを摂取して筋中のクレアチンリン酸濃度を高め、パワー系は糖質および pH の緩衝作用を持つ重炭酸ナトリウム（重曹）を摂取し、持久系は糖質と脂肪を摂取しておけばいいように見えますが、実際はそうではありません。ベースとなる食事を、人間として生活するために必要な分と、練習の積み重ねで必要となる分も考慮しなければならないからです。なお重炭酸ナトリウムは研究でしばしば用いられますが、現実的にはナトリウムの過剰摂取から不快感を招きますので、サプリメントとしては考慮しないほうがよいでしょう。

食事の注意点

　2010 年 10 月に開催された IOC のスポーツ栄養に関する統一見解を決める会議[1]では、瞬発系競技として、ウエイトリフティング・パワーリフティング・投擲・短距離走 100 m、200 m・ボディビルディング、パワー系競技として、中距離・自転車トラック・カヌー／カヤック・水泳・格闘技、持久系競技として、マラソン・トライアスロン・自転車ロードを挙げ、それぞれの栄養上の注意点と課題を示しました（**表 2-4-1**）。

　そして、これらを踏まえた上で、アスリートの基本的食事に対し

表 2-4-1　競技のポイント（IOC コンセンサス[1]より）

競技の性質	ポイント
瞬発系競技 （ウエイトリフティング、パワーリフティング、投擲、短距離走100 m・200 m、ボディビルディング）	・瞬発力、筋力アップがゴール 　ボディビルでは筋肥大（サイズアップ） ・栄養のゴールは 　トレーニングのエネルギー充填 　トレーニングからの回復 　適応の最大化 ・高タンパク神話／サプリメント神話 ・ボディビルの減量問題
パワー系競技 （中距離、自転車トラック、カヌー/カヤック、水泳、格闘技）	・1〜10 分間の高いパワー発揮 ・栄養のゴールは 　多いトレーニング量を支える 　体組成を維持（筋肉質・低い体脂肪率） ・オフ期の過ごし方 ・パフォーマンスは筋内の酸性化（アシドーシス）により制限される ・試合は予選から何本かある
持久系競技 （マラソン・トライアスロン・自転車ロード）	・長時間にわたるパフォーマンスの維持 ・栄養のゴールは 　膨大なトレーニング量を支える 　高地トレーニングなど特殊なトレーニングあり 　試合に向けてのテーパリング ・理想の体組成を維持 ・ボディイメージから食の問題を抱える傾向 ・脱水、ガス欠、胃腸の不快感、その他に注意

て、それぞれ表 2-4-2 のようなことを考慮するように、というまとめになっています。これはとてもわかりやすいと思います。「これが瞬発系の食事です」というものを決めるよりも、1-1 項『スポーツ栄養学の考え方』で紹介したバランスのよい食事に、大事な栄養素を食品群から選んで加えたり、より低脂肪の食品に替えたり、トレーニング後や就寝前にプロテインを摂取したりというやり方のほうが理に適っています。

表 2-4-2　競技の栄養（IOC コンセンサス[1]より）

競技の性質	ポイント
瞬発系競技 （ウエイトリフティング、パワーリフティング、投擲、短距離走 100 m・200 m、ボディビルディング）	①筋肉を維持する食事 ②トレーニングのための炭水化物 ③タンパク質を十分に、でも行きすぎて摂取しない ④トレーニング直後に 20〜25 g のタンパク質補給 ⑤タンパク補給を 1 日に何度も行う（就寝前も） ⑥低脂肪を心がける ⑦無理な減量をしない（特にボディビル） ⑧階級の選び方に気をつける ⑨クレアチン ⑩サプリメントは専門家のアドバイスを
パワー系競技 （中距離、自転車トラック、カヌー/カヤック、水泳、格闘技）	①トレーニング量によってエネルギー量を調節 ②トレーニングのための炭水化物 ③長いトレーニングでの水と炭水化物 ④トレーニング直後に 20〜25 g のタンパク質と糖の補給 ⑤試合期にかけて体組成を調整する ⑥サプリメントは注意深く選ぶ ⑦試合前の最適な食事を決める ⑧試合間の栄養摂取を考える ⑨高地トレーニング対策 ⑩サプリメントは専門家のアドバイスを
持久系競技 （マラソン・トライアスロン・自転車ロード）	①エネルギー、水分、鉄を意識する ②炭水化物が重要 ③長いトレーニングでの水と炭水化物 ④トレーニング直後に 20〜25 g のタンパク質と糖の補給 ⑤ベストな体組成を決めて維持 ⑥レース前のグリコーゲンローディング ⑦レース直前の食事（消化時間） ⑧レース中の栄養摂取を慎重に決める ⑨高地トレーニング対策 ⑩サプリメント：カフェイン、ゲル/バー/飲料

コンカレントトレーニングの話

　一般に、多くのスポーツは瞬発力も持久力も必要とされます。しかし、この両方を高めていくことは、ある程度までは可能ですが、持久的トレーニングの強度を増していくと筋肥大に制限がかかって

くることが、以前から報告されています[2]。

　トレーニングによる筋肥大と筋力の増大には、分子レベルでは、機械的ラパマイシン標的タンパク質（mTOR）がシグナル分子として働くことが知られています[3]。一方で、持久的適応は、エネルギー需要が増しているのに供給が低い状態で起こり、これは、筋グリコーゲンが低下して遊離 AMP が増加し、AMP 活性型プロテインキナーゼ（AMPK）が活性化したり、利用できるエネルギーが制限されるため NAD 依存性脱アセチル化酵素サーチュイン 1（SIRT1）が活性化することにつながります。そして、これら AMPK と SIRT1 が mTOR 活性を抑制し、筋肥大をも抑制してしまうと考えられています[4]。

　そこで、Baar は以下のようなトレーニングと栄養の戦略を提案しています[4]。

・高強度の持久的トレーニングは、朝のうちに行う。すぐに AMPK は活性化され持久的適応が始まる。
・その後で炭水化物を摂取し、エネルギーを回復させる。
・3 時間以上おけば AMPK はベースラインに戻るので、次に筋力トレーニングを行う。
・直後にロイシンが豊富なプロテインを体重 1kg あたり 0.25 g 摂取する。プロテイン摂取は 4 時間ごとに行うとよいが、就寝前も忘れないこと。mTOR 活性は 18 時間以上持続する。

　なお、持久系の選手の場合は、筋力トレーニングを行うことがプラスになりますが、重量挙げや投擲などの瞬発系の選手の場合は、持久的トレーニングは行わないほうがよいようです。

参考文献

1) IOC Consensus 25-27 Oct. 2010, J Sports Sci. 29（Suppl. 1）: S1-S136, 2011.

2) Hickson RC: Interference of strength development by simultaneously training for strength and endurance. Eur J Appl Physiol Occup Physiol. 45: 255-263, 1980.
3) Terzis G et al.: Resistance exercise-induced increase in muscle mass correlates with p70S6 kinase phosphorylation in human subjects. Eur J Appl Physiol. 102: 145-152, 2008.
4) Baar K: Using nutrition and molecular biology to maximize concurrent training. Sports Science Exchange. 136: 1-5, 2014.

2-5 審美系と階級制競技の栄養

　審美系の競技は、身体の美しさが競技の大事な要素になりますので、体脂肪の多い身体は歓迎されません。階級制競技は、無差別級を別にすれば、減量競技ともみなすことができます。しかし、本来は、審美系と同じように体脂肪が多くなく、筋肉質な身体を維持することが求められるでしょう。

　20年くらい前までは、審美系の競技は、普段から食事を制限して、体重を増やさないようにして猛練習を課し、体重が少しでも増えるとコーチに叱られるという状況でした。階級制競技では、なるべく体重の軽い階級に出たほうが有利であるから減量するとか、成長による体重増や経済的理由による体重増から自分のいつもの階級への減量をするということで、短期間で無理な減量を実施し、筋肉も落ちてしまって競技結果が芳しくないということが起こっていました。

IOCは審美系も階級制も同様に扱っている

　2010年10月に開催されたIOCのスポーツ栄養に関する統一見解を決める会議[1]では、審美系競技として、フィギュアスケート・体操・新体操・飛込、階級制競技として、柔道・レスリング・ボクシングなどの格闘技とボート軽量級を挙げて特徴を示しています（**表2-5-1左**）。

表 2-5-1　審美系階級制スポーツの栄養 (IOC コンセンサス[1]より)

競技の特徴	課題
・審美系は、その選手の姿と審判が持つ理想像が部分的に成功の鍵 ・技術は小型軽量の肉体によって支えられる ・階級制スポーツは、同等の体格と筋力の選手間で競われる。減量には文化がある ・負荷はスポーツによりさまざま。エネルギー消費量はボートで高く、体操は中等度 ・体重と体脂肪率を低く保つ考え方が、食とボディイメージに関するリスクを増大させる	①利用できるエネルギーを十分に。特に成長期 ②トレーニングのための炭水化物を ③目標体重・体脂肪率は達成可能なものとし、長期にわたり健康と競技力を維持するものに ④栄養密度の高い食品、特にタンパク質を ⑤食の問題は早期に発見・解決を ⑥適正でストレスの少ない階級を選ぶ ⑦極端な減量法を用いない ⑧軽い脱水と食事制限を伴う減量をした場合は水分とエネルギーを回復する期間をもつ ⑨サプリメント摂取は注意深く ⑩うまくいかない時は専門家に相談する

　ここで挙げられている審美系競技は、表の1番目にあるようにその選手の姿と審判が持つ理想像が部分的に成功の鍵であるとされるので食事を制限する・されることが起こりやすいでしょう。そして2番目に、技術は小型軽量の肉体によって支えられるとあるように、跳躍や回転など身体を制御する運動が盛り込まれるので、体重は少ないほうが有利とされ、これも体重制限につながってしまうようです。筆者も、練習現場で、体重が500g増えたことを理由に、練習に参加させてもらえずに泣いていた選手のことを覚えています。

　一方、階級制競技は、3番目の、同等の体格と筋力の選手間で競われます。減量には文化があるという点で、体重が増えたからといって上の階級には行きにくく、下に行こうとするということ。さらに、スポーツの現場でよく聞いたのですが、「減量はつらいものなので短期間で行う」「サウナスーツを着てランニングや練習をし、サウナに入ったり、ストーブを点けて部屋を暑くして、強制的に汗を出す」「ほとんど断食のようにして行うとお腹がすいてハングリー精神が生まれる」「水も制限する」ということが行われていまし

た。

　スポーツ根性もの漫画の代表作の一つである『あしたのジョー』（原作：梶原一騎、作画：ちばてつや）で、階級が下の主人公・矢吹丈とボクシングの試合をするために過酷な減量をするライバル・力石徹のように、「食事はリンゴ１個で毛布にくるまりストーブを炊いた部屋で汗をしぼり出す」ようなやり方が、日本のスポーツ界にはあったようです。実際に、このような方法で命を落とした若い選手は少なくありません。

　これがおそらく戦後の日本の文化です。貧しい文化といわざるを得ません。2016 年に引退したボクシングの長谷川穂積選手は、栄養サポートを受け、科学的な減量を行って３階級制覇を成し遂げました。ボクシングでは、過酷な減量後に試合に出て突然死するケースがしばしばあったので、プロボクシング協会もトレーナーのための栄養講習会を実施し、長谷川選手の好事例を勉強しています。その延長線上に、現代のチャンピオン井上尚弥選手もいるのです。

食事の注意点

　そこで、栄養上の注意点と課題を示したのが**表 2-5-1**[1)]の右です。
　筆者は、新体操のサポートなど難しいだろうなあと思っていたのですが、神奈川県立保健福祉大学の鈴木志保子教授のお話によると、新体操選手の多くは、非常に少ない摂取エネルギーに身体が慣れてしまっているので、アスリート用の食事をいきなり提案すると、選手は大幅に体重を増やしてしまう。そこで、カレースプーン１杯ほどのご飯を増やし、それで１週間慣れさせたら、またカレースプーン１杯分を増やすというように、時間をかけて理想状態に持っていかなければならないとのことです。女子選手には、陥りやすい３つの障害（女性アスリートの３主徴；詳しくは 3-5 項で解説します）があり、エネルギー不足、無月経、骨粗鬆症ですので、栄養改善は

試合前調整期（減量期）のある1日

年齢	22才	
身長	180 cm	
体重	85 kg	
総エネルギー	2500 kcal	
タンパク質	161.5 g（体重あたり約1.9 g）	
食事エネルギー比	朝食 22.6%	600 kcal
	昼食 22.1%	650 kcal
	夕食 37.7%	800 kcal
	間食 17.5%	450 kcal

時間	スケジュール	食事＆ザバス	数量
7:00	起床		
7:30	朝食前	低脂肪牛乳	200 ml
		プロテインウエイトダウン	大さじ2杯
		食パン6枚切れ	1枚
		ホタテ貝柱サラダ（ゆで卵、トマト、キュウリ入り）	1個
		キィウィ	1/2個
		Caタブ	2粒
		Feタブ	2粒
		BCパワータブ	2粒
10:00〜 12:00	稽古	BCAAウォーター	500 ml
12:30	昼食	サバ味噌煮定食	1人前
15:00	間食	エナジーゼリー	1袋
		シャーベット	1個
16:00〜 18:00	ランニング 稽古	BCAAウォーター	500 ml
18:15	稽古後間食	100%オレンジジュース	200 ml
		低脂肪牛乳	200 ml
19:15	帰宅		
	夕食前	低脂肪牛乳	200 ml
		プロテインウエイトダウン	大さじ2杯
19:30		ご飯	1杯
		牛肉と小松菜の炒め物	1/2人前
		タラコとシラタキの炒り煮	1/2人前
		豆腐スープ	1杯
		低脂肪牛乳	200 ml
		Caタブ	2粒
		Feタブ	2粒
		BCパワータブ	2粒
21:30〜 22:00	ランニング		
22:00	夜食	低脂肪牛乳	200 ml
23:00	就寝		

図2-5-1　柔道選手の減量期の栄養（青山ら 1993）[2]

急務だと思います。

　また、筆者の以前の職場では、柔道の選手の減量サポートを請け負っていたことがあり、1992 年にはオリンピック代表選手の減量を成功させて金メダル獲得に寄与したこともあります[2]。

　その時の方針は、以下のものでした。

①目標体重と期間を決める

②エネルギーと栄養素の摂取量を決める

③稽古以外の補助的運動を決める

④生活面も改善する

⑤体重・体組成をモニターし、修正していく

　①は出場する階級であり、期間は元の体重によっても異なるとは思いますが、1992 年の時は、体重 1 kg あたり 5 日間で行いました。体重 88 kg を 78 kg 級に 10 kg の減量を 50 日間で行ったのです。②は少ないエネルギー量にしても一般人以上に摂取しなければならない栄養素がありますので、サプリメントがマストです。プロテインとカルシウムと鉄、マルチビタミンは必要です。また、食欲のコントロールも必要なので、練習後に糖質を摂取する、その時に暑いのでアイスクリームが食べたいという時は、脂肪の少ないタイプやアイスキャンディ、シャーベットなどを提案して、トータルで決められた栄養量を守るようにします（**図 2-5-1**）。③は筋トレや有酸素運動であり、④は睡眠や入浴など、⑤は苦労しましたが、現在なら体組成計が使えるでしょう。このほか、ヘモグロビンを非侵襲的に測定したり、主観的運動強度（RPE）などを測定して、コンディションを把握していくことも、現在ならば比較的容易にできるのではないでしょうか。

脂肪をカットする話

　筆者は、基本的に糖質制限よりは脂肪制限で減量を考えます。こ

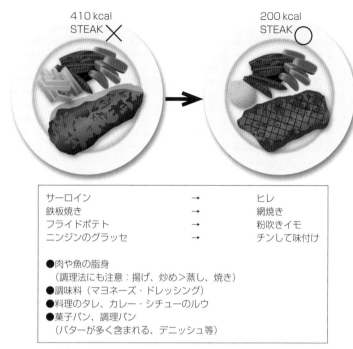

サーロイン	→	ヒレ
鉄板焼き	→	網焼き
フライドポテト	→	粉吹きイモ
ニンジンのグラッセ	→	チンして味付け

●肉や魚の脂身
　（調理法にも注意：揚げ、炒め＞蒸し、焼き）
●調味料（マヨネーズ・ドレッシング）
●料理のタレ、カレー・シチューのルウ
●菓子パン、調理パン
　（バターが多く含まれる、デニッシュ等）

図 2-5-2　食材、調理法、調味料の工夫（女子栄養大学出版部 1988[3]）より作成）

れは選手によって、合う・合わないがあるかもしれませんが、強度の高い運動を行うアスリートには、肝臓や骨格筋にグリコーゲンを蓄積することが大事と考えているからです。ここは次の 2-6 項でもう少し詳しく解説します。

　脂肪の減らし方ですが、まずは**図 2-5-2** のように、食材、調理法、調味料にこだわることが第一です。ここではステーキのカロリーの減らし方が参考になります[3]。鉄板焼きやフライパンで牛脂やオイルで焼いたサーロインステーキを食べるより、赤身の多く脂肪の少ないヒレステーキを網焼きで焼くことによってアブラ（肉の脂肪分）をさらに落とす。フライドポテトを粉ふきイモに替える。砂

糖とバターで煮るニンジンのグラッセは、ニンジンを電子レンジで調理しておいてから表面に少し味付けする程度にする。このように食材と調理法、調味料を工夫することにより、カロリーは410 kcalから200 kcalまで下げることができるというものです。

　図2-5-2の説明にあるように、肉や魚の脂身に気をつけ、肉なら赤身や鶏のムネ肉・ササミ、魚はマグロなどの赤身や白身魚を選び、調理法にも注意してカツ、フライ、天ぷらなどの揚げ物や炒めものよりも、焼いたり、煮たり、蒸したりして食べるようにする。調味料では、マヨネーズ、ドレッシングに注意し、選ぶならばカロリーを抑えたものにする。料理のタレ、カレーやシチューのルウの脂肪に気をつける。カレーを食べるなら、油や小麦のルウを使わないスープカレーにするとよい。菓子パン、調理パンでは、バターやマヨネーズに気をつけて、製造工程でバターを多く使う、クロワッサン、デニッシュ、パイ的なものを避ける。このような「かくれた脂肪（hidden fat）」に気をつけることが重要です。しばらくの間、気にして食事をすれば、パターンは決まっていますので慣れると思います。ただし、あまりストレスをためないようにすることが重要です。

　次項は糖質制限と脂質制限、脂肪の吸収阻害系と燃焼系の食品・サプリメントについて考えたいと思います。

参考文献

1) IOC Consensus 25-27 Oct. 2010, J. Sports Sci. 29 (Suppl. I), S1-S136, 2011.
2) 青山晴子ほか：オリンピック代表選手の食事による減量指導柔道科学研究：I, 39-44, 1993.
3) 「栄養と料理」編集：エネルギーを下げる料理のしかた早わかり. 女子栄養大学出版部, 1988.

2-6　審美系と階級制競技の減量

アスリートの減量

　アスリートの減量あるいは女性のダイエットをサポートする時、筆者は、基本的に1にトータルの摂取カロリーを決めて、2に脂肪を制限し、3に糖質をやや制限するように考えます。タンパク質は体重1kgあたり1.5〜2.0gの範囲で摂取するので、高タンパク型といえるでしょう。

　極端な例をアスリートで考えてみましょう。例えば、1ヵ月で5kg減量したいという柔道選手がいるとします。その減量幅と期間の善し悪しは別として、体脂肪のみを減らすと想定し、体脂肪1kg≒7000kcalとして考えると、体脂肪で5kgを落としたいのであれば35000kcalとなります。これを30日で割ると1日に約1200kcalの赤字をつくってもらいます。練習等で1日に消費エネルギーが3600kcalあるならば、摂取エネルギーは赤字込みで2400kcalで抑えるということです。強度の高い運動もあるでしょうから、このような計算通りにはいきませんが、考え方はこのようにします。

　そして、大会が近くなれば練習量も減るので、食事は1500kcalくらいに抑えられるでしょうが、基礎代謝量のレベルは確保するようにしたいものです。その時も、糖質としてはエネルギー食品も含めて180〜200gくらいは摂取しますので、カロリーとしては720〜800kcalとなり、全体の50%を占めます。

　もし、このようなアスリートが、試合前1週間の短期間で減量しようとすれば、1日に5000kcal（35000÷7）の赤字をつくるのは不可能でしょうから、練習と絶食と飲水制限に頼ることになり、確実に脱水になり、練習からの回復もままならないでしょう。パフォーマンスは急激に低下していくはずです。階級制競技の計量が、試

合当日に設定されているのか試合前日なのかによってもコンディションの回復の度合いは異なるでしょうが、体重が規定に達したとしても、試合に良好なコンディションで臨むことはなかなか困難なことです。ところが、このような急速減量法は、現在でも見られるものなのです。

　やはり、時間をかけて減量に取り組み、除脂肪量を減らさないようにしながら、キレのある動ける身体、戦う身体をつくりたいところです[1]。

糖質制限ダイエットを試すアスリートも出てきた

　糖質制限ダイエット、あるいは低炭水化物（ロカボ）食、低 GI、低インスリンダイエット、ケトジェニック・ダイエット、とたくさんの言い方がありますが、いずれも食事の炭水化物量を減らして減量しようというものです。もともとは糖尿病患者用の食事処方から生まれてきたものであり、その方法も、一気に体重を減らす時の炭水化物の量とか、回復期・維持期の量など細かい点は研究の進行とともに変遷してきています。糖尿病の症状の程度によって、厳格なものからゆるいものまであるようです。

　この種の減量法の先駆けとなったのは、米国の循環器内科医ロバート・アトキンスの *Diet Revolution*（1972）[2]でしょう。早くからマスコミをにぎわしましたが、食事としては、炭水化物を我慢しても肉が食べられるので、肉が主食のような米国人に受け入れられたのだと思います。一般人は面倒なカロリー計算を嫌うので、炭水化物を減らすだけの、わかりやすい方法に飛びついたのでしょう。しかし、アトキンスがニューヨークの凍った歩道で転倒して頭を打ち、72歳で亡くなり、後に検死報告書が出回って体重が 117 kg（BMI 34）に達していたことが伝えられたため、「ダイエットの神様が肥満なのか」というニュースとともに、その人気も落ちていきました。

遺族は、病院に運ばれてからの点滴などの処置によって、体重が29 kgも増えてしまったと弁解しています。

　しかし、実際に、炭水化物を制限すると、体重は低下します。我々は炭水化物を摂取して、筋肉と肝臓にグリコーゲンとして貯蔵しますが、グリコーゲン1 gに水3 gが結合するので、例えば体内にグリコーゲンが300 g貯まって、水900 gが結合すれば、それだけで体重が合計で1.2 kg増えることになります。よって、炭水化物を制限するだけで、短期間に体重を減らすことが可能になるでしょう。さらに続ければ、ケトン体が生成され、脂肪をより燃やす身体になるといわれています。最近も低炭水化物食、低脂肪食、地中海式ダイエットの効果を検討した大規模研究もあって、血中コレステロールには他の食事法と比較して良い影響があることも報告されました[3]。ただ、この研究では低脂肪食であっても脂肪エネルギー比が30 %あるので、日本の常識とは異なるように思います。

　日本でも医師を中心に、糖質制限を勧める人が出てきて[4,5]、反対派の医師[6,7]と賛否両論の様相を呈しています。しかし、上述の米国と同じように、アルコールとつまみが許されるので、酒飲みでメタボ（メタボリックシンドローム）気味な人にとっては、〆のラーメンだけ我慢すればいいということから、免罪符的なダイエット法となり、支持されています。筆者の意見としては、糖尿病の患者に対して専門医が食事の処方を考える上ではいいと思いますが、一般人にマス・メディアを通じて普及するのはあまりいいことではないと思います。これまで日本人が築き上げてきた食文化が、日本人の長寿を支えているはずなのに、それを否定してしまって、今後に悪影響が出てきたらどう責任を取るのだろうと思ってしまいます。

　ちなみに、運動と栄養の指導者50名が参加したセミナーにおいて、このテーマで、グループディスカッションをしてもらったことがありますが、結論は「糖質制限はホドホドに」というものでした。

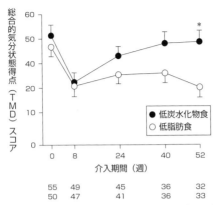

図 2-6-1 炭水化物を減らすダイエットは精神面にネガティブな影響を与える (Brinkworth et al. 2009)[10]

低炭水化物食と低脂肪食＝高炭水化物食が TMD スコア（気分の障害度）に与える影響。
＊：$p < 0.05$。

「糖質を制限するとイライラして怒りっぽくなる」「体重は減ったが、食事を元に戻すとすぐにリバウンドする」ということは、指導を通してほとんどの方が経験ずみでした。そして、あるインストラクターからは、糖質制限をしていたメンバーさんが運転中に低血糖で意識を失い、事故を起こした事例も紹介されたのです。よって、指導すべき内容は、「朝食・昼食は糖質を主食でしっかり摂り、夕食はご飯控えめにしよう」というものに決まりました。

　さて、アスリートの場合は、糖質を極端に制限することはデメリットが大きいと思います。なぜなら体内にグリコーゲンが少ない状況でのトレーニングは、過酷なものであり、運動強度も上がらず、かつ、運動後にも糖質を摂取しないので、回復も円滑に進みません[8]。また、糖質を制限してケトン体を生み出すケトジェニックなダイエットは、アスリートの除脂肪体重を低下させることにつながるので、制限をどこまでのレベルにするか、筋トレをどの程度行っ

て筋肉に刺激を与えるかについて、今後さらなる研究が必要である
とされます[9]。**図 2-6-1**は肥満者を対象とした研究ですが、低炭水
化物食も低脂肪食も等カロリーで抑えめにすれば同じように体重を
減少させることができます。しかし、低炭水化物食のグループは、
減量期間が続き、52 週に及ぶと、イライラや自殺願望などが高ま
って TMD（total mood disturbance）スコアが上昇し、精神面に
ネガティブな影響が出てくることが報告されています[10]。練習後の
食事を楽しみにしていても、糖質が極端に制限されていては、イラ
イラも募りそうです。

減量の考え方

図 2-6-2は、特定保健用食品やサプリメントを摂取するときの
考え方の参考になればと、脂肪の吸収メカニズムを模式化したもの
です。

図中の、①脂肪分解酵素リパーゼの働きを弱めるにはキトサンや
食物繊維などが使われます。欧米にはここから考えた抗肥満薬（オ
ルリスタットなど）もあるほどです。②では、中性脂肪（トリアシ

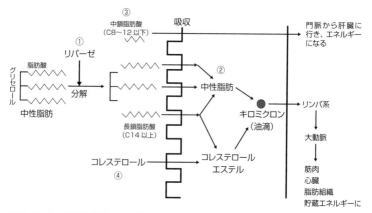

図 2-6-2　脂質の消化・吸収

ルグリセロール）は、一般に 3 個の脂肪酸と 1 個のグリセロールから成るのですが、そこを利用して脂肪酸が 2 個結合した（1 個少ない）ジアシルグリセロールの油をつくり、リパーゼで分解されて腸管で吸収され、脂肪酸 3 個とグリセロール 1 個が結合して中性脂肪を再びつくった時に、脂肪酸が不足して、食べた分の 2/3 しか中性脂肪がつくれないようにしたサラダ油もありました（花王の「エコナ®」：発ガン性が疑われ、販売を中止）。③では、脂肪酸の長さが短い中鎖脂肪酸はエネルギー化されやすく、体脂肪になりにくいので、これを主成分にしたサラダ油（日清オイリオの「ヘルシーリセッタ®」）があります。④では、コレステロールに似た植物ステロールを使う油（味の素の「健康サララ®」）もあります。これらは脂肪蓄積抑制型の食品といえるでしょう（**表 2-6-1**）。

　そして、脂肪燃焼系には、すでに紹介したカフェイン、カルニチン、カプサイシンなどがあります[11]。これらを食品としての安全レベルで試してみるのもいいでしょう。筆者の感触では、外国人はカルニチンをよく用いますが、日本人にはヒドロキシクエン酸（ガルシニア）が指導経験上、非常に効果が高いようです。国立健康・栄養研究所の評価[12]も高かったのですが、厚労省から動物実験による副作用（ラットの精巣萎縮）の中間報告があってから、特に男性の

表 2-6-1　ダイエット系健康食品・サプリメントの成分

食品・サプリメントのタイプ	成分
脂肪吸収阻害型	キトサン、桑の葉エキス、食物繊維
脂肪蓄積抑制型	ヒドロキシクエン酸（ガルシニア）、ジアシルグリセロール、中鎖脂肪酸、植物ステロール
脂肪燃焼促進型	カフェイン、カプサイシン、黒ジンジャー、L-カルニチン、共役（異性化）リノール酸（CLA）、コエンザイム Q_{10}、α-リポ酸、クロロゲン酸、ラクトフェリン、ポリフェノール（カテキン含む）、大豆プロテイン（β-コングリシニン）
糖吸収阻害型	ギムネマ、難消化性デキストリン

表2-6-2 アスリートの減量のまとめ

ポイント	補足
①食べて減量 （3食＋間食）	3食に加え、練習前、練習中、練習後の栄養補給もトータルで考えて摂取カロリーを決める。
②外食控えめに （手づくりでコントロール）	外食は、塩分・脂肪分が多いので、なるべく手づくりする。減量のための食事の注文がきく外食ならば構わない。
③和食を中心に脂肪を減らす （ご飯は味方！）	和食を中心とし塩分に気をつける。よく噛んで食べる。
④塩分控えめ （薄味に慣れる）	塩分制限はどうしても体重が落ちないときの最終手段としても使える。食塩1gで150mlの水が減るので、塩分20gカット（1日約5gを4日間）で3kgの減量を行うことは可能。ただし、神経や筋の興奮性は低下する恐れがあるので、あくまでもやむを得ない場合のみ。
⑤必要に応じてサプリメントを使用 （安全性、有効性をよく調べ、自分の目的に適ったものを使用する）	プロテインを食事の前に摂取して腹を膨らませ、食事量を通常の約3/4に制限する方法が使われる。サプリメントは、カロリーを抑えつつ必要な栄養素が摂れるので、特に減量には便利。

使用が減ったようです。この時に示された安全な摂取レベルは、有効量の10倍もあって問題はないとされたのですが、それでも精巣に影響があるといわれて不安になる人は多かったのです。

　以上より、アスリートの減量をまとめると**表2-6-2**になります。アスリートは練習で運動をしていますので、それをサポートするように栄養を合わせていきます。

　なお、糖質制限については、ご飯を茶わんに軽く1杯（糖質40g程度）を3食食べるくらいのゆるい制限にすることが必要だと思います。油も控えめ、タンパク質は多めです。食欲を抑えるには、大豆プロテインを水に溶かして食事前に飲むと、お腹がふくれて、食事量が少なくても我慢ができます。サプリメントは、このプロテインと、マルチビタミン・マルチミネラル（特にビタミンCと鉄を重視）を用意しましょう。

参考文献

1) 青山晴子ほか：オリンピック代表選手への食事による減量指導．柔道科学研究，1：39-44, 1993
2) ロバート・アトキンス：アトキンス式低炭水化物ダイエット．河出書房新社，2005
3) Shai I et al.: Weight loss with a low-carbohydrate, mediterranean, or low-fat diet. N Engl J Med. 17, 359(3): 229-241, 2008.
4) 山田　悟：糖質制限の真実．幻冬舎，2015.
5) 江部康二：人類最強の「糖質制限」論．SB クリエイティブ，2016.
6) 岡本 卓：本当は怖い「糖質制限」．祥伝社，2013.
7) 石原結實：「糖質制限」は危険！　海竜社，2015.
8) Burke LM: Re-Examining High-Fat Diets for Sports Performance: Did We Call the 'Nail in the Coffin' Too Soon?. Sports Med. 45 (Suppl 1): S33-49, 2015.
9) Tinsley GM and Willoughby DS: Fat-free mass changes during ketogenic diets and the potential role of resistance training. Int J Sport Nutr Exerc Metab. 26: 78-92, 2016.
10) Brinkworth GD et al.: Long-term effects of a very low-carbohydrate diet and a low-fat diet on mood and cognitive function. Arch Intern Med. 169: 1873-1880, 2009.
11) Kim J et al: Nutrition supplements to stimulate lipolysis: A review in relation to endurance exercise capacity. J Nutr Sci Vitaminol. 62: 141-161, 2016.
12) 荻野聡美ほか：ガルシニアについて．食品成分有効性評価及び健康影響評価プロジェクト解説集 http://www0.nih.go.jp/eiken/chosa/saito.html（2017 年 2 月 15 日閲覧）

2-7　チームスポーツ（球技系）の栄養

　2019 年秋、日本で開催されたラグビーワールドカップに、日本中が魅了されました。

　"One Team" という言葉が流行したが、こういう球技系のチームが一つにまとまって戦うときの栄養とはどのように考えるべきでしょうか。

パフォーマンス因子

　一般的に各スポーツ種目は、身体的パワー、精神レベル、そして体組成に関して、固有のパフォーマンス因子を持っています。例えば、身体的パワーに関して、あるスポーツはハイパワーを必要とし、あるスポーツは逆にローパワーを必要とします。精神レベルに関し

て、あるスポーツは興奮状態が好結果をもたらし、あるスポーツは逆にリラックスしていることが重要かもしれません。体組成に関して、あるスポーツは筋量の多いことが求められ、あるスポーツでは体脂肪の少ないことが求められます。ハイレベルなアスリートになればなるほど、このような固有の因子を研ぎ澄ませながら、競技力を高めていくに違いありません。

　ここでは、主に身体的パワーに関して、ハイパワー（瞬発力）もローパワー（持久力）も必要な競技という意味で、混合型という語を定義したいと考えます。しかし、混合型の競技といっても、年代や性別、競技レベルや目指す選手（あるいはチーム）の姿によって、練習内容も変わり、様々なパターンを示すでしょう。今日の試合はハイパワーの繰り返しだったとか、ある日はローパワーのトレーニングばかりだったとか、あるいは時代によって同じ競技でも求められるパワーが変化してくることもあります。

　これらのことを考慮した上で、混合型の競技を考えると、多くの球技を中心として構成され、複合型競技（陸上競技の混成、近代五種、スキーの複合等）も加えられるでしょう。球技においても、ラグビーのフォワードとバックスとでは求められるパワーも異なるので、ここはオールラウンドプレーヤーとして、サッカーのミッドフィールダーをイメージして考えてみたいと思います。サッカーの90分間の試合時間は、持久力と集中力とを必要とします。ヘディングやチェイシングは瞬発力を必要とします。その両方を兼ね備えた選手となるための栄養と食を考えてみたいと思います。

チームスポーツの栄養

　2010年10月に開催されたIOCのスポーツ栄養に関する統一見解を決める会議[1)]では、チームスポーツとして、フットボール（サッカー、ラグビー、アメフト）・ハンドボール・バスケットボー

ル・フィールドホッケー・ラクロス・バレーボールを挙げ、それぞれの栄養上の注意点と課題を示しました（**表2-7-1**）。

摂取エネルギーの算出においては、Ebineらは、Jリーグ選手を対象に二重標識水法を用いて試合期のエネルギー消費量を測定した結果、1日あたり約3500kcalのエネルギー消費であることを報告し[2]、また金らは、韓国Kリーグの選手を対象に同様の方法にて測定した結果、約4000kcalの消費量であることを報告しました[3]。そして、サッカー選手の望ましいエネルギー比率について、Clarkは炭水化物摂取比が55～65%、タンパク質摂取比が12～15%、脂質摂取比が30%以下を推奨しています[4]。

このエネルギー比率は日本人の食事摂取基準にも概ね当てはまる数値です。ビタミンやミネラルは、エネルギーの産生や生体の調節機能、さらに、生体の構成成分としても重要な役割を担っており、サッカー選手においては、大量発汗などに伴うビタミンやミネラルの損失量の増大や、エネルギー産生に伴うビタミンB群の要求性の増大、また様々なストレスに伴うスポーツ障害・外傷の予防や回

表2-7-1 チームスポーツの栄養（IOCコンセンサス[1]より）

注意点	課題
・栄養のゴールは 　多いトレーニング量を支える、体組成の維持 　シーズン準備期のスキルアップと練習試合 ・多い試合数 中2～7日 ・間欠的運動の繰り返しと短いインターバル ・試合中の集中力と判断力 ・試合後の回復（アルコールの過飲に注意） ・脱水に注意、補給は競技のルールに従う	①時期によりエネルギーと炭水化物を調節 ②長いトレーニングでの水と炭水化物 ③トレーニング直後に水分、糖分、電解質、20～25gのタンパクの補給 ④オフの過ごし方、試合期に向けての調整 ⑤MFは試合1～2日前から炭水化物多め ⑥試合前の食事の最適化。快腸に ⑦試合中の補給は練習試合で決めておく ⑧アルコールには神経を使う ⑨カフェイン、ゲル/バー/ドリンクなどの使用 ⑩うまくいかない時は専門家に相談する

チームスポーツ：フットボール（サッカー、ラグビー、アメフット）・ハンドボール・バスケットボール・フィールドホッケー・ラクロス・バレーボール

表 2-7-2　選手の目標栄養摂取量 (杉浦ほか 1992)[5]

	男子	女子
エネルギー (kcal/日)	3700	3000
タンパク質 (g/kg)	2	2
脂肪 (エネルギー比率、%)	25〜30	25〜30
カルシウム (mg)	1200〜1300	1200〜1300
鉄 (mg)	20〜25	20〜25
ビタミン A (I.U.)	3000〜4000	3000〜4000
ビタミン B_1 (mg)	2.0〜3.0	2.0〜3.0
ビタミン B_2 (mg)	2.0〜3.0	2.0〜3.0
ビタミン C (mg)	200〜300	200〜300

復時における各種ビタミン、ミネラルの要求性が高まることが推測されます。

　以上を勘案して、筆者が 2002 年日韓ワールドカップ日本代表の栄養サポートをしたときに作成した、選手の目標栄養摂取量[5]を**表 2-7-2** に示します。

実際の食べ方

　表 2-7-2 の目標値を厳密にそろえて食事を用意するには、栄養士による栄養価計算や献立づくりが必要となります。しかし、多くの選手にとって日常的な食事をこのように管理された食事として摂ることは、現実的には困難です。そこで様々な環境において、バランスのとれた食事を摂るための考え方として「栄養フルコース型」の食事[6]を再度紹介します。

　これは、5 つの食品群、主食、おかず（主菜）、野菜（副菜）、果物、乳製品を毎食そろえる食事のことです。そして、アスリートが特に運動していない家族と同じ食事でいいのかといわれるならば、健康な身体の維持を目的とした食事も、選手にとっての食事もその構成内容は変わらず、それぞれの食品の摂取量や摂取タイミングが

図 2-7-1　「栄養フルコース型」の食事

重要になるのです。育成世代の選手の保護者にとっても、選手のための食事と家族のための食事の基本的食品構成が同じであることを理解すれば、食事の準備はさほど苦にならないのではないでしょうか。

　図 2-7-1 には「栄養フルコース型」の食事の考え方をイラストで示しました。

大会に合わせた栄養摂取

①試合前の食事

　試合に向けた調整期の食事として注意すべき点は炭水化物（糖質）の摂取と摂取エネルギーのコントロールです。試合の前日からは、グリコーゲンローディングに代表される高炭水化物食を意識します。これは食事エネルギーの約 70% を炭水化物（糖質）が占める食事です。

　炭水化物（糖質）は選手にとって直接的なエネルギー源となるため、試合前には十分に貯蔵量を高めておく必要があります。具体的には主食と果物を中心とした食事に、適量のおかず、野菜、乳製品を組み合わせるのがよいでしょう。試合前日の夕食や試合当日の朝

食は、脂質やタンパク質の多い食品を摂ることは避けます。これらの栄養素が含まれる食品は、胃内滞留時間が長いため試合前の食事として適当ではありません。また、野菜の中でも根菜類には食物繊維が豊富で，このような食品も試合前に摂取することは避けたいものです。食品衛生上の点からは、摂取する食品は概ね加熱食品であることも重要です。

　試合当日の朝食は、午前に試合がある場合など少なくとも試合開始3〜4時間前までには済ませておきます。午後の試合であれば、直前の食事を試合開始3〜4時間前になるよう準備するのが適当であり、朝食の時間と内容をコントロールします。

②試合直前の栄養摂取

　ウォーミングアップ開始前やアップ中、アップ後にも適度なエネルギー補給が必要になる場合があります。試合当日の食事は消化吸収を意識した食事のため、空腹感を招くことがありますので、このようなときは、「水分が豊富に含まれる食品」で「炭水化物（糖質）」中心の食品を摂ることを勧めます。

　具体的にはスポーツドリンク、エネルギー系のゼリードリンク、果物などが挙げられます。一度にたくさん口にするのではなく、少しずつ、ゆっくりと摂取することが基本です。一度に大量の糖質を摂取すると、インスリンショック（一時的な低血糖状態）を引き起こす場合があるので気をつけましょう。

③試合中の栄養摂取

　持久的運動時の糖質補給は、運動中の血糖値の維持とパフォーマンスの持続に有効です[7]が、実際の試合においてはピッチ上でのエネルギー補給はなかなか困難です。そのため、ハーフタイム等の休憩時間を活用して糖質を補給することが重要となります。このよう

な場合は液体としての摂取が現実的ですが、エネルギー量を確保するためには糖濃度の高い飲料を摂取することになり、一般的には胃から小腸への速やかな移行がなされません。

そこで、Sugiura & Kobayashi はサッカーの試合をシミュレーションし、45 分×2 回の間欠的運動の間に水（プラセボ；糖質を含まず、人工甘味料で味付けをしたもの）、20%（w/v）濃度のマルトデキストリン溶液（ブドウ糖が平均 10 個結合したオリゴ糖であり、体液より浸透圧が低い）あるいは 20%（w/v）濃度の果糖溶液をそれぞれ 250 ml 摂取させ、間欠的運動終了後のスプリントパフォーマンスを評価しました。その結果、マルトデキストリン溶液の摂取が、果糖溶液および水の摂取に比べ、高いパフォーマンスを発揮するとともに主観的運動強度（RPE）も良好に保たれるという結果が得られました[8]。

このような球技のパフォーマンスを維持するために、ハーフタイムやピリオド間の休憩をより有効に生かすことが重要であり、摂取する成分や摂取形態等にも工夫が必要です。

④試合後の栄養摂取

試合終了後は、血糖値の低下や筋グリコーゲン量の低下など、生体内のエネルギー貯蔵が低下した状態にあります。育成世代では翌日にも試合が組まれていたり、J リーグでも週に 2 試合が計画されている場合があります。試合が終了したそのときから、次の試合に向けた準備が始まっているのです。そのため、試合後の速やかな栄養補給は、コンディショニングにおいても重要な役割を担っています。

Ivy らは、70 分間の運動直後にマルトデキストリン溶液を摂取したグループと、運動 2 時間後に同じ液体を飲んだグループにおいて、外側広筋のグリコーゲン量を筋バイオプシー法により比較した結果、

運動直後に摂取したグループにおいて、摂取後2時間のグリコーゲン量に有意な上昇が認められたことを報告しています[9]。

　食後など血糖値が上昇しているときの筋肉へのブドウ糖の取り込みはインスリンを介して行われますが、運動中や運動直後はインスリンを介さずに筋肉に取り込まれることが知られています。そこで、運動直後に糖液を摂取することにより、インスリン分泌も亢進し、それぞれ異なる経路で筋肉にブドウ糖が取り込まれるため、より効率的にグリコーゲン回復が望めるものと考えられます。さらにLevenhagenらは、糖質とともに10gのタンパク質を含むサプリメントを60分間運動後に摂取させることにより、筋タンパク合成が促進することを報告しました[10]。

　これらのことから、ready to intake なスポーツドリンクやゼリードリンクは利便性の面において、その摂取に意義があります。炭水化物（糖質）およびタンパク質やクエン酸を摂取することで、回復効果が増大することが期待されますので、これらの成分が含まれる食品を摂取することが推奨されます。特に、クエン酸には高強度運動後の代謝性アシドーシスの緩和作用も期待されるため[11]、試合後の疲労回復には適していると考えらます。

⑤試合後の食事

　試合後の食事は、エネルギーの確保、十分なタンパク質の確保を意識するとともに、疲労した身体に摂取させることになりますので、消化のよいものを考慮する必要があります。特に、試合に向けた調整から試合当日までは炭水化物中心の食事であるため、試合後の食事ではタンパク質の確保を忘れないようにしましょう。

　以上のことを踏まえた上で、摂りきれない栄養素があれば、各種サプリメントも研究して活用します。実は、「これがチームスポー

ツの食事です。球技系の食事です」というものは無いのかもしれません。それよりも、**図 2-7-1** のようなバランスのとれた食事に、練習内容や年代、性別を考慮して必要になる栄養素を食品群から選んで加えたり、より低脂肪の食品に替えたり、トレーニング後や就寝前にプロテインを摂取したりして、整えていくというのが、実情に適い、かつ、理に適っているといえるでしょう。

また、長期間の合宿を行う場合は、宿泊先がいかに豪華な食事・おいしい食事を用意しても、その生活状態に飽きがきてしまい、疲労も重なって食欲が減退する可能性があります。それでもハードトレーニングを支える栄養摂取が不可欠ですので、気分転換的な食事を入れることも必要でしょう。

例えば、2002 年日韓ワールドカップサッカーのときは、日本代表選手の静岡県の合宿地において、試合の翌日の昼食には家族も呼んで、プールサイドでガーデンパーティを催し、バーベキューや流しそうめんなどを楽しみました。2019 年ラグビーワールドカップでは、日本代表選手はホテル住まいでしたが、出身国別の自慢料理（オートミール等）をホテルにつくってもらったり、特定の選手が考案した「丼」や「小倉トースト」などを皆で味わい、さらに発展させて楽しんだそうです。

栄養担当者が考えて仕向けることも必要ですが、与えられた環境を受け入れ、その中で工夫して食事を楽しむということも強いチームの資質といえるかもしれません。

参考文献

1) IOC Consensus 25-27 Oct. 2010, J Sports Sci. 29 (Suppl. 1): S1-S136, 2011.
2) Ebine N et al.: Measurement of total energy expenditure by the doubly labelled water method in professional soccer players. J Sports Sci. 20: 391-397, 2002.
3) 金亨烈ほか：試合期の韓国プロサッカー選手の二重標識水法による総エネルギー消費量測定. 体育学研究. 48: 717-723, 2003.
4) Clark C: Nutritional guidance to soccer players for training and competition. J Sports

Sci. 12: S43-50, 1994.
5) 杉浦克己：スポーツ活動と栄養．子どもと発育発達．1: 221-226, 2003.
6) 杉浦克己ほか：選手を食事で強くする本．中経出版，1992.
7) Coyle EF et al.: Muscle glycogen utilization during prolonged strenuous exercise when fed carbohydrate. J. Appl. Physiol. 61: 165-172, 1986.
8) Sugiura K and Kobayashi K.: Effect of carbohydrate ingestion on sprint performance following continuous and intermittent exercise. Med Sci Sports Exerc. 30: 1624-1630, 1998
9) Ivy JL et al.: Muscle glycogen synthesis after exercise: effect of time of carbohydrate ingestion. J Appl Physiol. 64: 1480-1485, 1988.
10) Levenhagen DK et al.: Postexercise nutrient intake timing in humans is critical to recovery of leg glucose and protein homeostasis. Am J Physiol Endocrinol Metab. 280: E982-993, 2001.
11) Horswill CA: Effect of bicarbonate, citrate, and phosphate loading on performance. Int J Sport Nutr. 5: S111-119, 1995.

2-8 トップアスリートの栄養サポート

　本項は、筆者が手探りの状態でスタートした栄養サポートが確立されていくまでの、様々な競技種目・競技レベルにおけるサポート事例を振り返ることによって、改めてその重要性についての再啓発を促したいと思います。

はじめに

　筆者はこれまで、様々な競技種目・競技レベルにおける幅広い年齢層のアスリートを対象にした栄養サポートに関わってきました。

　そのきっかけを考えてみました。前職の企業で、入社3年目の1988年6月に、今でいうプレバイオティクスを扱う研究所から本社のスポーツ食品部門に異動し、与えられた業務は、スポーツ食品をいかにして世の中に認知してもらい、売上を伸ばすかについて考えることでした。

　しかし、この年に開催されたソウルオリンピックの代表合宿を見学する機会があり、日本代表選手の食事を見たときに、多くの選手

が、一般人である筆者よりも食が細いことに驚きました。加えて、オリンピック後の反省会（1988年度 JOC 第 2 回コーチ会議）が 11 月に行われた際に、各競技のコーチが成績不振の言い訳として「やはり日本人は体格が貧弱だから」というのに強い違和感を覚えました。栄養面が良好になれば、もっとパワーもついて強くなるのではないかと思ったのです。

当時の同僚であった青山晴子氏（現フリーランス）や田口素子氏（現 早稲田大学教授）からも、「栄養サポートで日本の選手を強くしましょう。そうすれば売上は後からついてきます」という力強いエールをもらったので、栄養サポート集団を組織して成功事例をつくるべく邁進してきました。

1990 年代から 2000 年代はどうやって望ましい食行動をとってもらうかを手探りでみんなで相談しながら行ってきました。まずはその内容を競技団体別（柔道・陸上・サッカー）に解説します。

2003 年頃から、当時同じ企業の研究所の研究員であった酒井健介氏（現 城西国際大学教授）が研究面でバックアップしてくれるようになりました。彼は、経験や実績のある栄養スタッフに栄養サポートの依頼が集中しがちな状況を鑑み、大学を出たばかりの経験の浅い栄養士でもベテランの 8 割程度のサポートができるように、栄養サポート（あるいは栄養マネジメント）自体を体系化したいという考えを持っていました。

そこで、それまで行ってきた栄養サポートの詳細を実施者に聴き取り調査してまとめ、さらに行動変容モデルを導入してサポート体系を構築してくれました。次にそれを報告します。最後に、筆者が大学に移った後も、元同僚がさらに成果を上げていること、および筆者が大学に移ってからのサポート等を紹介したいと思います。

手探りの栄養サポート

①日本柔道連盟

（1）男子合宿の栄養サポート（選手の準備性と信頼関係の構築）

　1991 年、男子柔道日本代表の上村春樹監督（現　講道館長）と山下泰裕コーチ（現　全日本柔道連盟会長、JOC 会長）の依頼により、世界選手権バルセロナ大会を控えた国内合宿に赴き、栄養サポートを開始しました。代表選手および補欠の約 15 名の選手を対象に、「栄養面で自立できるように教育して欲しい」というのがコーチ陣からの依頼内容です。

　当時、日本柔道は世界中から研究され、ソウルオリンピックで金メダル 1 個に終わったことに危機感を募らせていた状況でした。それまでの稽古一辺倒のやり方でなく、トレーナーを合宿に帯同させ栄養も強化して、身体の外から中からコンディショニングを考えようとしたのでしょう。

　最初に訪問した合宿で、30 分間のセミナーを実施し、日常の食事調査をすべく用紙を配布しました。2 回目の合宿では、食事調査の結果をもとにカウンセリングを実施しました。1 名あたり 15〜40 分間でしたが、自分の日頃食べているものが競技とどう関係するのかについては、大半の選手が興味を示してくれました。

　世界選手権も終わり、翌年のバルセロナオリンピックまでの合宿には毎回顔を出し、選手とは会話が交わせるようになり、また、コーチ陣、ドクター、トレーナー、心理のスタッフからも選手の性格や現在の体調、心理状態を教えてもらえるようになって、選手の状況を概ね把握できるようになりました。

　また、合宿の食事メニューの改善にも取り組むようになりました[1]。

(2)男子代表選手の減量サポート（食事指導とサプリメントの活用）

　1992 年バルセロナオリンピックの日本代表選考大会が始まった頃、実力は世界トップレベルなのに減量で苦労している吉田秀彦選手の栄養サポートをすることになりました。彼は大学 4 年から身体が大きくなり、自身の階級 −78 kg に出場するためには約 10 kg の減量が必要でしたが、減量前の体脂肪率（水中体重法）は 10.9%であり、脂肪を落とすだけでは減量ができない状況でした。

　そこで、栄養面からみた減量計画を綿密に立て、摂取エネルギーを 3000 kcal から 1500 kcal まで段階的に減らす処方を試みました（52 ページの図 2-5-1 参照）。3 食に加えて稽古前後の間食をきちんと食べ、サプリメントを取り入れる減量法です。朝食と夕食は所属会社の寮の寮母さんに調製していただき、昼食は稽古の合間に行く食堂のメニューを調べ、推奨メニュー・食べるもの・残すものを指示しました。体重は、停滞する時期もありましたが、体力を落とさずに規定体重に到達し、金メダルを獲得することができました[2]。

　今振り返ると、当時の減量が必要な柔道選手は体重を量ることを嫌がり、また体脂肪測定は皮脂厚計はあったものの安易に測定させてもらえるような状況ではありませんでした。非常にアナログなサポートでしたが、図 2-8-1 に示した『栄養教育の 5A アプローチ』は概ね実施できていました[3]。

(3)女子代表の栄養サポート（選手・スタッフとのコミュニケーション）

　1993 年からは、3 年後のアトランタオリンピックを目指す女子日本代表の栄養サポートも依頼され、専任者をつけて実施しました。ここでのサポートの目的は、①日常の練習を良好なコンディションで消化できること、②減量・増量を無理なく実施できること、③試

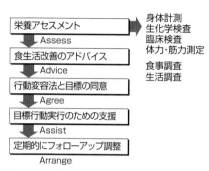

図 2-8-1 栄養教育（カウンセリング）の5A

合時間内をフルに戦えるスタミナを養うことであり、手段としては、食事調査とカウンセリング、合宿の食事メニューの調整、練習中の水分および糖質の補給指導、そして増量・減量の個別指導でした[4]。また、アトランタオリンピック本番にも帯同し、男子の栄養担当と連携して、午前練習後の昼食を摂る日本食レストランでのメニューの交渉、試合日の弁当の調製を行いました。

このサポートには、食行動の変容を促すための栄養アセスメント、アドバイス、目標行動の話し合い、目標行動実行のための支援、フォローアップの調整という、**図 2-8-1** の5A アプローチはそろっていました。

その後は、ヨーロッパ各地を転戦する国際大会に帯同し、選手との共同生活によって、栄養スタッフと選手、スタッフとの間に真の意味でのコミュニケーションと相互理解が生まれ、以降は合宿時だけでなく、電話やメールを活用した日常的なサポートへとつながっていきます。1999 年からは、血液検査項目に血中ビタミン濃度の測定も加え、より多角的な栄養アドバイスができるようになっていきます[5]。

2000 年のシドニーオリンピック[6]、2004 年のアテネオリンピック[7]に向けて、サポートは一層充実し、競技結果もさらによくなり

ますが、一方で、栄養サポートで調理まで行ってほしいという競技団体の依頼が常に交渉の争点になりました。これは、実施者のサポートスタイルと調理の力量にもよりますし、栄養サポートとは何かという本質的問題に関わることでもあります。調理をするかどうかは、都度チームとの話し合いで決めることになります。

②日本陸上競技連盟

(1)長距離・マラソン高地合宿のサポート（特殊環境におけるサポート）

　1980 年代後半から、持久的能力の向上に高地トレーニングが有効であるということから、日本陸上競技連盟では年に 2、3 回の合宿を中国の昆明および米国コロラド州で実施していました。

　1991 年のコロラド州ガニソンにおける 2 ヵ月間の合宿に、筆者の同僚の 2 名の管理栄養士を派遣し、3 度の食事の調製を中心に栄養管理を行いました。この合宿には、多くの実業団から選手とコーチが 40 名あまり参加していました。合宿にはドクター、トレーナーも帯同し、毎日の起床時の体温・心拍の測定、体重の測定、体調日誌の記入、そして週 1 回の血液検査が義務づけられました。十分な栄養を摂取した選手は体調が良好に推移し、競技力も向上することがわかりました[8]。

　1992 年は、バルセロナオリンピックに向けての高地合宿となり、代表選手および補欠選手 7 名のみの参加になり、管理栄養士は 1 名を派遣しました。2 ヵ月間の合宿期間中、厳密な栄養・食事管理を実施した結果、全員の体重、体調が合宿期間中を通して安定し、血中ヘモグロビン濃度が、合宿 6 週目には合宿前の濃度から 10% の増加を示し、本番での競技結果も良好でした[9]。

（2）国際大会を活用したサポート（自発性の育成）

　1994年の広島アジア大会に向けては、陸上競技の日本代表選手が決まった時点で食事調査を行い、栄養摂取状況を把握した上で、カウンセリングおよびセミナーを実施しました。ここでは、ビュッフェ形式の料理に対して、目的別にどのように料理を選んだらよいかを理解させる実習を行い、アジア大会本番においては、調整期と試合前の料理の選び方についての資料を作成して選手に配布しました。大会終了後に実施したアンケート結果からは、60％以上の選手がほぼ良好なコンディションに調整できたこと、85％以上の選手が栄養サポートの必要性を認めたことが明らかになりました[10]。

　その後は特に短距離の栄養サポートに力を入れましたが、度重なる栄養カウンセリングにより、目標とする食行動が定着し、結果として2008年北京オリンピックの400mリレーの銀メダルという好結果にもつながったものと考えています。

③日本サッカー協会

（1）ユース、ジュニアユース日本代表のサポート（発育・発達期の栄養指導）

　Jリーグが発足する以前は、サッカー選手は栄養にほとんど興味を示しませんでした。そこで、中高生の代表合宿に赴き、食事調査、セミナー、ビュッフェ形式での料理の選び方などを実施しました。その結果、ジュニアユース代表からユース代表へと進んだ10名の選手の食事調査結果から、発育発達に伴ったエネルギー摂取量および各栄養素摂取量の増加が確認され、選手の食事や栄養に関する知識・態度の向上とともに行動が定着したことが示唆されました[11]。

（2）フランスワールドカップ（ソーシャルサポートの充実）

　1993年、Jリーグが発足して半年経った頃に、複数のチームから

栄養指導の依頼がありました。ジーコ選手やリトバルスキー選手が来日して日本サッカーのレベルは高くなり、当時はそういうレベルの高い試合を週に2試合消化していたため、それまでとは比べ物にならないほどの体力の消耗を招いたようです。

　さらに、「ドーハの悲劇」の後に日本代表監督に就いたパウロ・ロベルト・ファルカン氏は、A代表にも栄養担当が欲しいと主張し、1994年からはユース代表を指導していた同僚がA代表合宿に同行することになりました。そして、その後に監督を引き継いだ加茂周氏、岡田武史氏も栄養スタッフの必要性を理解し、「ジョホールバルの歓喜」を経て、1998年のフランスワールドカップに帯同しました[12]。

(3)日韓ワールドカップ（栄養サポートの一つの集大成）

　2002年の日韓ワールドカップに向けては、新たに監督になったフィリップ・トルシエ氏は3人のトレーナーのうちの1人に栄養管理を任せていましたが、途中から栄養の専門家を入れることになり、筆者と管理栄養士の菅泰夫氏の2名が帯同することになりました。

　実際に活動したのは、2002年の1月からワールドカップ本戦終了までの半年間でしたが、宿泊先のメニュー内容の改善、日常および試合時に用いるサプリメントの提案と指導、個人カウンセリングの実施、ドクター、トレーナーと連携したコンディションに関わるアドバイスの実施を行いました[13]。

　ここで、大事なことは、前回までのワールドカップ出場者に加えて、ユース代表およびジュニアユース代表で指導してきた選手がチームの主力となり、全員が栄養のことも考えていて、適切な食行動を取ることができていたことです。自国開催による食のメリットもあって、選手の栄養摂取状況は良好な状態で安定していたので、ベスト16という結果も残せたものと思います。

トランスセオレティカルモデルの導入

図 2-8-1 は、栄養教育のうち、特にカウンセリングの流れをまとめたものですが、まずは対象者の現状を把握（Assess）し、食生活改善についてアドバイス（Advise）し、行動変容のどの方法を採用し、目標をどうするかについて話し合って同意（Agree）にこぎつけ、実行を支援（Assist）し、定期的にフォローアップして調整（Arrange）します。

栄養アセスメントには、直接的アセスメントと間接的アセスメントがあり、前者には、身体計測、血液や尿などの生化学検査、臨床検査などと、スポーツの現場では体力・筋力測定も含まれます。そして後者には、食事調査（食品の摂取量や摂取頻度を調査するもの）や生活調査が含まれます。これら直接的、間接的アセスメントの両方を行い、得られた結果を総合して、対象の現状を把握することが望ましいといえます。

行動変容法については、禁煙プログラム等に使われていたトランスセオレティカルモデルの栄養教育への導入を検討なさっていた[14]赤松利恵氏（お茶の水女子大学教授）の監修のもと、図 2-8-2 のような5つの変容段階を定義して、首都圏の3大学に通うアスリートを含む健康な大学生 675 名（男子 282 名、女子 393 名）に応用しました[15]。

目標行動を「適切な食生活を送ること」とし、食事調査と変容段階との関係を調査した結果、適切な食生活に関する変容段階が、前期段階（前熟考期、熟考期および準備期）から後期段階（実行期、維持期）に移行するに伴い、栄養素密度の高い食事を摂っている者の割合が増加することが明らかになり、トランスセオレティカルモデルが使えることを確認しました。このモデルの詳しいことは、3-3 項にも解説しています。

トランスセオレティカルモデルを用いた栄養サポートは、柏レイ

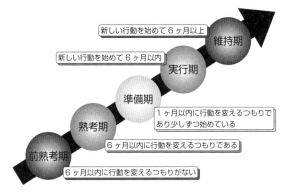

新しい行動を始めて6ヶ月以上

維持期

新しい行動を始めて6ヶ月以内

実行期

準備期

1ヶ月以内に行動を変えるつもりであり少しずつ始めている

熟考期

6ヶ月以内に行動を変えるつもりである

前熟考期

6ヶ月以内に行動を変えるつもりがない

図2-8-2　トランスセオレティカルモデル

ソルのジュニアユースチームで中学生に、横浜ベイスターズでプロ選手対象に実施したところ、いずれも食行動改善に寄与することが証明されました[16]。柏レイソルに実施した栄養サポートの詳細は、3-2項に詳しく書きます。

その後の栄養サポート

　このように、手探りで確立してきた栄養サポートのやり方に、行動変容の方法が加わって体系化されてからは、より自信をもってサポートを展開することが可能になりました。

　野球、サッカーのプロチームおよび選手、女子バレーボール日本代表、2018年平昌オリンピックの女子スピードスケート、2019年ラグビーワールドカップ日本代表など、その後も成功事例が蓄積されています。トランスセオレティカルモデルを導入した酒井健介氏は、東海大学水泳部の加藤健志監督（東海大学准教授）と連携して部員の栄養サポートを続け、2016年リオデジャネイロオリンピック200m平泳ぎの金藤理絵選手の金メダル獲得に貢献しました。

　筆者は大学に移ってから、いくつかの体育会の栄養指導を行いま

したが、一番印象に残っているのはボート部です。たまたま４年の
ゼミ生が、自分の所属しているボート部の男子舵なしフォアのメン
バーの栄養サポートを卒業研究として行ったのですが、それが結果
的に創部68年目で初めての全日本優勝につながりました[17]。その
ゼミ生は、大学卒業後、栄養士の資格を取るために専門学校に２年
通い、現在は、給食会社に籍を置きながら、アスリートの栄養サポ
ートを行っています。

　本項では、主に柔道、陸上競技、サッカーの３つの競技について
触れましたが、これら競技種目は個人階級制格闘技、個人記録競技、
チーム球技という点と、試合時のエネルギー発揮機構においても、
まったく異なる性格を持っていますので、栄養を含めたコンディシ
ョニングに対する意識も異なります。また、同じ競技のトップ選手
同士でも、栄養に関する意識には大きな差があることも少なくあり
ません。

　しかし、これまでの経験から、栄養面にも真剣に取り組むかどう
かは、選手やスタッフを含めた競技団体全体の真剣さの違いではな
いかと思っています。金メダル獲得が宿命づけられた柔道、マラソ
ンに続いて短距離、投擲でも世界に勝てるようになってきた陸上競
技、そして2050年までにワールドカップで優勝するというミッショ
ンの下で組織づくり、指導者養成、審判養成、選手の強化と育成
に余念のないサッカーだからでしょう。他の団体、チーム、選手も
栄養にしっかり取り組んでもらいたいものです。

　そのために、サポートの実施者には、体系化した栄養サポートの
進め方を繰り返し学んでもらい、「誰に依頼しても一定水準の栄養
サポートが受けられる」ようにしていきたいと思います。実施者の
個性は、この基礎を習得した上で発揮されればいいのかなと思いま
す。

参考文献

1) 青山晴子ほか：全日本柔道強化選手への栄養・食事の取り組み．柔道科学研究．1: 31-38, 1993.
2) 青山晴子ほか：オリンピック代表選手への食事による減量指導．柔道科学研究．1: 39-44, 1993.
3) 赤松利恵：現場における効果的な栄養教育─行動科学を用いたアプローチ．トレーニング科学．17: 267-272, 2005.
4) 杉浦克己，奈良典子：柔道選手の栄養サポート．臨床栄養．89: 718-723, 1996.
5) 杉浦克己ほか：柔道日本代表選手の血中ビタミンの栄養状態および栄養摂取状況．平成 11 年度日本体育協会スポーツ医・科学研究報告 No. X スポーツ選手に対する最新の栄養・食事ガイドライン策定に関する研究─第 3 報─, 2000.
6) 奈良典子，杉浦克己：対象別スポーツ指導─シドニー五輪女子柔道日本代表選手─．栄養日本．44: 13-16, 2001.
7) 奈良典子：オリンピックと栄養学的サポート．体育の科学．54: 357-362, 2004.
8) 藤沢いづみ，杉浦克己：長距離・マラソン高地合宿における栄養サポート．体育の科学．42: 619-625, 1992.
9) 鈴木いづみ：競技現場における栄養管理の実際．c. 高所トレーニングにおける食事．（トレーニング科学研究会編）：競技力向上のスポーツ栄養学．pp. 109-115, 朝倉書店，2001.
10) Sugiura K et al.: Nutritional intake of elite Japanese track-and-field athletes. Int J Sport Nutr. 9: 202-212, 1999.
11) 山田優香ら：U-17 および U-20 サッカー日本代表選手の栄養指導による栄養摂取状況の変化．サッカー医・科学研究．20: 74-77, 2000.
12) 浦上千晶：サッカー日本代表チームに帯同して．バイオメカニクス研究．3: 142-146, 1999.
13) 杉浦克己，菅　泰夫：代表チームにおける栄養サポート．臨床スポーツ医学．23: 531-537, 2006.
14) 赤松利恵，武見ゆかり：トランスセオレティカルモデルの栄養教育への適用に関する研究の動向．日本健康教育学会誌．15: 3-18, 2007.
15) 酒井健らほか：大学生を対象とした適切な食生活に関する変容段階と栄養摂取状況および心理的要因との関係．日本健康教育学会誌．17: 248-259, 2009.
16) 柴田　麗，酒井健介：食事・栄養面からの選手育成　育成期のサッカー選手における現状と課題．フットボールの科学．3: 8-14, 2008.
17) Kobayashi A et al.: The effects of sports nutritional support on rowing performance of elite college rowers. J Physical Fitness Sport Med. 6: 474, 2017

2-9　ケガの回復と栄養

　身体が不調なとき、ヒトは何とか早く回復したいと願い、治るなら何でもするので教えてほしいという気持ちになるようです。

スポーツ栄養学においても、「ケガを早く治すには何を食べれば
いいか」ということは大きな関心事であり、筆者もこの30年
あまり、ずいぶんと多くの質問を受けてきました。

「ケガといえば、骨の材料のカルシウムとビタミンDを摂りま
しょう。あとはタンパク質ですね」というのが一般的なアドバイ
スですが、ここではもう少し丁寧にみていきたいと思います。

ケガと栄養

ケガについては、その起こる部位が骨、関節、靱帯、腱であった
り、筋肉であったりにより組織のつくられ方も違いますし、強い外
力が加わる場合もあれば、繰り返し外力がかかって引き起こされる
場合もあるので、定義づけが難しいと思います。栄養不足が原因の
場合もあるでしょうし、非常に強い外力が加わったときのように不
可抗力で起こる場合もあります。そこで、本項は、ケガをしてしま
ってからの回復のための栄養と区切って、考えたいと思います。

ケガをすると、その部位にもよりますが、動きがかなり制限され
ることになります。場合によっては入院・手術も必要になるかもし
れません。人間は動物なので、動きながら重力に逆らって身体組織
を維持していますので、動けない状態が続くと身体は好ましくない
方向に変化します。これは、筋タンパク分解の亢進による筋萎縮、
同化抵抗が起こることによる筋タンパク合成の低下、そして結果と
しての筋力の低下です。一方で、患部は炎症反応を起こし、免疫系
が活性化され、代謝も活発になります。治癒のためのエネルギーが
必要ということです。

より詳細に説明すると、**図2-9-1**のように、ケガにより、患部
では炎症応答、エネルギー要求量、グルコース（ブドウ糖）要求量、
そして体温が高まります。そこで、身体は、ホルモンではコルチゾ
ールというストレスホルモンやアドレナリンのようなカテコールア

ミンが活性化し、異化を進めてしまいます。一方で、成長ホルモンやテストステロンのような同化ホルモンの分泌は低下させるので、その結果、筋タンパクの分解が進んで筋量は低下し、血中のアミノ酸濃度を高めるようにします。そして、肝臓での糖新生の亢進とケトーシス低下により、血中グルコース濃度も高めるようにするのです[1]。

　ほうっておけば、このように代謝が進みますので、結果的に筋量は減少し、筋力は低下します。そこを意識して、筋肉、骨などの除脂肪量（LBM）を維持するために、患部以外の部分の筋トレを実施して身体づくりを刺激するとともに、筋肉の材料となる栄養素を補給しなければなりません。そして、治癒に必要なエネルギーを確保しなければなりませんが、ケガの無い時のようにエネルギーを摂取してしまうと、動きが制限されて消費エネルギーは少ないわけですから、明らかにエネルギーの過剰摂取となり、体重・体脂肪の増加につながってしまいます。そのあたりの「さじ加減」が難しいというわけです。

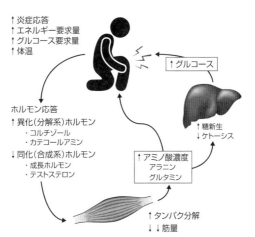

図 2-9-1　ケガと手術に伴うストレス応答 （Smith-Ryan et al. 2020)[1]

栄養上のヒント

①エネルギー

　総エネルギー摂取量は、食事摂取基準の身体活動レベル（低い）を参考にするとよいでしょう。それでは大雑把すぎると考える向きもあるでしょうが、安静仰臥位のエネルギー消費量である基礎代謝量に対して、座っている状態のエネルギー消費量である安静時代謝量は 10% 増しであり、リハビリでの活動を 20% 増し、ストレス反応で 20% 増しと考えて、

$$基礎代謝 \times 1.1 \times 1.2 \times 1.2 = 基礎代謝 \times 1.58$$

になるので、表 2-9-1[2)]の身体活動レベル低い（Ⅰ）の範囲（1.40〜1.60）に入ると考えます。

　そこで、例えば、体重 75kg の 20 歳男子アスリートのリハビリ中の摂取エネルギーは、表 2-9-2[2)]より、基礎体重基準値が 23.7 なの

表 2-9-1　**身体活動レベル別に見た活動内容**
（厚生労働省『日本人の食事摂取基準 2020 年度版』）

身体活動レベル	低い（I）	ふつう（II）	高い（III）
	1.50 （1.40〜1.60）	1.75 （1.60〜1.90）	2.00 （1.90〜2.20）
日常生活の内容	生活の大部分が座位で、静的な活動が中心の場合	座位中心の仕事だが、職場内での移動や立位での作業・接客等、通勤・買い物での歩行、家事、軽いスポーツ、のいずれかを含む場合	移動や立位の多い仕事への従事者、あるいは、スポーツ等余暇における活発な運動習慣を持っている場合
中程度の強度（3.0〜5.9メッツ）の身体活動の1日当たりの合計時間（時間/日）	1.65	2.06	2.53
仕事での1日当たりの合計歩行時間（時間/日）	0.25	0.54	1.00

表 2-9-2　基礎代謝基準値と基礎代謝量
（厚生労働省『日本人の食事摂取基準 2020 年度版』）

性 別	男 性			女 性		
年齢 （歳）	基礎代謝 基準値 （kcal/kg 体重/日）	参照体重 （kg）	基礎代謝量 （kcal/日）	基礎代謝 基準値 （kcal/kg 体重/日）	参照体重 （kg）	基礎代謝量 （kcal/日）
1〜2	61.0	11.5	700	59.7	11.0	660
3〜5	54.8	16.5	900	52.2	16.1	840
6〜7	44.3	22.2	980	41.9	21.9	920
8〜9	40.8	28.0	1140	38.3	27.4	1050
10〜11	37.4	35.6	1330	34.8	36.3	1260
12〜14	31.0	49.0	1520	29.6	47.5	1410
15〜17	27.0	59.7	1610	25.3	51.9	1310
18〜29	23.7	64.5	1530	22.1	50.3	1110
30〜49	22.5	68.1	1530	21.9	53.0	1160
50〜64	21.8	68.0	1480	20.7	53.8	1110
65〜74	21.6	65.0	1400	20.7	52.1	1080
75 以上	21.5	59.6	1280	20.7	48.8	1010

で、以下のようになります。

　　23.7（kcal/kg 体重/日）×体重 75 kg×身体活動レベル 1.58

　　≒2800 kcal

② 3 大栄養素

　そして、そのタンパク質、脂肪、炭水化物のエネルギー比（PFC
比）ですが、タンパク質は身体組織の材料として高めに設定して
20〜30%、脂肪は抑えめの 20%、残りは炭水化物で 50〜60% の設
定になると思います。2800 kcal の内訳は、タンパク質は 25% とし
て 700 kcal（175 g、体重 1kg あたり 2.3 g）、脂肪は 20% として
560 kcal（62 g、体重 1kg あたり 0.8 g）、炭水化物は 55% として
1540 kcal（385 g、体重 1kg あたり 5.1 g）となります。これは、減
量のための食事に近い比率です。これを 3 食に間食を加えることで、

1日に分散して摂るようにします。

　一般に、ケガをするとアミノ酸の必要量が増加しますが、手術をした後は、回復のため、筋合成のため、感染リスクを下げるために、さらに必要量は増加するでしょう。その筋タンパクの合成のトリガーとなるのはmTOR（機械的ラパマイシン標的タンパク質）の活性化とされますが、それを担うのはタンパク質（特にロイシンの豊富なもの）と炭水化物なので、この2つの栄養素はしっかりと摂取する必要があります。

　タンパク質は体重1kgあたり2g以上になると思います。炭水化物は、回復のための重要なエネルギー源でもあります。脂肪については、回復段階では、高レベルの不飽和脂肪酸を含む食事がよいとされ、1日あたり2gのω-3脂肪酸、10gのω-6脂肪酸の摂取が推奨されています[1]。

③カルシウムとビタミンD

　微量栄養素としては、カルシウムを意識するのは当然であり、食事摂取基準でも**表2-9-3**のように推奨量は18〜29歳の男性で800mg、女性で650mgですが、実際の摂取量は20〜29歳の日本人の平均でそれぞれ462mgと408mgなので、完全に不足してい

表2-9-3　カルシウムの食事摂取基準と摂取量

●推奨量および耐容上限量（mg/日）

年齢	推奨量		耐容上限量
	男性	女性	
10〜11歳	700	750	—
12〜14歳	1000	800	
15〜17歳	800	650	
18〜29歳	800	650	2500
30〜49歳	750	650	

（『日本人の食事摂取基準2020年度版』）

●日本人の平均摂取量（mg/日）

年齢	摂取量	
	男性	女性
7〜14歳	676	594
15〜19歳	504	454
20〜29歳	462	408
30〜39歳	395	406

（『令和元年国民健康・栄養調査』）

表 2-9-4　ビタミン D の食事摂取基準と摂取量

●目安量および耐容上限量（μg/日）

年齢	目安量		耐容上限量
	男性	女性	
10〜11 歳	6.5	8	60
12〜14 歳	8	9.5	80
15〜17 歳	9	8.5	90
18〜29 歳	8.5	8.5	100
30〜49 歳	8.5	8.5	

（『日本人の食事摂取基準 2020 年度版』）

●日本人の平均摂取量（μg/日）

年齢	摂取量			
	平均値		中央値	
	男性	女性	男性	女性
7〜14 歳	5.6	5.8	3.6	3.4
15〜19 歳	5.9	5.3	2.9	2.6
20〜29 歳	5.9	4.6	2.8	2.3
30〜39 歳	5.9	4.9	2.5	2.3

（『令和元年国民健康・栄養調査』）

ます。アスリートの場合は、浜野と田原によれば、少なくとも 1000 mg 以上を摂取することが望ましいとしています[3]。

　ビタミン D は、**表 2-9-4** のように、日本人の平均ではまだ十分とはいえません。ビタミン D は骨代謝の面でケガからの回復に重要と認識されますが、免疫能や筋機能においても役割を果たしていることがわかってきており、また、ビタミン D レベルが不足すると、筋肉の修復、再生、肥大が遅延することが報告されているので、感染症のリスクを下げるという観点からも積極的な摂取が検討されるべきでしょう[1]。

サプリメント

　いくつかのサプリメントには、ケガからの回復をサポートし、手術後の筋肉の萎縮を抑え、痛みの軽減を図る効果が期待されます。

①クレアチン

　ケガとクレアチンの関連については、脳震盪の研究報告や、骨代謝や神経筋機能の改善などが報告されています。クレアチンの摂取により、筋量・筋力に好ましい影響があることが、高齢者と筋ジス

トロフィーの患者の研究から示唆されています。使用する場合は、専門家のアドバイスのもとに、摂取する量とタイミングを決めるとよいでしょう。

②魚油

ω-3脂肪酸には、抗炎症作用が知られていますので、食事で十分量が摂取しきれない場合は、魚油（EPA、DHAを含む）の使用を検討するのも有益である可能性があります。

③プロテインおよび必須アミノ酸

食事の補助として、あるいは間食に、1日のタンパク質摂取量の不足分を補う形で用います。特に、必須アミノ酸の一種であるロイシンに同化促進作用が認められているので、分岐鎖アミノ酸（BCAA：バリン、ロイシン、イソロイシンの総称）製品や、BCAAを豊富に含むホエイプロテインを選ぶことが薦められます。

④プロバイオティクスとプレバイオティクス

プロバイオティクスは、ビフィズス菌や乳酸菌などのいわゆる善玉菌と呼ばれる腸内細菌のことです。腸内細菌叢の状態が好ましい状態にあると腸管免疫として機能するため、近年注目を集めています。生菌および凍結乾燥菌体の摂取により、大腸に善玉菌が増殖し、腸の健康が保たれることが期待できます。

プレバイオティクスは腸内細菌の餌になるものであり、自身の腸内に棲みついている善玉菌を増加させる役割を担っています。オリゴ糖などが代表です。

詳しくは5-2項で解説します。

⑤抗酸化物質

　ビタミンC、E、β-カロテンなどのビタミン類、セレンなどのミネラル類、そしてコエンザイム Q10 や各種ポリフェノール類があります。抗酸化作用、抗炎症作用、抗病原性作用が期待されています。ただし、有効性についてはまだ限定的という評価です。マルチビタミン・ミネラルのようなサプリメントを摂取して、不足の無いようにしておくのもよいでしょう。

⑥コラーゲン

　2018 年に刊行された IOC のサプリメントに関するコンセンサス[4]の図 2「トレーニング能力、回復、筋肉痛、ケガの管理に役立つ可能性のあるサプリメント」の欄に、コラーゲン（ゼラチン、コラーゲンペプチド）が掲載されました。

　内容としては、「体内のコラーゲン産生、軟骨の産生、関節痛の減少に働くとされます。ゼラチンとコラーゲンのサプリメントはリスクは低いようです。利用できるデータはほとんどありませんが（文献 3 報が掲載されている）、コラーゲン産生の増加と痛みの軽減が可能であるようです。機能的な利点、ケガからの回復、エリートアスリートへの影響は不明です」と記述されています。あまり有効とは書かれていないのですが、ここに記載されたということは、現場では頻繁に使われていることを示しています。

　筆者は、1990 年代にケガの回復を早める栄養成分を探していました。プロテインとカルシウムだけではケガの回復に有効とまではいえなかったのです。文献検索と、国内外の学会、食品企業、薬品企業を対象に情報を収集していった結果、コラーゲン、グルコサミン、コンドロイチン硫酸、MSM（メチルスルフォニルメタン）の 4 つに絞られました。さらに探ると、コラーゲンはドイツ・ヨーロッパ系で用いられ、あとの 3 つは主に北米においてセットで製品化

されていることがわかりました。やがて、ドイツのハイデルベルグにあるDGF Stoess社というゼラチン供給会社に行きつきました。1995年に本社を訪問したのですが、そこでは3つのことを学びました。

　まず、ドイツでは12世紀から聖ヒルデガルドのつくる牛の骨付きすね肉のシチューに関節痛の軽減効果があることが知られており[5]、牛豚のゼラチンをシチューやソーセージ、アイスバインなどの料理にして利用してきた歴史があることです。次に、そのDGF社は米国にも売り込みに行ったそうですが、米国では1977年にDr. Roger Linnという人が *The Last Chance Diet* という本を書き、1日400 kcal以下のコラーゲンドリンク "Prolinn" だけでダイエットするようにと商品も販売し、肥満に悩む人がこれを使用した結果、栄養失調により約60名の命が奪われたという事件があったので、FDA（米国食品医薬品局）がサプリメントとしての販売を許可せず、それで米国はグルコサミンなどを使うようになったということです。そして、チェコのリウマチ研究所の研究により、コラーゲンが変形性関節炎の痛み軽減に有効であることが報告された（**図2-9-2**）[6]ので、スポーツ栄養にも使えるはずだと助言され、またDGF社のコラーゲンは、競争馬の骨折予防として飼い葉（餌）に混ぜて使われ、結果を出していることも知りました。

　そこで、豚由来のコラーゲンを試してみることにしました。牛は当時、BSE（狂牛病）が流行していたので使わないようにしました。コラーゲンを加水分解し、ペプチドの形で吸収しやすくし、ケガの予防には5 g、ケガの回復には10 gを摂取することにして、サポートしているアスリートに試してもらったのです。結果は好評でした。

　ただ、難しかったのは、早く治るという証拠を出すことでした。整形外科の医師が「治るのに3ヵ月かかる」と診断したケガが1ヵ月半で治ったとしても、「医者は治癒する期間を少し長めにいうも

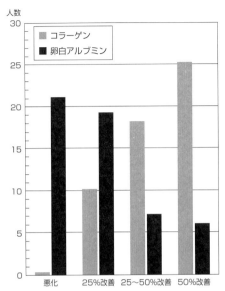

図 2-9-2 コラーゲンペプチド摂取が変形性関節症の痛みに与える影響
(Adam 1991)[6]

変形性関節症の患者 52 名（男性 28 名・女性 24 名）に対して 60 日間の 10 mg の
コラーゲン摂取あるいは卵白アルブミン摂取を行ったところ、コラーゲンペプチド群で
関節の痛みが有意に改善され、関節可動域も広がった。

んだよ」といわれたりしたものです。それでもゼラチンを摂ること
は、これはゼリーや煮凝りと同じですから、害はないだろうという
ことで使用してもらうと、「痛みが取れる」「調子がいい」「早く治
った」という声を多く聞いたので、効果を確信していきました。

　また、生化学の研究者からは、腸から吸収するときにはアミノ酸
になるのだから、コラーゲンを摂取したからといって体内で必ずし
もコラーゲン合成に使われることはないだろうといわれました。こ
れには、日本体育大学の故中野昭一先生のグループが、ラットを用
いた反転腸管法の研究により、摂取したコラーゲンの約 20% がア
ミノ酸ではなくペプチドの形態で腸管から吸収されることを明らか

にしてくださいました[7]。

　翌年、Oesser らは放射性同位元素 ^{14}C でラベルしたコラーゲンとアミノ酸のプロリンを調製し、それぞれマウスに胃内投与し、身体各部の放射活性を観察したところ、関節において、コラーゲン投与群がプロリン投与群の2倍以上の活性を示したことを報告しました。さらにペプチドの形態で吸収されていることも反転腸管法と電気泳動での解析（2.5〜15kD で帯を検出）により証明しましたので、現在ではコラーゲンペプチドは、ある程度元の機能を保持したまま吸収されるのであろうと考えられています[8]。

　さらに近年は論文数も増えてきて、変形関節炎の痛み軽減も含め、コラーゲンの有効性は科学的にもかなり認められてきたようです[9]ので、ケガの回復用サプリメントとして、まずはコラーゲンを試してみるのがいいと思います。ただし、コラーゲンは、アミノ酸の組成としては良質なタンパク（必須アミノ酸のバランスがよいタンパク）とはいえないので、食事やプロテインの代わりではなく、「ケガ回復のために別途加えるもの」と認識してください。コラーゲンの材料としては、豚、魚、鶏などがありますが、豚由来のコラーゲンペプチドあるいはタイプⅡコラーゲンとしているものが、ケガには評判がいいようです。

　なお、サプリメント利用に際しては、ドーピング等のリスクを避けるために、インフォームド・チョイスのような第三者機関の認証を受けたものを選ぶことが推奨されます。

参考文献

1) Smith-Ryan AE et al.: Nutritional Considerations and Strategies to Facilitate Injury Recovery and Rehabilitation. J Athletic Traing, 55: 918-930, 2020.
2) 厚生労働省：日本人の食事摂取基準（2020年版）策定検討会報告書．https://www.mhlw.go.jp/stf/newpage_08517.html（2020年12月12日閲覧）
3) 浜野　純，田原圭太郎：カルシウム（＋ビタミンD），日本陸連サプリメントポリシー策定会議報告．日本陸連栄養セミナー 2019．（東京）pp. 97-102.

4) Maughan RJ et al.: IOC consensus statement: dietary supplements and the high-performance athlete. Br J Sports Med. 52: 439-455, 2018.
5) 小山洋一：天然素材コラーゲンの機能性．皮革科学，56: 71-79, 2010.
6) Adam M: Therapy of osteoarthritis: which effects have preparations of gelatin? Therapiewoche. 38: 2456-2461, 1991.
7) 中野昭一ら：蛋白性物質の腸管通過現象に関する検討．第49回日本体育学会大会（愛媛），1998.
8) Oesser S et al.: Oral administration of（14）C labeled gelatin hydrolysate leads to an accumulation of radioactivity in cartilage of mice（C57/BL）. J Nutr. 129: 1891-1895, 1999.
9) Zdzieblik D et al.: Improvement of activity-related knee joint discomfort following supplementation of specific collagen peptides. Appl. Physiol. Nutr Metab, 42: 588–595, 2017.

2-10 オフ期の過ごし方

オフ期というと、どちらかといえば、「お疲れさま」的なイメージがつきまといがちです。そこで本項では、本来のオフ期（移行期）の意味を考え、トレーニング計画の重要な時期の一つとして捉え直してみたいと思います。

オフ期とは

スポーツにおいては、試合においてよりよいパフォーマンスを発揮するために、トレーニング計画を立てます。

実際に計画を立てるのは、選手自身である場合もあれば、監督・コーチである場合もあります。そして、オリンピックを目指すレベルのエリート選手の場合は、4ヵ年計画、8ヵ年計画という中長期にわたるものもありますが、一般的には1年間のトレーニング計画が多いようであり、これを期分けし、さらにブレイクダウンして、月間計画、週間計画、1日単位の計画にまで落とし込んでいきます。

これは、企業が売上と利益を上げるために立てる、中・長期経営計画や年次経営計画、および半期、月次、週間、1日の行動計画と

ほぼ同様の役割を持っているといえます。

　そこで、ここでは、田内[1]のトレーニング計画の定義を引用します。

　　「トレーニング計画を立案するさいには、重要な試合への準備開始から次の重要な試合への準備開始までの期間（通常では1年）を1周期（マクロ周期）として捉え、その1周期を、トレーニング課題の違いによって準備期、試合期、移行期の3つに分けて考える必要がある。このことは、期分け（ピリオダイゼーション：periodization）としても知られている。それぞれの期間のおもなトレーニング課題は、準備期では、まず一般的トレーニングによって一般的（基礎的）能力を全面的に高め（一般的準備期）、次に専門的トレーニングによって、試合に直接必要となる専門的能力を高いレベルまで高める（専門的準備期）ことである。試合期では、準備期で高められた能力を維持し、それを実際のパフォーマンスへと結びつけることである。そして、移行期では、試合期までに疲労した心身を積極的に回復、リフレッシュすることである。」

田内の考えをまとめた**図2-10-1**[1]の年単位（マクロ周期）の右

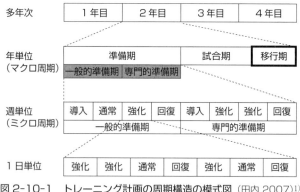

図2-10-1　トレーニング計画の周期構造の模式図（田内 2007）[1]

端にある「移行期」を、ここでは「オフ期」と捉えます。この図を見ると、準備期は細かい計画にまでブレイクダウンして考えられるでしょうし、試合期も一つ一つの試合に対する準備とリカバリーのために細かい計画が立てられそうですが、移行期（オフ期）は「まあいいや」となりがちな様相を呈しています。

これはなぜでしょう。オフという言葉から我々が連想するのは、野球を代表するプロスポーツにこの言葉が使われる場合が多いからか、シーズン中の疲れを癒すため、例えばペナントレース優勝チームがハワイやグアムに家族を連れて旅行に行ってゴルフをしたり、親しい仲間や家族と温泉に行っておいしいものを食べたりしているイメージではないでしょうか。そのような映像がスポーツニュース等で流されることが多かったので、オフというと「お疲れさま」的なイメージがつきまとうように感じます。

このようにイメージが偏りすぎると、オフ期は羽目をはずす時期と思ってしまい、生活習慣が乱れ、暴飲暴食を繰り返さないとも限りません。

もう一度、**図 2-10-1** を見直して、本来のオフ期（移行期）の意味を考え、トレーニング計画の重要な時期の一つとして捉え直してみてはいかがでしょうか。

オフ期の問題点

①ディトレーニングの問題

これは栄養ではありませんが、オフ期の長さが 1 ヵ月もあって、「完全オフ」と呼ばれるような「運動をまったく行わない状態」が続くと、試合期まで維持していたトレーニング効果が徐々に減衰していき、筋力の減少や神経系の機能減退につながることが予想されます。

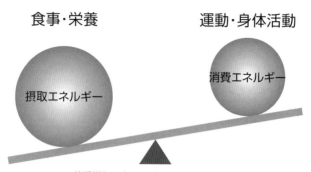

体重増加＝食べすぎ and / or 運動不足

図 2-10-2　摂取エネルギーと消費エネルギー

②食べ過ぎ

　家族、友人やファン等との交流が続くと、栄養摂取過多の状況が続いて摂取エネルギーが上昇し、一方で、完全オフにより消費エネルギーは低下しているので、体重増加を招いてしまいがちです（**図2-10-2**）。

　また、オフ期は気分がリラックスしていることにより、試合期等に比べて緊張が少なく副交感神経が優位ですから、栄養素の吸収能力も高まっている可能性があります。これらのことから著しい体重増加を招けば、準備期に入った時にまずは減量に取り組まねばならなくなり、競技への復帰が遅くなってしまいます。

③飲み過ぎ

　上記の交流にはアルコールの摂取を伴うものも多く、選手は体力があって肝臓の機能も高い人が多いので、ついつい勧められるままに深酒してしまうケースもあるでしょう。アルコールの功罪については、少量の飲酒をする人は、飲まない人よりもかえって健康的であり、寿命も長いことが認められています[2]。

　これはアルコールが血小板の機能やフィブリノーゲンの生成を低

下させ、血栓ができにくくなることにより動脈硬化のリスクを低減させるためと考えられているからです[3]。赤ワインに含まれるポリフェノールの抗酸化効果によって、赤ワインを好むフランス人に心臓病が少ないことも判明し、わが国の健康施策でも、飲酒は喫煙よりも大目に見られている傾向があります。また、アルコールの持つリラックス効果と、初対面の人同士でもアルコールを介して打ち解ける効果があることも、社交的に用いられることが多い所以です[4]。

　しかし、一度の大酒も慢性的な飲酒も、ともに筋肉を破壊することが知られています[5]。飲酒量が多ければ、肝臓のタンパク合成の働きを奪って、肝臓を夜通しアルコールの解毒に専念させてしまうことを考えれば、身体にとって不利なことはいうまでもありません。同時に、飲酒中は、肝臓は糖新生が行えず、飲酒終了後に血糖値が低下していて、身体がエネルギーを求めてしまうこと（いわゆる飲んだ後の〆のラーメン）も、体重増加につながります（図 2-10-3）。

　筆者が以前にプロ野球の球団で調査したときは、飲酒するグループ 27 名とまったく飲酒しないグループ 11 名とで体脂肪率を比較したところ、前者が後者よりも約 2.5% 高いという結果を得ています（未発表データ）。

　以上のことから、オフ期に問題のある生活を送ると、筋量は低下

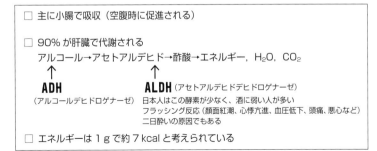

□ 主に小腸で吸収（空腹時に促進される）

□ 90% が肝臓で代謝される
　　アルコール→アセトアルデヒド→酢酸→エネルギー，H_2O，CO_2

　　　↑ 　　　　　　　　　　　↑
　　ADH 　　　　　　　　**ALDH** （アセトアルデヒドデヒドロゲナーゼ）
（アルコールデヒドロゲナーゼ）　日本人はこの酵素が少なく、酒に弱い人が多い
　　　　　　　　　　　　　　　　フラッシング反応（顔面紅潮、心悸亢進、血圧低下、頭痛、悪心など）
　　　　　　　　　　　　　　　　二日酔いの原因でもある

□ エネルギーは 1 g で約 7 kcal と考えられている

図 2-10-3　アルコールの吸収と代謝

傾向となり、一方で体脂肪は増加傾向になることから、体重の増加、そして体組成の悪化につながっていくのです。

オフ期の過ごし方

このように、オフ期を無計画に無為に勢いだけで過ごすことは、その後のパフォーマンスに大きく影響します。少なくとも動ける身体を取り戻すのに時間がかかってしまうので、以下の点に気をつけることが重要です。

①体重の上限を決める

オフ期に体重が増えてしまうのは仕方がない部分もありますが、オフ期が終了した時点で「すぐに動ける」くらいの増加幅にしておく必要があります。

体重の上限値は個人によっても異なるでしょうが、全日本柔道連盟の男子日本代表では、1990年代後半に、強化合宿に召集されたときに、規定体重の5％増以内でないと合宿に参加させないという

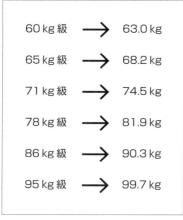

図2-10-4　男子柔道の各階級の上限値設定（階級は当時のもの、超級は除く）

措置を採っていたことがあります（**図2-10-4**）。長年の経験から、5%を超えてしまうと強化練習に円滑に入っていけないことがわかっていて、さらに選手に日頃の自己管理を徹底させることを目指したゆえのことでした。競技によっては、5%では大きすぎるということもあるかもしれませんが、一つの考え方として知っておいてよいと思います。

②生活リズムを整える

　起床時間をまばらにせず、なるべく同一時刻に起きるようにします。日光を浴びて、少し身体を動かしてから朝食を食べるようにするとよいでしょう。時間栄養学[6]という分野ができたくらい、食事は生活リズムの基本となる活動ですから、特に朝食を大事にして、ここから一日が始まるんだという意識を持つことが重要です。朝食

図2-10-5　朝食の例

主食：十穀米
おかず：焼魚（鮭）、卵焼き、納豆（めかぶ入り）
野菜：トマト、めかぶ、味噌汁の具
果物：キウィフルーツ
乳製品：ヨーグルト

内容は、主食・おかず・野菜・果物・乳製品をそろえ、ゆっくりと
よく咀嚼して食べるようにしましょう（図2-10-5）。

③暴飲暴食は続けない

　宴会の食べ放題・飲み放題プランなど、どうしても暴飲暴食が避
けられないことはあります。そして、その翌朝に体重を測定すると、
あまり増えていないこともあります。そこで安心して、ついつい同
じような生活を続けていると、気がついたときにはかなり体重が増
加していたりするものです。豪快な食べっぷり、飲みっぷりが生活
習慣になることが最もいけないので、十分に気をつけるようにして
ください。アルコールについては、自分の適量を知り[7]、節度ある
飲み方を身につけましょう。

④食べ過ぎ飲み過ぎは前後の食事で調整する

　宴会があらかじめわかっているときは、その日の昼食を軽くした
り、翌日の摂取エネルギーをコントロールして、カロリーオーバー
が続かないようにするとよいでしょう。宴会の後のラーメンなどは、
糖質が不足していると起こるので、はじめに糖質の多いものを食べ
ておくという方法もあります。酒好き・酒飲みは、「酒がまずくな
る」というでしょうが、いくら「無粋」といわれようと、うどんや
おにぎりを食べてから宴席に臨んだり、寿司屋では早めににぎり寿
司を握ってもらったり、焼肉屋ではすぐにライスを頼んだりするな
どして調整を図りましょう。

⑤日誌をつける

　トレーニング日誌をつけている選手は、オフ期も継続してつける
ようにし、体重および体脂肪率の推移をモニターするとよいでしょ
う。毎日の体重、体脂肪率、起床時体温・心拍数、そして食事の時

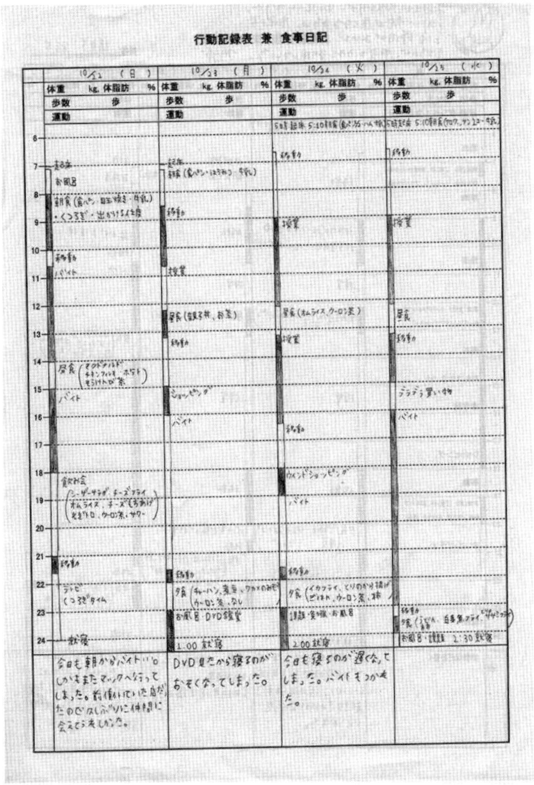

図 2-10-6　行動記録表の例

1 週間の行動記録（食事日記含む）をつけ、感想を入れて、これを振り返ることが重要。
チェックポイントは、以下の通りである。
・起床・就寝時刻
・食事のタイミング
・食事の内容
・運動や生活活動

間と内容、睡眠時間、トレーニング内容などの行動記録をつけておくと、振り返りもできるし、自己管理能力も高まることが期待できます（**図 2-10-6**）。

さいごに

近年は、メジャーリーグを経験したプロ野球選手も増えてきています。メジャーリーグで活躍するには、単に野球のプレーをするだけでなく、言葉の壁、移動も多く、ファンサービスも重要視され、心身の疲労はかなりのものでしょう。栄養・睡眠などについても高い自己管理能力が求められます。

そこで、オフ期の最初を身体のオーバーホールに充て、治療を受けたり、温泉に入ったり、マッサージを受けて疲労を取ることに専念します。それから家族や友人と過ごし、ファン感謝の集い、マスコミの取材、チャリティゴルフ等を楽しむ。そしてオフ期の終盤には自主トレーニング期を設けて、軽い負荷での身体慣らし程度の筋力トレーニングやバランストレーニングを始め、身体も絞って、キャンプインしてすぐに動ける身体をつくっているようです。引退した桑田投手、野茂投手、イチロー選手や松井選手、そして田中投手、ダルビッシュ投手や大谷選手など、メジャーリーグで活躍してきた選手の多くが、このようなオフ期の過ごし方をして素晴らしい成績を収めてきています。

彼らがよい手本となって、若手選手も見習うようになってきました。いずれにせよ、選手個人個人で体力や体質が異なるので、自分なりのセルフコンディショニングの方法を見つけ、その中で自分流のオフ期の過ごし方、栄養の摂り方を見出していくことが重要と考えます。

参考文献

1) 田内健二：トレーニング計画の原則．田口貞善編，スポーツの百科事典．pp. 550-554, 丸善，2007.
2) Inoue M et al.: Impact of alcohol intake on total mortality and mortality from major causes in Japan: a pooled analysis of six large-scale cohort studies. J Epidemiol Community Health. 66: 448-456, 2012.
3) Lang CH et al.: Alcohol myopathy: impairment of protein synthesis and translation initation. Int J Biochem Cell Biol. 33: 457-473, 2001.
4) メルビン・ウィリアムズ：アルコール．メルビン・ウィリアムズ著，樋口　満監訳，スポーツ・エルゴジェニック　限界突破のための栄養・サプリメント戦略，pp. 138-140, 大修館書店，2000.
5) 石井直方：究極のトレーニング．pp. 244-248, 講談社，2007.
6) 柴田重信：第 2 章 時計遺伝子と食餌リズム．日本栄養・食糧学会監修，香川靖雄編著．時間栄養学 時計遺伝子と食事のリズム．pp. 37-54, 女子栄養大学出版部，2009.
7) アルコール健康医学協会ホームページ　http://www.arukenkyo.or.jp/（2020 年 2 月 11 日閲覧）

2-11　タンパク質の摂取量

　アスリートの場合は、競技種目によって適正体重も様々ですが、筆者は、体重 1 kg あたり、2.0 g/kg くらい摂取するように指導してきました。

　果たして、この数値は多いのか妥当なのか。本項のテーマはそこです。

論争!?

筋肉づくりには、タンパク質をしっかり摂取する必要があります。タンパク質は栄養素ですから、一般人には捉えにくいかもしれません。どのような食品をどのくらい食べるかというほうがわかりやすいのでしょうが、『日本人の食事摂取基準』[1]では、1 日の推奨量、体重 1 kg あたりの量、エネルギー比の 3 つで表記されています。

　よって、この 3 つのどれかで表すことになるわけですが、アスリートの場合は、競技種目によって適正体重も様々ですから、体重

1 kg あたりの量（g/kg）で表すことが多いのです。一般の日本人は約 1.0 g/kg ですが、アスリートに対して筆者は、2.0 g/kg くらい摂取するように指導してきました。

　しかし、90 年代の欧米の研究では、欧米人の摂取するタンパク質は日本人の摂取するタンパク質よりも動物性タンパク質が多いので栄養価も高いということから、一般人の推奨量 RDA も 0.8 g/kg ですし、アスリートにも 1.2〜1.7 g/kg の摂取で十分という見解でした[2]。日本の栄養の専門家にも、この欧米の数字をそのまま持ってきて、「2.0 g/kg というのは多すぎる、プロテインを売るため使わせるために、高めに設定しているのではないか」とうがった見方をする人がいました。2.0 g/kg というと、体重 60 kg のアスリートであれば 1 日のタンパク質必要量は 120 g ということになります。「一般人の 2 倍も摂らせるなんて」という声が聞こえてきそうです。

　一方、エネルギー比で考えると、エネルギーになる 3 つの栄養素、タンパク質（Protein）、脂肪（Fat）、炭水化物（Carbohydrate）の比率ということで、略して PFC 比ともいうのですが、タンパク質の比率は、一般人で 12〜15% とか、アスリートでは 15〜20% がいいとされてきました。こちらは、栄養の専門家にも受け入れやすい指標のようです。でも、例えばアスリートが強化合宿をしていて、1 日に 5000 kcal の食事をしていたとすると、そのうちの 15% がタンパク質なら 750 kcal。タンパク質 1 g は 4 kcal のエネルギー（熱量）をもつので、750÷4=187.5 g となり、体重が 60 kg であれば、3.0 g/kg 強になります。2.0 g/kg どころではないのですが、食事をつくる栄養の専門家は、「エネルギー比でそうなるなら仕方がない」となります。

　このように、2.0 g/kg というと、「それは多い」といわれ、エネルギー比で 15%（場合によっては 18% とか 20%）というと、「それなら妥当」という感じが現場にはあります。今回はそこです。

タンパク質の基本

　タンパク質は、炭水化物と脂肪と同じ、炭素、水素、酸素の 3 つの元素に加えて、窒素を含んでいます。これら 4 つの元素がアミノ酸を構成します。タンパク質を構成するアミノ酸は 20 種あり、**表 2-11-1** のように 9 種の必須アミノ酸と 11 種の非必須アミノ酸から成っています。2 つのアミノ酸がペプチド結合すると、ジペプチド（dipeptide；di=2 つ、のペプチド）となり、3 つはトリペプチド（tripeptide；tri=3 つ、のペプチド）、どんどん結合すると、ポリペプチド（polypeptide；poly= 多い、ペプチド）になります。ほとんどのタンパク質はポリペプチドであり、アミノ酸が 100 以上 300 くらいまで結合した大きさです。

①動物性・植物性

　ヒトは、タンパク質を食品から摂取しなければなりません。そして、タンパク質源として、いろいろな食品があります。大事なことは、その食品の消化が良く、必須アミノ酸（体内で合成できない、つまり食べて摂るしかない）をバランスよく含んでいるということです。さらに必須アミノ酸のバランスが、ヒトにとって最も利用しやすい食品を「完全タンパク」、「完全食品」あるいは「高品質なタンパク質」と呼んできました。一方で、必須アミノ酸を十分に含んでいない食品は、「不完全食品」であり、不足するアミノ酸を「制限アミノ酸」と呼びます。一般に動物性の食品は、植物性の食品に比べて、タンパク質としては高品質です。これは植物に含まれるアミノ酸が劣るのではなく、その含まれる比率の問題です。我々は、ヒトの栄養を考えていますから、動物の身体のほうが植物の身体より我々に近い、進化的に近いですから、より似ているというか利用しやすいのです。さらに動物性食品のほうが、タンパク質の含有量も高い傾向があります。

表2-11-1　アミノ酸の種類と働き

分類	種類	働き
非極性 (中性アミノ酸)	グリシン	グルタチオンや血色素成分であるポルフィリンをつくる
	アラニン	肝臓のエネルギー源として重要なアミノ酸
	●バリン	分岐鎖アミノ酸、身体のタンパク質を増やす働き（筋タンパク分解抑制、ロイシンのタンパク合成促進）や、運動時のエネルギー源として重要な役割を果たす、中枢性疲労軽減効果
	●ロイシン	
	●イソロイシン	
	●フェニルアラニン	芳香族アミノ酸、多種の有用なアミンなどをつくる
	プロリン	コラーゲンの主要成分、速効性のエネルギー源
極性 (中性アミノ酸)	セリン	リン脂質やグリセリン酸をつくる
	●スレオニン	酵素の活性部位などを形成する
	システイン／シスチン	含硫アミノ酸、メラニン色素の産生を抑える、グルタチオン
	●メチオニン	含硫アミノ酸、生体内で必要なさまざまな物質をつくる
	●トリプトファン	芳香族アミノ酸、多種の有用なアミンなどをつくる
	チロシン	芳香族アミノ酸、多種の有用なアミンなどをつくる
	アスパラギン	TCA回路（エネルギー生産の場）の近くに位置
	グルタミン	胃腸や筋肉などの機能を正常に保つ、免疫増強、成長ホルモン
酸性アミノ酸	アスパラギン酸	アスパラガスに多く含まれ、速効性のエネルギー源
	グルタミン酸	小麦や大豆に多く含まれ、速効性のエネルギー源
	●リジン	パン食・米食で不足しがちなアミノ酸
塩基性アミノ酸	アルギニン	血管などの機能を正常に保つ、成長ホルモン分泌亢進
	●ヒスチジン	ヒスタミンなどをつくる

●は必須アミノ酸

　ただし、動物性食品は脂肪の含有量も高かったり、植物性の食品にアスリートの減量にとって好ましい成分が含まれていたりします（例えば、大豆のβ-コングリシニンなど）ので、それぞれの食品の特徴と栄養価を幅広く捉え、タンパク質含有量をラベル表示やネット検索で知っておくとよいでしょう。

運動はタンパク質必要量を増やすか

　日本人のタンパク質の推奨量は 1.0 g/kg ですが、目標量は 2020年版から 20% エネルギー比となり大きくなりました[1]（表2-11-2）。

　American College of Sports Medicine、the Academy of Nutrition and Dietetics、そして Dieticians of Canada の 2016 年の合同統一見解では、非常にアクティブな生活をする人はタンパク質必要量が高まり、持久系アスリート・瞬発系アスリートでは、1.2

表2-11-2　タンパク質の目標量（g/日）

（厚生労働省『日本人の食事摂取基準2020』）

性	男　性			女　性		
身体活動レベル	I	II	III	I	II	III
1〜2（歳）	—	31〜48	—	—	29〜45	—
3〜5（歳）	—	42〜65	—	—	39〜60	—
6〜7（歳）	44〜68	49〜75	55〜85	41〜63	46〜70	52〜80
8〜9（歳）	52〜80	60〜93	67〜103	47〜73	55〜85	62〜95
10〜11（歳）	63〜98	72〜110	80〜123	60〜93	68〜105	76〜118
12〜14（歳）	75〜115	85〜130	94〜145	68〜105	78〜120	86〜133
15〜17（歳）	81〜125	91〜140	102〜158	67〜103	75〜115	83〜128
18〜29（歳）	75〜115	86〜133	99〜153	57〜88	65〜100	75〜115
30〜49（歳）	75〜115	88〜135	99〜153	57〜88	67〜103	76〜118
50〜64（歳）	77〜110	91〜130	103〜148	58〜83	68〜98	79〜113
65〜74（歳）	77〜103	90〜120	103〜138	58〜78	69〜93	79〜105
75以上（歳）	68〜90	79〜105	—	53〜70	62〜83	—

身体活動レベルは、I 低い、II ふつう、III 高いで示した。

〜2.0 g/kg が必要とされました[3]。国際スポーツ栄養学会の2007年の見解では、トレーニングに適応するには1.4〜2.0 g/kg が必要であるとしました[4]。さらにカナダの Phillips は、タンパク質要求量を算出するためにこれまで用いられてきた測定法である短期間の窒素出納法では、運動による筋肉、骨、腱や結合組織のターンオーバー（代謝）は十分に測定されないとしています[5]。欧米でも、必要量をこれまでよりも高く見積もるようになってきました。

　瞬発系アスリートに対しては、より多くタンパク質を摂取することにより筋量と筋力を高められるかが焦点となります。Morton らは49の研究（被検者数1800名）をメタ分析し、筋トレ期は1日に1.62 g/kg までで筋力、除脂肪量、筋線維の横断面積が増加するとしています[6]。この量は、実は米国 RDA の約2倍に相当しますので、日本人では2.0 g/kg の量に相当します。

　持久系アスリートに対しては、これまで、エネルギー源としては糖質が重視され、よく見られる貧血では鉄が重視されてきました。しかし、運動中はタンパク質もエネルギー源として用いられ、さらに酸化酵素とミトコンドリアの生成にもタンパク質が必要とされ、さらに貧血を考える上でも、ヘモグロビンがタンパク質であることから、タンパク質の必要量が見直されています。

　さて、ここで、男性アスリートが筋肉を1 kg増やしたいとします。骨格筋は、75％ が水分で、タンパク質は20％ くらいとされますので、筋肉1 kgにはタンパク質が200 g 含まれる計算になります。男性アスリートが、1週間で筋肉を1 kg増やそうと考えるなら、1日あたりでは、200 g÷7日 =28 gを蓄積させなければなりません。

　ただし、この場合の筋トレは、かなりハードなものになりますから、筋肉を壊しタンパク質の分解をも伴うでしょう。これにも28 gくらい必要かもしれません。よって、体重60 kgのアスリート

に必要なタンパク質は、一般人に必要な 60 g に、筋肉に蓄積する分の 28 g と、分解する分の 28 g を加えて、60 ＋ 28 ＋ 28 ＝ 116 g くらいとなる可能性があります。これはほぼ 2.0 g/kg 強になります。少し根拠が薄いでしょうか。

アスリートのプロテイン摂取

　そこで、筋トレ期においてタンパク質を摂取するタイミングを考えてみましょう。タイミングとして推奨されているのは、少なくとも 2 回であり、運動直後と就寝前です。オランダの van Loon のグループは、運動後は吸収の速さを考えてホエイプロテインを 20～25 g、就寝前はゆっくり吸収され血中アミノ酸濃度を長く保つカゼインプロテインを 40 g 摂取することが、筋合成を最適化すると報告しています[7,8]。体重 60 kg のアスリートの場合、一般人に必要な 60 g に、運動後の 20 g と就寝前の 40 g を加えると 120 g となり、2.0 g/kg になります。

　以上は、体重 60 kg の場合で考えましたので、「体重が軽いから 2.0 g/kg になるのだ」といわれそうです。しかし、栄養摂取のタイミングは、ボディビルダーおよび国内外のトップアスリートにとっては、食事も含めてこまめに（だいたい 3～4 時間おき）にしたほうがよいとされています。なるべく、筋分解のフェーズをつくらず、筋合成を最適化するため、回数を分けて摂取します。特に、運動直後や就寝前にはタンパク質中心で摂取しますので、2.0 g/kg レベルになるのです。

　筆者が過去にインタビューをした豪州の G. Hackett 選手（競泳 1500 m 自由形・シドニーオリンピックとアテネオリンピックの金メダリスト）は、食事は 1 日 6 食であると語ってくれました。6 時：第 1 朝食、【朝練習】、9 時：第 2 朝食、12 時：昼食、【午後練習】、16 時：運動後の間食、【サーフィン】、19 時：夕食、22 時：

夜食というスケジュールで、1日に6000 kcal、タンパク質は270 g（エネルギー比18%、2.8 g/kg）の摂取でした。栄養教育は、AIS（豪州スポーツ科学センター）のL. Burke博士に受けたそうです。

これも筆者が、社会人のラグビー選手を指導していたときの経験ですが、平日は社会人として仕事をした後に約2時間の練習をするだけなので、一般人の2倍の食事を摂ると「体脂肪が増えてしまう」といわれました。そこで、一般人の1.5倍のカロリーで考えたのですが、そうするとタンパク質も一般人の1.5倍すなわち1.5 g/kg程度となり、筋肉の発達が十分に望めません。そこで、おかずや乳製品を低脂肪の食品で増やすことにより、タンパク質2.0 g/kgを達成すると、トレーニング目標をクリアし、除脂肪量が効率よく増加するようになりました。

2.0 g/kgであれば、過剰症の恐れもないと思いますので、ハードに練習するアスリートの場合はぜひ考えてみてください。また。10代のアスリートは成長分も考慮して、10%増し（2.2 g/kg）で考えてください。表2-11-3にまとめをしておきます。

表2-11-3　タンパク質摂取のまとめ

●（欧米）筋合成には 　1日1.4～2.0 g/kgが必要 　あるいはRDA（0.8 g/kg）の2倍が必要 　（日本）2.0 g/kgを目標とする 　10代アスリートは10%増しで考える ● 1日の筋合成を最適化するには3～4時間毎に ●アミノ酸バランスを考え、高品質のタンパク質を ●運動直後に20～40 gのホエイプロテインを摂取する ●就寝前に20～40 gのカゼインプロテインを摂取する

　ただし、腎臓に疾患がある場合は高タンパク食は禁忌です。特に、中高年以上の人が健康のために筋トレをする場合などは、かかりつけ医に相談してから、プロテインの使用を考えることが大事です。

参考文献

1) 日本人の食事摂取基準（2020 年版）．厚生労働省ホームページ　https://www.mhlw.go.jp/stf/newpage_08517.html（2020 年 4 月 14 日閲覧）
2) Lemon P: Effects of exercise on dietary protein requirements. Int J Sport Nutr. 8: 426-447, 1998.
3) American College of Sports Medicine, Academy of Nutrition and Dietetics, Dietitians of Canada: Joint position statement: Nutrition and athletic paerformance. Med Sci Sport Exerc. 48: 543-568, 2016.
4) Campbell B et al.: International Society of Sports Nutrition position stand: Protein and exercise. J Int Society Sports Nutr. 4: 8, 2007.
5) Phillips S: Dietary protein for athletes: From requirements to metabolic advantage. Appl Physiol Nutr Metab. 31: 647-654, 2006.
6) Morton R et al.: A systematic review, meta-analysis and meta-regression of the effect of protein supplementation on resistance training-induced gains in muscle mass and strength in healthy adults. Br J Sports Med. July 11. Epub. 2017.
7) van Loon L: Application of protein or protein hydrolysates to improve postexercise recovery. Int J Sport Nutr Exerc Metab. 17: S104-S117, 2007.
8) Snijders T. et al.: Protein ingestion before sleep increases muscle mass and strength gains during prolonged resistance-type exercise training in healthy young men. J Nutr. 145: 1178-1184, 2015.

ジュニア・女性・高齢者への栄養アドバイス

3-1 成長期のスポーツと栄養の必要量

　成長期の栄養を考える場合、まず大事なことは発育・発達の段階とその個人差です。アスリートとして育つ人は、小学校からスポーツを始める人が多いのですが、指導者は、一般にスキャモンの発育発達曲線[1]をベースとしてトレーニングメニューを考えると思います。ところが、暦年齢と生物学的年齢とのギャップは常に存在するものであり、同じ学年であっても身長が20〜30cmも違ったり、運動能力や体力差が大きく異なることがあります。知的側面や精神的側面にも個人差はあるでしょう。そこで、個をよく見た上で、グループ指導と個別指導を施すことが重要になります。

　高校世代になれば、身体も大きくなっていて、発育・発達上の個人差は小さくなりますが、より若い年代になるほど個人差が大きいことと、食事・栄養に関わる保護者への依存度が大きくなります。そこで本項は、『日本人の食事摂取基準 2020 年版』[2]をもとにして、スポーツをする子どもが何歳くらいになったら大人と同等の食事が必要になるかという観点から、子どもの栄養を考えてみましょう。

体重は父親の半分でも食事量はもはや変わらない

　『日本人の食事摂取基準 2020 年版』（以下『食事摂取基準』）から、いくつかの表を見ていきましょう。

　まずは参照体位です（**表 3-1-1**）。太線で囲んだ部分を見てくだ
さい。お父さん世代である 30〜49（歳）の男性の参照体重は
68.1 kg です。子どもの 10〜11（歳）の参照体重は、男性 35.6 kg、
女性 36.3 kg でほぼ等しく、お父さんの約半分。では、栄養素等の
必要量は、同じく半分くらいでしょうか。1 日あたりの推定エネル
ギー必要量（**表 3-1-2**）を見ると、2 行目に身体活動レベルとあり
ます。これは、Ⅰ（低い）、Ⅱ（ふつう）、Ⅲ（高い）の 3 つに分け

表 3-1-1　**参照体位**（参照身長、参照体重）[1]
（厚生労働省『日本人の食事摂取基準 2020』）

性　別	男　性		女　性[2]	
年齢等	参照身長(cm)	参照体重(kg)	参照身長(cm)	参照体重(kg)
0〜5（月）	61.5	6.3	60.1	5.9
6〜11（月）	71.6	8.8	70.2	8.1
6〜8（月）	69.8	8.4	68.3	7.8
9〜11（月）	73.2	9.1	71.9	8.4
1〜2（歳）	85.8	11.5	84.6	11.0
3〜5（歳）	103.6	16.5	103.2	16.1
6〜7（歳）	119.5	22.2	118.3	21.9
8〜9（歳）	130.4	28.0	130.4	27.4
10〜11（歳）	142.0	35.6	144.0	36.3
12〜14（歳）	160.5	49.0	155.1	47.5
15〜17（歳）	170.1	59.7	157.7	51.9
18〜29（歳）	171.0	64.5	158.0	50.3
30〜49（歳）	171.0	68.1	158.0	53.0
50〜64（歳）	169.0	68.0	155.8	53.8
65〜74（歳）	165.2	65.0	152.0	52.1
75 以上（歳）	160.8	59.6	148.0	48.8

1　0〜17 歳は、日本小児内分泌学会・日本成長学会合同標準値委員会による小児の体
　格評価に用いる身長、体重の標準値を基に、年齢区分に応じて、当該月齢及び年齢
　区分の中央時点における中央値を引用した。ただし、公表数値が年齢区分と合致し
　ない場合は、同様の方法で算出した値を用いた。18 歳以上は、平成 28 年国民健
　康・栄養調査における当該の性及び年齢区分における身長・体重の中央値を用いた。
2　妊婦、授乳婦を除く。

表 3-1-2　推定エネルギー必要量（kcal/日）
（厚生労働省『日本人の食事摂取基準 2020』）

性　別	男　性			女　性		
身体活動レベル[1]	I	II	III	I	II	III
0〜5（月）	—	550	—	—	500	—
6〜8（月）	—	650		—	600	—
9〜11（月）	—	700		—	650	—
1〜2（歳）	—	950	—	—	900	—
3〜5（歳）	—	1300	—	—	1250	—
6〜7（歳）	1350	1550	1750	1250	1450	1650
8〜9（歳）	1600	1850	2100	1500	1700	1900
10〜11（歳）	1950	2250	2500	1850	2100	2350
12〜14（歳）	2300	2600	2900	2150	2400	2700
15〜17（歳）	2500	2800	3150	2050	2300	2555
18〜29（歳）	2300	2650	3050	1700	2000	2300
30〜49（歳）	2300	2700	3050	1750	2050	2350
50〜64（歳）	2200	2600	2950	1650	1950	2250
65〜74（歳）	2050	2400	2750	1550	1850	2100
75 以上（歳）[2]	1800	2100	—	1400	1650	—
妊婦（付加量）[3]初期				+50	+50	+50
中期				+250	+250	+250
後期				+450	+450	+450
授乳婦（付加量）				+350	+350	+350

1　身体活動レベルは、低い、ふつう、高いの三つのレベルとして、それぞれ I、II、III で示した。

2　レベル II は自立している者、レベル I は自宅にいてほとんど外出しない者に相当する。レベル I は高齢者施設で自立に近い状態で過ごしている者にも適用できる値である。

3　妊婦個々の体格や妊娠中の体重増加量及び胎児の発育状況の評価を行うことが必要である。

注 1：活用に当たっては、食事摂取状況のアセスメント、体重及び BMI の把握を行い、エネルギーの過不足は、体重の変化又は BMI を用いて評価すること。

注 2：身体活動レベル I の場合、少ないエネルギー消費量に見合った少ないエネルギー摂取量を維持することになるため、健康の保持・増進の観点からは、身体活動量を増加させる必要がある。

られ、それぞれ、Ⅰは「生活の大部分が座位で、静的な活動が中心の場合」、Ⅱは「座位中心の仕事だが、職場内での移動や立位での作業・接客等、あるいは通勤・買い物・家事、軽いスポーツ等のいずれかを含む場合」、Ⅲは「移動や立位の多い仕事への従事者、あるいは、スポーツ等余暇における活発な運動習慣を持っている場合」と定義されています（86ページの**表2-9-1**）。お父さんは身体活動レベルⅠあるいはⅡ、子どもはアスリート予備軍としてⅢで表を見てみましょう。

　30〜49（歳）男性の数値がⅠでは1日あたり2300 kcal、Ⅱでは2700 kcalであるのに対して、10〜11（歳）の子どもは男性Ⅲで2500 kcal、女性Ⅲで2350 kcalです。つまり、男の子も女の子も、あまり動かない仕事をしているお父さんに比べて、多くのエネルギーが必要である、言い換えればたくさん食べなければならないということになります。体重が半分なのに、お父さん以上なのです。

タンパク質は常に大事

　次にタンパク質の摂取基準を見てください（**表3-1-3**）。ここでは、不足のリスクがほとんどない「推奨量」で比較します。30〜49（歳）男性の数値が1日あたり65 gであり、10〜11（歳）の子どもは男性45 g、女性50 gです。体重はお父さんの50％であってもタンパク質は約70％必要ということになります。お母さんとほぼ同じ量ということになります。

　しかし、推定エネルギー必要量のように身体活動レベルは設定されておらず、あくまでも普通のお父さんと子どもとを比較したものですので、より活発に運動する、例えば選手養成コースに所属するような子どもでは、必要量がお父さんレベルを超えることもあるでしょう。子どもは大人の小型版ではない、成長のための負荷分があって、体重は半分でもお父さんと同等以上ということがわかります。

表 3-1-3　タンパク質の摂取基準（厚生労働省『日本人の食事摂取基準 2020』）

（推定平均必要量、推奨量、目安量：g/日、目標量：% エネルギー）

性別	男性				女性			
年齢等	推定平均必要量	推奨量	目安量	目標量[1]	推定平均必要量	推奨量	目安量	目標量[1]
0〜5（月）	—	—	10	—	—	—	10	—
6〜8（月）	—	—	15	—	—	—	15	—
9〜11（月）	—	—	25	—	—	—	25	—
1〜2（歳）	15	20	—	13〜20	15	20	—	13〜20
3〜5（歳）	20	25	—	13〜20	20	25	—	13〜20
6〜7（歳）	25	30	—	13〜20	25	30	—	13〜20
8〜9（歳）	30	40	—	13〜20	30	40	—	13〜20
10〜11（歳）	40	45	—	13〜20	40	50	—	13〜20
12〜14（歳）	50	60	—	13〜20	45	55	—	13〜20
15〜17（歳）	50	65	—	13〜20	45	55	—	13〜20
18〜29（歳）	50	65	—	13〜20	40	50	—	13〜20
30〜49（歳）	50	65	—	13〜20	40	50	—	13〜20
50〜64（歳）	50	65	—	14〜20	40	50	—	14〜20
65〜74（歳）[2]	50	60	—	15〜20	40	50	—	15〜20
75 以上（歳）[2]	50	60	—	15〜20	40	50	—	15〜20
妊婦（付加量）[3]								
初期					+0	+0	—	—[3]
中期					+5	+10		—[3]
後期					+20	+25		—[4]
授乳婦（付加量）					+15	+20	—	—[4]

1　範囲に関しては、おおむねの値を示したものであり、弾力的に運用すること。

2　65 歳以上の高齢者について、フレイル予防を目的とした量を定めることは難しいが、身長・体重が参照体位に比べて小さい者や、特に 75 歳以上であって加齢に伴い身体活動量が大きく低下した者など、必要エネルギー摂取量が低い者では、下限が推奨量を下回る場合があり得る。この場合でも、下限は推奨量以上とすることが望ましい。

3　妊婦（初期・中期）の目標量は、13〜20% エネルギーとした。

4　妊婦（後期）及び授乳婦の目標量は、15〜20% エネルギーとした。

カルシウムと鉄は親と同じかそれ以上

最後に、骨をつくるカルシウムと血液をつくる鉄を見てみましょう。

カルシウムは、30～49（歳）男性の推奨量が1日あたり750 mgであるのに対して、10～11（歳）の子どもは男性で700 mg、女性で750 mgです。生活活動レベルに関わらず、大人とほぼ同じ量が必要とされます（表3-1-4）。しかも、女性のほうがより多く摂取する必要があるのです。大人と同じくらいの量を確保するために、牛乳・乳製品を積極的に摂取することが勧められる意味はここにあります。

表3-1-4 カルシウムの摂取基準（mg/日）
（厚生労働省『日本人の食事摂取基準 2020』）

性　別	男　性				女　性			
年齢等	推定平均必要量	推奨量	目安量	上限量耐容	推定平均必要量	推奨量	目安量	上限量耐容
0～5（月）	—	—	200	—	—	—	200	—
6～11（月）	—	—	250	—	—	—	250	—
1～2（歳）	350	450	—	—	350	400	—	—
3～5（歳）	500	600	—	—	450	550	—	—
6～7（歳）	500	600	—	—	450	550	—	—
8～9（歳）	550	650	—	—	600	750	—	—
10～11（歳）	600	700	—	—	600	750	—	—
12～14（歳）	850	1000	—	—	700	800	—	—
15～17（歳）	650	800	—	—	550	650	—	—
18～29（歳）	650	800	—	2500	550	650	—	2500
30～49（歳）	600	750	—	2500	550	650	—	2500
50～64（歳）	600	750	—	2500	550	650	—	2500
65～74（歳）	600	750	—	2500	550	650	—	2500
75以上（歳）	600	700	—	2500	500	600	—	2500
妊婦（付加量）					+0	+0	—	—
授乳婦（付加量）					+0	+0	—	—

表 3-1-5　鉄の摂取基準（mg/日）（厚生労働省『日本人の食事摂取基準2020』）

性　別	男　性				女　性					
					月経なし		月経あり			
年齢等	推定平均必要量	推奨量	目安量	耐容上限量	推定平均必要量	推奨量	推定平均必要量	推奨量	目安量	耐容上限量
0〜5(月)	—	—	0.5	—	—	—	—	—	0.5	—
6〜11(月)	3.5	5.0	—	—	3.5	4.5	—	—	—	—
1〜2(歳)	3.0	4.5	—	25	3.0	4.5	—	—	—	20
3〜5(歳)	4.0	5.5	—	25	4.0	5.5	—	—	—	25
6〜7(歳)	5.0	5.5	—	30	4.5	5.5	—	—	—	30
8〜9(歳)	6.0	7.0	—	35	6.0	7.5	—	—	—	35
10〜11(歳)	7.0	8.5	—	35	7.0	8.5	10.0	12.0	—	35
12〜14(歳)	8.0	10.0	—	40	7.0	8.5	10.0	12.0	—	40
15〜17(歳)	8.0	10.0	—	50	5.5	7.0	8.5	10.5	—	40
18〜29(歳)	6.5	7.5	—	50	5.5	6.5	8.5	10.5	—	40
30〜49(歳)	6.5	7.5	—	50	5.5	6.5	9.0	10.5	—	40
50〜64(歳)	6.5	7.5	—	50	5.5	6.5	9.0	11.0	—	40
65〜74(歳)	6.0	7.5	—	50	5.0	6.0	—	—	—	40
75以上(歳)	6.0	7.0	—	50	5.0	6.0	—	—	—	40
妊婦(付加量)										
初期					+2.0	+2.5	—	—	—	—
中期・後期					+8.0	+9.5	—	—	—	—
授乳婦(付加量)					+2.0	+2.5	—	—	—	—

　鉄は、30〜49（歳）男性の推奨量が1日あたり7.5 mgであるのに対して、10〜11（歳）の子どもは男女ともに8.5 mg、月経のある女の子では12.0 mgです（**表 3-1-5**）。大人を凌駕するどころか、早熟な女の子では、お父さんの7.5 mgに対して1.5倍以上の12.0 mgが必要ということです。スポーツをしていなくても、女の子にお父さんの1.5倍の鉄を食べさせている家庭がどれほどあるでしょう。赤身の肉や魚、レバーなどを食卓に用意しているでしょうか。

　このように、10～11歳、すなわち小学校の高学年のスポーツを
する子どもには、お父さんと同等か、それ以上の量の食事を用意す
ることが求められます。高校生なら親よりたくさん食べることをイ
メージできるでしょうが、小学生ではなかなか考えが及びません。
しかし、『食事摂取基準』では、国内外の多くの研究から以上のよ
うに結論づけているのです。我々が、考え方を変えて、子どもの食
事にじっくり向き合う必要があるということでしょう。

　ただし、嫌がる子どもに無理やりたくさん食べさせる、「食もト
レーニング」といって食事の楽しみを壊してしまい、食べることを
嫌がる子どもにしてしまっては、長い人生が楽しくありません。
「おいしく楽しく」食べるように、そのためのルール等を教えて、
自ら積極的に食べるように支援していきたいものです。

参考文献

1) Scammon RE: The measurement of body in childhood. In: Harris JA et al. (Eds) The Measurement of Man. University of Minnesota Press, 1930.
2) 厚生労働省：日本人の食事摂取基準 2020 年版．第一出版，2020.

3-2　成長期のスポーツと栄養サポート

　前項は、小学校高学年のスポーツをする子どもには、30 代の
お父さん以上の量の食事を用意することが求められることを解説
しました。

　本項では、中学生サッカー選手に栄養サポートを行った時の事
例を紹介します。

はじめに

中学生サッカー選手に対する栄養サポート——。これは、2005
年に筆者が明治製菓株式会社（当時）に勤務していたときに、Jリ

ーグアカデミーから依頼があって、Jの1チームを選んで、その下部組織（ジュニアユース）に栄養サポートを行い、食事・栄養の学習モデルを構築し、それを全38チームに広げていこうというプロジェクトでした。

チームは柏レイソルとなり、中学1年生が卒業するまでの3年間行うということで、2006年4月～2009年3月に実施したものです。プロジェクトのシナリオとコンテンツ作成を城西国際大学の酒井健介教授が担当し、現場での栄養サポートを明治製菓の高梨（柴田）麗管理栄養士が担当し、筆者は責任者という立場でした。詳しい内容は、「フットボールの科学」にまとめてあります[1]。

栄養サポートの戦略

当該クラブの育成普及部では、4つの指導理念を掲げていました。

①トップにつながる選手の育成（ジュニアからトップまでの一貫指導）

②クリエイティブな選手の育成（すべてのプレーに目的を持ち、選手自身が判断しプレーすることを身につけさせる）

③発育発達を考慮した指導による育成（長期的視野に基づき、目先の勝利よりも将来的な成功を重視する）

④人間形成（サッカーのエリート教育だけでなく、子どもたちが多彩な能力を身につけ、将来どのような世界においても、自立し豊かな人生を歩んでいけるよう指導していく）

そこで、これらの理念に基づき、栄養サポートの到達目標を「食を通じた健全な心身の成長」と「自ら食について考える習慣を養い、正しい栄養知識と食品選択能力を培う」ことにしました。

このようなサッカークラブの対象者は、その年代に関わらず、将来はプロになるという目的意識が明確な選手集団であるため、Banduraの唱えた「ある種の保健行動の定着には、対象者の動機

付けや自己効力感、結果期待感などが影響を及ぼす」[2]が当てはまるなら、「健全な食生活を送ることはサッカー選手として重要である」ことを選手に認知させることにより、この取り組みを通じて体験したことや学習したことが、日常生活において習慣化されやすくなると考えたのです。

　また、サッカーのある技術を身につけるには、繰り返しトレーニングすることで習得され、自分の技術として定着していくものですから、栄養サポートにおいても「知識⇔トレーニング⇔実践」を繰り返し行うことで、健全な食習慣の習得・定着を目指しました。一方で、中学生世代の多くは自ら食品を選択する機会が少ないものです。ふだんの食事は、料理提供者（主に保護者）によって用意されるので、選手は提供された料理を食べるのみです。よって、「欠食をなくす」「バランスのとれた食事をする」ためには、サポートは選手のみに施すのではなく、料理提供者についても「食」について学習する機会を提供する必要があると考えました。そこで、保護者やクラブレストランの施設管理者等に対するサポートも行い、包括的に選手の食事をサポートする体制の構築を目指しました（**図 3-2-1**）。

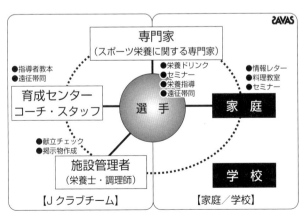

図 3-2-1　選手を取り巻く食環境（ザバス作成）

具体的な取り組み

このモデルの特徴的な取り組みは以下の通りです。

①ドリル学習

対象選手は1週間のうち平日3日の夕方の練習に参加していました。練習後はクラブハウスにある食堂で夕食をとることができるので、そこで夕食前に、月に2回、1回5問程度からなる栄養ドリルを実施しました（年間20回：10ヵ月×2回）。

この栄養ドリルの問題文は可能な限り、「…中学生サッカー選手にとって必要な食品はどれか」のような文言にて作成し、解答者である選手にとってドリル学習の内容は、自らに必要な情報や知識であることを意識付けさせるように工夫しました。また、できるだけ写真（食品や料理）を掲載することにより、対象選手が実生活において食品選択の判断基準となるよう注意して作成しました。

ドリルはその場で回収し、翌週に答え合わせをしたドリルを解説シートとともに返却し、各自がファイルに保存し、クラブにてまとめて管理しました。1ヵ月に2回のドリルと2回のフィードバックを行うことにより、知識の定着を図ったのです。ドリル学習を行わなかった9月および3月には、半期の復習と知識定着を評価するために、中間テストおよび期末テストを実施しました。

②食品選択・買い物学習

遠征や合宿など普段とは異なる環境での生活は、食事がビュッフェ形式であるといったように、食環境も変化します。このような環境においても、自分にとって必要なエネルギーおよび栄養素を摂取する（状況に応じた食品選択のスキルを習得する）ことが望まれます[3]。そこで、あらかじめ宿泊先の調理担当者と打合せの機会を設けて献立作成の打合せを行い、滞在中の選手が適切な食品選択を実

施することが可能となるよう献立調整を行いました。

　また遠征時には、チームで「買出し」に出かける場合もあるので、この「買出し」を自ら考えて食品を購入する学習の機会と捉えました。「明日に試合を控えた日の夜食」や「試合前後の補食」など目的を設定し、限られた予算内で同部屋のチームメイト（4〜5人分）の間食を購入してくることを指示したのです。購入者には「なぜこの食品を選択購入したのか」をチームメイトの前で発表する場を設けたことで、チームメイトが食品選択における仲間の考え方を共有することが可能となりました。

③情報の共有

　保護者にも「中学生サッカー選手の食事」について共通理解を得るために、情報レター（**図 3-2-2**）を作成して月に 2 回の頻度で配信しました。この情報レターのテーマは、選手が隔週で行う栄養ドリルと同じテーマに設定することで、家庭における選手と保護者の食に関するコミュニケーションが促進されることを期待しました。

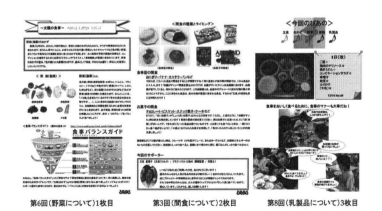

第6回（野菜について）1枚目　　第3回（間食について）2枚目　　第8回（乳製品について）3枚目

図 3-2-2　情報レター（ザバス作成）

　その構成は、基本的にはA4判の用紙3枚とし、1枚目には中学生サッカー選手にとって必要な食品や栄養素に関する情報を記載し、2枚目には1枚目の内容を考慮した食事や料理などモデルメニューを解説、また育成選手を指導・支援する下部組織の関係者（コーチ、スタッフ、調理者など）やトップチームの選手、スタッフから顔写真入りで育成選手への食に関する応援メッセージを掲載し、3枚目にはクラブにおける食事メニューや食事風景などを中心に構成しました。

得られた成果

　このような取り組みの結果、選手の食事や栄養に対する意識や行動に様々な変化がもたらされました。欠食者の割合の低下やバランスのとれた食事を心がける者の割合の上昇、そして果物の摂取頻度の改善など意識や態度、行動レベルでの改善が認められたのです。これは、選手が正しい栄養知識を習得し、適切な食品選択能力を身につけた一つの成果でしょう。

　また、この長期間にわたる取り組みを継続していく上では、関係するコーチやスタッフ、施設管理者、保護者の協力を得られたことも大きな成果をもたらしたものと考えられます。選手自身は、この取り組みを通じてコンディションの変化（体重管理の意識、体重の増加、体格の向上、持久力の向上など）を感じ取っていったことがうかがえました。このような生理・情動的な状態の変化は、健全な食行動を習慣化させるために必要なプロセスであると考えられます。

　一方で、いくつかの課題も挙がりました。そのうちの一つは、学習に取り組むにあたっての対象者の食物に対する関心の度合いです。ドリル学習による知識の習得には、この食物に対する関心の度合いが大きく影響し、その個人差も大きいものでした。多くの食物が人間と同様の固有の生命を有していることや、生物の身体の仕組みな

ど、「食べ物」や「生き物」について身近に触れたり考えたりする機会を、より低学年時に提供することによって、中学生年代からのドリル学習がより有効になるのではないかと考えられたのです。

そして、彼らが高校生年代（ユース）へと進み、明確にトップカテゴリーを意識した時に、「敏捷性を高めたい」「身体を大きくしたい」「スタミナをつけたい」など個々のプレースタイルやポジションに応じたトレーニングが実施されることになる時には、トレーニング効果を最大限に高めるような栄養戦略を理解し、実践する必要が出てきます。

こうしてみると、Jリーグのクラブは小学生、中学生、高校生といったチームを持っているので、各ライフステージに応じた一貫した栄養サポートを構築することが可能です。例えば、小学生年代は、生き物、生命、身体の仕組み、食べること、食べ物などがテーマの食育となるでしょうし、高校生年代では、フィジカル面の強化において、フィジカルトレーニングに栄養を連携強化した取り組みが可能となるでしょう。なお、この取り組みは「地域に根ざした食育コンクール2007」（農水省）において優秀賞を受賞しました[4]。

次項では、行動変容について、このチームの例も含めて考察してみたいと思います。

参考文献

1) 柴田　麗, 酒井健介：食事・栄養面からの選手育成 育成期のサッカー選手における現状と課題. フットボールの科学. 3: 8-14, 2008.
2) Bandura A: Theoretical perspectives. In A Bandura, Self-Efficacy: The Exercise of Control. WH Freeman and Company, pp. 1-315, 1997.
3) Garrido G et al.: Nutritional adequacy of different menu settings in elite Spanish adolescent soccer players. Int J Sport Nutr Exerc Metab. 17: 421-432, 2007.
4) https://www.maff.go.jp/j/press/syouan/johokan/pdf/071217-03.pdf（2021年4月閲覧）

3-3 成長期のスポーツと食行動

　対象者に望ましい食行動をとってもらうこと、すなわち栄養改善を実現するには、習慣化が大切であることはいうまでもありません。そこで本項では、酒井健介氏が用いた「行動変容の理論と実践」について解説します。

はじめに

　前項では、Jリーグアカデミーからの依頼により、柏レイソルのジュニアユースチームの栄養サポートを行った実例について紹介しました。この時に、プロジェクトのシナリオとコンテンツ作成を担当した酒井健介氏が用いたのが、行動変容の理論と実践でした。酒井氏は、健康行動の分野で広く用いられている行動変容のステージ理論、いわゆるトランスセオレティカルモデルを大学生の食行動に応用することが可能であることをすでに証明していました[1]。また、プロ野球の横浜ベイスターズの栄養指導プログラムにもこのステージ理論を用いて、一定の成果を上げていました。

　対象者に望ましい食行動をとってもらうこと、すなわち栄養改善を実現するには、習慣化が大切であることはいうまでもありません。しかし、小さい頃から定着したその人なりの食習慣・食行動は、なかなか変えられなかったり、変えても継続できなかったりすることが多いものです。そこで、読者の皆さんは、対象者に対して、いかにして望ましい食行動を始めさせ、かつ、継続させるかについて、その理論や具体的な手法を知っておく必要があります。

　行動変容に関しては、これまでも多くの研究者が様々な理論や考え方を提唱し、それらは禁煙や肥満解消、運動習慣の形成など様々な分野で活用されてきました[2,3]。ここでは、酒井氏が活用したステージ理論とセルフエフィカシーおよびモチベーションの考え方に

ついて解説します。

ステージ理論

2-11項でも解説しましたが、新しい行動を始め、それが継続されて習慣化するまでには、5つのステージ（行動変容段階）、すなわち前熟考期、熟考期、準備期、実行期、維持期があると考えられます。

これらのステージは、対象者の心の準備状態と行動の実践状況によって分けられます（**図3-3-1**）。

栄養プログラムの作成に際し、対象者がどのステージにいるのかを把握し、その特徴に合わせた効果的な働きかけを行うことが求められます。

①前熟考期

栄養の必要性を感じることができておらず、6ヵ月以内に行動を

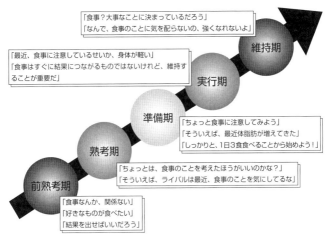

図3-3-1　行動変容段階（5つのステージ）

起こす気がない段階です。このステージにいる人は、問題の存在自体を認めたがらず、否定しようとする心理が働きやすいので、栄養と体調およびパフォーマンスの関係などをわかりやすく示したり、周囲の人々が応援していることを伝えたりすることが有効です。

②熟考期

栄養の必要性を理解し始め、6ヵ月以内に行動を始めようと思っている段階です。このステージにいる人は、栄養改善を続けていくとどうなるかについて考え始めています。そのため、栄養不足などのリスク（ケガや貧血など）について気づかせたり、栄養に対する意識がスポーツ界や社会全体に広がっていることを伝えたり、さらには行動の開始を宣言させたりすることが有効です。

③準備期

1ヵ月以内に栄養改善に取り組む意思があり、どのように行うかを考え始めている段階です。このステージにいる人は、部分的に栄養改善を開始している場合もあり、どのように行動を実践するか具体的な方法について考えています。そのため、行動を実践した場合の自分と実践しない場合の自分についてイメージさせたり、行動をサポートしてくれる存在（家族や友人、栄養士・調理担当など）について考えさせたりすることが有効です。

④実行期

栄養改善の継続期間が6ヵ月未満であり、行動が途切れて挫折しやすい段階です。このステージにいる人は、栄養改善の効果がまだ十分に感じられておらず、行動が停止する危険性があります。そのため、継続できたときのご褒美を考えたり、継続目標を宣言させたり、行動実践のきっかけとなるものを目立つ場所に置いたりするこ

とが有効です。

⑤維持期

　栄養改善を6ヵ月以上継続しており、そのメリットも認識し始めている段階です。このステージにいる人に対しては、楽をしたいという誘惑から④以前のステージに逆戻りしないよう注意深く見守りつつ、行動自体が楽しくなるよう導いていくことが有効です。

セルフエフィカシー

　セルフエフィカシーとは、ある行動をうまく行うことができるという自信や期待感を指し、「自己効力感」と訳されます。人の行動を変える大切な要素の一つであり、セルフエフィカシーが高まれば、新しい行動を起こし、誘惑に負けずに、望ましい行動を継続しやすくなります。

　対象者が栄養の重要性を認めたら、実際の行動を開始・習慣化するために、自己効力感を高めるような働きかけを行います。その方法として、成功体験、代理的経験、言語的説得、生理的・情動的喚起の4つが挙げられます。

①成功体験

　確実に達成できそうな具体的な目標を設け、その達成を繰り返させることによって自己効力感を高める方法であり、最も効果的であると考えられています。成功した場合には、「うまくできましたね」などと声をかけて褒め、「できた」という感覚を強化します。

②代理的経験

　自分と状態の近い他者が成功するのを見たり聞いたりすることで、「自分にもできるはず」という自己効力感を高める方法です。例え

ば、対象者と同じような環境にあるアスリートの食事風景を見学してもらうことが、自信と意欲の向上につながります。

③言語的説得

「○○だから、あなたにもできますよ」といった、声掛けによって自己効力感を高める方法です。対象者をよく観察し、説得力のある内容で褒めたり励ましたりするのがポイントになります。

④生理的・情動的喚起

栄養改善によって、自分の体調、体格・体組成あるいはパフォーマンスに変化が生まれたことに気づいたり、その違いを感じたりすることを促すことによって、自己効力感を高める方法です。指導者は、その変化を観察し、「以前と比べてどうですか。朝起きた時の疲れや、運動後半のバテが違うでしょう」などと、対象者に気づきを促すことが大切です。

モチベーション（動機付け）と指導計画を立てる上で

望ましい食行動を習慣化するためには、モチベーションの維持も重要です。一般に行動を起こしたことによる変化を実感できると、モチベーションを高く保てるといわれています。

対象者の、時間的制約（食べる場所などの環境と自宅や練習会場からのアクセスのしやすさ、自炊者では買い物と調理・片付けに使える時間）、経済的制約（金銭面）、肉体的制約（体力レベル、ケガなどの傷害やアトピーなどの有無）、頭脳的制約（栄養や食品についての知識および理解力）、精神的制約（好き嫌い、面倒くさい、しばられたくない）等について、栄養指導を無理なく受け入れられるかどうかを検討することもとても大切です。対象者をよく観察し調査し、周囲からの情報も得た上で、効果的な指導を心がけるとよ

いでしょう。

このような取り組みによって、前項に書いたように、栄養サポートは成功したのです。

参考文献

1) 酒井健介ほか：大学生を対象とした適切な食生活に関する変容段階と栄養摂取状況および心理的要因との関係．日本健康教育学会誌．17: 248-259, 2009.
2) Burbank PM and Riebe D: 竹中晃二監訳．高齢者の運動と行動変容トランスセオレティカルモデルを用いた介入．ブックハウス・エイチディ，2005.
3) 赤松利恵編著：栄養教育スキルアップブック．化学同人，2009.

3-4　女性スポーツと栄養のこれまで

近年、女性スポーツに関しては、女性のココロとカラダを深く理解し、現在の健康だけでなく将来の健康をも考えた支援を行っていこうという風潮が高まっています。スポーツ庁からもプロジェクト研究の募集があり、JISS や順天堂大学が牽引する形で多くの支援・研究が精力的に推進されています。

女子選手のオリンピックへの進出

近代オリンピックに女性が参加したのは、JOC[1]によると 1900 年に開催された第 2 回パリ大会です。日本人では、1928 年の第 9 回アムステルダム大会の陸上競技 100 m および 800 m に人見絹枝氏（1 名のみ）が初参加し、800 m で銀メダルを獲得します。次に、競泳 200 m 平泳ぎの前畑秀子氏が 1932 年の第 10 回ロサンゼルス大会で銀メダル、1936 年の第 11 回ベルリン大会で金メダルを獲得し、日本中を熱狂させました。

太平洋戦争を経て、復興を成し遂げつつあった日本で開催された第 18 回東京大会には、体操とバレーボールが加わって日本選手は

大活躍し、その後は主だったものとして、第23回ロサンゼルス大会でマラソンとシンクロナイズドスイミング、第25回バルセロナ大会で柔道、第28回アテネ大会でレスリングと増えてきて、2016年の第31回リオデジャネイロ大会では、男子174名に対して164名の女子選手が25もの競技に参加しました。

　冬季オリンピックでは、夏季よりずっと遅く、1992年の第16回アルベールビル大会でスピードスケート1500 mの橋本聖子氏とフィギュアスケートの伊藤みどり氏がメダルを獲得しました。2018年の第23回平昌大会では、男子の51名を上回る72名の女子選手が6競技に参加しました。

　このように急激に女子選手が増え、その層が厚くなってきているのに対して、スポーツ指導が女性のココロとカラダを本当に理解した上で成り立っているのか、男性と同じ感覚で指導しているのではないかということが問題視されています。選手養成に力を入れるのは結構ですが、選手のその後の人生に悪影響をもたらさないような、適切な指導を構築するための早急な対策が必要とされています。

女子選手の栄養に関わる筆者の経験

　筆者自身の経験として、5つあります。1つ目は、1990年頃の強化指定選手の中に、摂食障害の選手が見られたこと、また体脂肪率の低い選手が多かったことを憂慮し、日本陸上競技連盟では、医学委員会と女子委員会が協力して『ハッピーアスリートをめざして』という啓発小冊子を作成しました[2]。作成にあたり、筆者も関わったのですが、当時いっしょに働いていた田口素子氏（現 早稲田大学教授）が管理栄養士として参加し、正しい栄養摂取について執筆されました。この冊子には、体脂肪減少と月経異常の因果関係や無月経が起因する疲労骨折などが質問形式で解説されていましたので、陸連の取り組みは先駆的だったと思います。その時の調査では、の

ちにメダルを取ったり入賞する選手の体脂肪率や栄養に対する取り組みも把握したのですが、体脂肪が 10% を下回っていても、しっかり食べている選手は月経不順のリスクが低いことも知りました。

　2つ目は、高校女子選手の自死です。これも 1990 年代ですが、所属する高校の顧問から、もっと食べて体をつくるように指導されていた女子選手が、体重を増やしたくないために悩んで自死してしまい、選手の家族が訴訟を起こしたのです。この裁判に、私が当時執筆していた栄養に関する連載記事が、参考資料として提出されました。指導者はその記事を読んで、栄養指導していました。このことをスポーツに関わる弁護士から聞かされ、とても驚いたことを覚えています。顧問の指導内容は間違ってないとしても、その伝え方が思春期の女性心理を理解したものであったかと考えると、私自身もそこまで細かく注意事項を挙げて執筆していたわけではないので、責任を強く感じました。

　3つ目は、これも 90 年代半ばですが、男性の指導者で、指導する女子選手についてその体重・体形をなじって指導している実態を知ったことです。休みをもらって実家に帰った選手が、（おそらくはストレスでたくさん食べて）体重が増えてチームに戻ってきたため、練習が始まってからは、減量のために、毎食ご飯茶わん 1 杯にヒジキの煮物を盛りつけたものだけを食べさせたそうです。ヒジキご飯で、エネルギーと鉄分を摂っておけば、貧血にならないで減量できる、というのがその指導者の持論でした。中途半端な栄養の知識を盲信していました。

　4つ目は、1998 年にマラソンの高地合宿時の栄養摂取について、米国スポーツ医学会で発表[3]した折に、米国のリサ・マーチン選手のサポート経験がある研究者から、日本の女子選手の練習量を聞かれました。当時の走行距離は、月間 900〜1200 km でしたので、そう答えると、「クレイジーだ、日本の指導者は選手の将来を考えて

いないのか」と非難めいた感想を聞かされたことです。

　5つ目は、練習前に体重を測定し、体重が前日より少しでも増えた選手は練習に参加させないという女性指導者を知りました。しかも体罰付きでした。

　徒然なるままに列挙しましたが、やはり女性スポーツは徹底的に研究されるべきであり、昔気質の指導者でも納得できるような科学的な栄養サポートができないと、残っていかないなと強く思った次第です。

テレビでも特集

　さて、女性スポーツについては、マスコミも取り上げ始めています。

　2014年4月15日放送のNHKクローズアップ現代「無月経、疲労骨折…10代女子選手の危機」はかなり力を入れた特集でした。内容は、10代の選手にも女性スポーツの問題は広がっており、アンケート調査やバレーボール選手の生の声が紹介された後、目崎登氏（筑波大学名誉教授・産婦人科医）と増田明美氏（ロスオリンピックマラソン代表・スポーツジャーナリスト）の対談、米国での取り組みの紹介、新体操クラブの取り組みと親の声の紹介、そして再び対談という形で進行していきます。

　この中での増田氏の発言を掲載します。

　　「私も10代のときに、約2年半、無月経のときがあったんですね。でもそれはもう、当然だと思って練習を続けていたんです。

　　そうしましたら、競技生活の後半のほうでは、足に痛みがあることがすごく多くなりましてね、引退した直後に検査をしたら、足に7か所も疲労骨折があったんですね。

　　それで、65歳の女性の骨密度、骨密度がそのくらいの量だ

っていうことをいわれて、すごくショックを受けたんです。でもそれはもう 20 年も 30 年も前のことですからね、私の時っていうのは、月経があるようでは、まだまだ練習が足りないっていう、その時代で、今はもっともっとスポーツ医学が発展しているから、こんなことないだろうと思っていたのに、今の VTR 見ましたら、なんも変わっていないということにショックを受けました。」

（中略）

「選手の気持ちになると、目の前の練習をしなきゃ、真面目ですから、この大会で頑張らなきゃって思いがちなんですけれども、やっぱり選手でいるとき以上に、そのあとの人生のほうが長いわけですから、しっかりと無月経であれば、親御さんに話すとか、指導者に話すっていうことをして、目崎さんがいわれたように、早期発見でしたら体は治りますので、そういうようなことをわかってほしいなというふうに思います。」

このような提言をされていますが、打ち明けた指導者が昔気質ではたいへんですので、きちんと選手のココロとカラダに向き合ってもらえるように、納得できる科学データとその啓発活動とが重要になります。

　次項は、いかに食べるかということを念頭において、エナジー・アベイラビリティーと女性アスリートの 3 主徴について、栄養面からのアプローチを解説します。

参考文献

1) 日本オリンピック委員会ホームページ オリンピックの歴史より https://www.joc.or.jp/column/olympic/history/002.html（2017 年 12 月 8 日閲覧）
2) 日本陸上競技連盟：ハッピーアスリートをめざして．1992.
3) Sugiura K et al.: Nutritional requirements of elite Japanese marathon runners during altitude training. Med. Sci. Sports Exerc., 31: S192, 1998.

3-5　女性スポーツと栄養の課題

　わが国では、女性アスリートの活躍とともに、その練習や試合の環境はここのところ飛躍的に向上してきました。しかし、競技種目によっては、その待遇は男性アスリートに比べ、未だ十分とはいいがたい現状です。中にはパートタイムアスリートとして競技を続ける選手も多く、生活環境などの改善を求める声も少なくありません。

栄養面での課題

　食事や栄養に関してはどうかというと、こちらも個別の競技団体やチーム・選手に対しては優れたサポートも見られるものの、全体的にはまだまだ十分な指導やサポートがなされてきたとはいえません。

　一つには、女性アスリートは体脂肪や体形を気にするあまり、減食やダイエットを長期にわたって行ったり、繰り返し行うことがあります[1]。一方で、アスリートとしてふさわしい栄養摂取についての知識がないことによって、エネルギーおよび各栄養素の摂取不足を招いていることも多いのです。

　筆者らは、女性サッカー選手を対象に、1996年アトランタオリンピック代表チームと2003年ワールドカップ日本代表チームの栄養摂取状況を比較しましたが、エネルギー等の摂取量は、2003年のチームにおいて1996年チームを上回っていました[2]（**表3-5-1**）。1996年当時は、まだまだスポーツ栄養学は普及していませんでしたが、その後の環境の整備と栄養サポートの実施、そして選手自身の食事・栄養への意識の向上が2003年の結果に反映されたものと思われます。2003年チームのエネルギー摂取量（2623±209 kcal）に関しては、NCSSディビジョンIの女性サッカー選手（2290±

表3-5-1　女性サッカー選手の栄養摂取状況

	1996年 (アトランタ)	2003年 (W杯)	P
年齢（歳）	20.0±2.2	27.0±2.2	—
身長（cm）	162.5±4.2	163.0±3.7	0.182
体重（kg）	53.0±5.3	53.8±6.4	0.547
エネルギー（kcal）	2253±388	2623±209	0.098
タンパク質（g）	77.8±20.6	106.3±13.0	0.042
脂質（g）	86.5±19.0	104.3±4.1	0.168
炭水化物（g）	280.2±41.4	307.2±44.0	0.413
カルシウム（mg）	461.3±157.3	831.0±212.8	0.065
鉄（mg）	11.4±6.1	18.5±2.7	0.165
ビタミンA（I.U.）	2766±3299	3314±541	0.726
ビタミンB_1（mg）	1.01±0.44	1.49±0.30	0.063
ビタミンB_2（mg）	1.16±0.67	1.82±0.51	0.123
ビタミンC（mg）	54.5±23.8	164.8±81.2	0.065
タンパク質摂取量（g/kg BW）	1.49±0.45	2.01±0.42	0.086

310 kcal）やフィンランド・ナショナルチームの女性サッカー選手（2144±402 kcal）の数値を上回っていましたが、炭水化物摂取量は、必要とされる体重1kgあたり6gには至っていない状況にあり、チーム全体としてはまだまだ改善の余地があるといえました。

　興味深いのは、1996年チームと2003年チームのいずれの代表にも選出されている選手が4名いて、この4名に関しては顕著な栄養摂取状況の改善が確認されたことです。長年トップレベルでプレーを続ける中で、食事や栄養に関する重要性を再認識し、食生活の改善を図ったことが、息の長い選手生活に貢献したと考えられました。

男女の発育の違い

　アスリートの身体組成を考えるとき、2成分モデルという脂肪量（fat mass: FM－脂肪組織および他の組織中に含まれるすべての脂

肪）と除脂肪量（fat free mass: FFM あるいは lean body mass: LBM－筋、骨、内臓、血液など）との２つの要素に分ける考え方を採用することが多いものです（**図 3-5-1**[3]：右端）。

一般に、20歳までの発育において、除脂肪量は男性では直線的な増加を示しますが、女性では思春期 14 歳頃から増加が緩やかになります。一方で脂肪量は、男性に比べて女性で思春期から増加する傾向にあります[4]。そこで、この女性の体形の変化が、スポーツにとって不利であると考えられていた時代は、中学生選手を国際競技大会に送り込んだり、思春期前の猛練習によって体脂肪を増やさないようにしたり発育を遅らせたりという、その後の生涯を無視したような指導も行われてきました。例えば、競泳では体形が変わることでフォームが崩れることを恐れたり、マラソンでは体脂肪増加により体重が増加するのを恐れて男の子のような体形のまま練習により心肺機能を高めたりという具合です。

しかし、競技者であるうちも、引退してからも、健康な身体で幸福な人生を送ることを第一に考えれば、その身体の変化も考慮に入れた指導というものが必要になってきます。

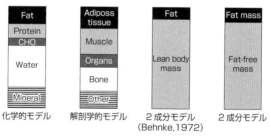

図 3-5-1　身体組成の考え方（Willmore and Costill 1994）[3]

Fat（脂質）、Protein（タンパク質）、CHO（炭水化物）、Water（水）、Mineral（ミネラル）。Adiposs tissue（脂肪組織）、Muscle（筋）、Organs（器官）、Bone（骨）、Other（その他）。Fat（脂肪）、Lean body mass（除脂肪量）。Fat mass（脂肪量）、Fat-free mass（除脂肪量）。

FATを知ろう

FATといっても脂肪のことではありません。米国スポーツ医学会（American College of Sports Medicine: ACSM）は1992年に、摂食障害、月経異常および骨粗鬆症の3つを女性アスリートに共通する健康上の問題とし、女性アスリートの3主徴（the female athletes triad: FAT）として提唱しました[5]。

2007年には、摂食障害が有る無しにかかわらず、エナジー・アベイラビリティー（energy availability）が低いことが、月経異常（機能性視床下部性無月経）と骨粗鬆症を招くという改訂案ができ、その概念図が示されました[6]（**図3-5-2**）。図の右側の三角形の状態は良い状態ですが、左側に移行するにつれて健康面に問題が生じてくるというものです。そこで、エナジー・アベイラビリティーを適切な状態にすることが、女性アスリートにとってはまず第一に考えるべきことなのです。

このエナジー・アベイラビリティーは、1日の総エネルギー摂取量から、運動によるエネルギー消費量を差し引いて、残った分を

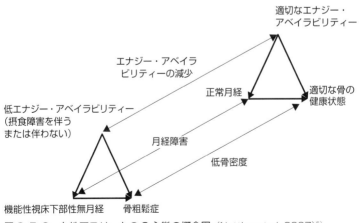

図3-5-2　女性アスリートの3主徴の概念図（Nattive et al. 2007）[5]

FFM（除脂肪量）で除した値であり、日常生活で利用可能なエネルギー量を指します。そして健康を維持するには、除脂肪量あたり45 kcal が必要であり、30 kcal を切ってくると基礎代謝レベルを下回るので、低エナジー・アベイラビリティーとなって、やがては月経異常や骨粗鬆症を引き起こす不都合な状態であるとみなされます。

現在、国際陸上競技連盟をはじめとする競技団体の合意事項は、以下のようになっています。

・エナジー・アベイラビリティーを低下させないようエネルギー摂取量と消費量を常に観察する。

・無月経となる可能性がある要因を除外することで機能性視床下部性無月経を予防する。

・思春期における原発性無月経では、低身長にならないよう栄養指導を行う前および指導中に特別な医療措置を行う。

・月経異常のある選手については、不規則な食事や摂食障害について調査する。

・月経異常がある選手では疲労骨折のリスクと、その回復までの日数が長くなるリスクが高いので注意する。

・スポーツ統轄機関は、不健康な減量を行わせないようルール改正を考慮すべきである。

特に、審美系、体重階級制、持久系競技アスリートには、他の競技に比べても摂食障害が多く見られるので注意を要します。また、体重の増減の幅が大きいアスリートや食欲のないアスリート、逆に食事に関して神経質なアスリートにも気を配る必要があります。

ところで、低エナジー・アベイラビリティーのカットオフ値の国際基準（30 kcal/kg FFM）が、日本人アスリートにも適用されうるのかについては議論があるようで、大学女性アスリートを対象に研究が進められています[7]。

いずれにせよ、ハードな練習をする女性アスリートには、行き過

ぎた指導や、アスリート自身の過度な追い込みがないようにし、自身の身体と食事や栄養に関する正しい知識を持つように支援していく必要があります。

　食事面では、まずは糖質制限などの流行に惑わされず、主食（炭水化物を豊富に含む食品）を十分に摂取します。また貧血や無月経、稀発性月経を呈する女性アスリートも少なくないので、十分なタンパク質と鉄を摂取します。また月経異常にはカルシウムとビタミンＤが含まれる食品を摂取することが勧められます。これらをまとめると、特に主菜と乳製品の摂取量が不足しないように注意を払う必要があります。月経異常は女性ホルモンのエストロゲン分泌異常を引き起こし、骨障害を引き起こすので、発育発達期にしっかりと運動し、特に負荷のかかるウエイトトレーニングも取り入れるとよいとされます[8]。無理な体重減少（ダイエット）などは骨量を低下させるため、規則正しい食生活を理解させ、実践させ、骨量を最大限に高めさせることも重要です。

参考文献

1) Perron M and Endres J: Knowledge, attitudes, and dietary practices of female athletes. J Am Diet Assoc. 85: 573-576, 1985.
2) 酒井健介ら：サッカー女子日本代表選手の栄養摂取状況．日本臨床スポーツ医学会誌．12: 521-527, 2004.
3) Wilmore JH and Costill DL: Physiology of Sport and Exercise. Human Kinetics, 1994.
4) Malina RM et al.: Growth, Maturation, and Physical Activity. 2nd ed., Human Kinetics, 2004.
5) American College of Med Sci Sport Exerc Sports Medicine: The female athlete triad: Disordered eating, amenorrhea, osteoporosis: Call to action. Sports Medicine Bulletin. 27: 4, 1992.
6) Nattive A et al.: American College of Sports Medicine Position Stand: The female athlete triad. Med Sci Sport Exerc. 39: 1867-1882, 2007.
7) 田口素子ら：日本人女性アスリートにおけるエナジー・アベイラビリティー利用の課題．日本臨床スポーツ医学会誌．26: 5-10, 2018.
8) Lehtonen-Veromaa M et al.: Influence of physical activity on ultrasound and dual-energy X-ray absorptiometry bone measurements in peripubertal girls: a cross-sectional study. Calcif Tissue Int. 66: 248-254, 2000.

3-6 高齢者のスポーツと栄養

　高齢者とは65歳以上を指す言葉ですが、日本の高齢者人口は、2020年9月15日の時点で人口の28.7%となりました。今や4人に1人を上回る割合です。この日本の高齢化率は世界トップであり、2位のイタリア、3位のドイツを4%以上も上回っています。

　元気な高齢者も増えてはいますが、加齢とともに体力レベルは個人差が大きくなり、同じ年代であっても、スポーツを楽しむ高齢者もいれば、介護で寝たきりになる高齢者もいます。このように、介護が必要な高齢者が多くなれば、医療費や介護費もかさむため、国の財政を圧迫することになります。

　そこで、いかに元気な高齢者をつくっていくかは日本のみならず先進国全体の課題であるため、世界中が高齢化率世界一の日本の今後に注目しています。

運動しないと筋量は減少する

　運動・スポーツを楽しむことで、体力を養い、仲間をつくってコミュニケーションをとることが大事であることは、読者の皆さんには共有されていると考えます。運動が不足すれば、体力は全体的に弱くなり（フレイル）、筋量が減少して筋機能も低下します（サルコペニア）。日本独自の考え方として、日本整形外科学会が提唱しているロコモティブシンドロームも同じです。これらは、自立した生活活動を妨げ、生活水準を低下させていきます。

　図3-6-1は、加齢による筋量の減少を表しますが、30代を100%として、最も早く筋量が減少するのは、大腿四頭筋であり、続いて腹直筋、上腕三頭筋、上腕二頭筋と続きます[1]。つまり、座位から立ち上がる力、つまずいた時に踏ん張る力が弱り、姿勢が悪く

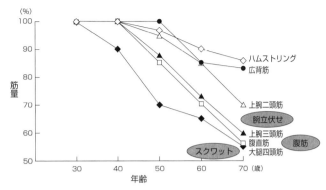

図 3-6-1　身体各部位の筋群にみられる加齢による筋量の減少
(安部と福永 1995)[1]

なって肩こりや腰痛を訴えるようになり、荷物を持つことも億劫になってしまいます。そのため、運動としては、下半身を鍛えるスクワット、腹筋運動、腕立て伏せのような、いわゆる罰ゲームっぽいものが重要になってきます。そして、筋トレには、栄養摂取も考慮することが重要です。

タンパク質が大事

　図 3-6-2 は、北海道大学の水野教授がデンマークで実施した研究ですが、運動直後のタイミングでタンパク質を摂取することによって、筋トレ期間後の大腿四頭筋の横断面積が有意に大きくなり、1本1本の筋線維の面積も太くなることが報告されています[2]。

　この運動直後のタンパク質摂取量は約 20 g で十分とされてきましたが、最近では**図 3-6-3** のように、高齢者（A、B）と若者（C、D）とでは必要量が異なり、筋タンパク合成速度（FSR）は若者が体重 1 kg あたり 0.24 g であるのに対し、高齢者では 0.40 g であることが報告されました（A・C の比較[3]）。なお、右の図（B・D）は除脂肪量（LBM）あたりの値となっています。

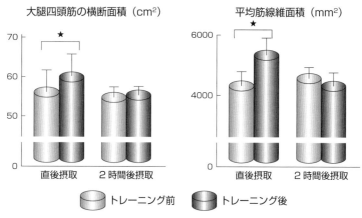

図 3-6-2　タンパク摂取タイミングと筋肥大 (Esmarck et al. 2001)[2]

13 名の高齢者（74 歳）に 12 週間のウエイトトレーニングを供し、7 名にはトレーニング直後に 6 名にはトレーニング 2 時間後に、10g のタンパク質と 7g の糖質、3g の脂質を含む飲料を摂取させた。

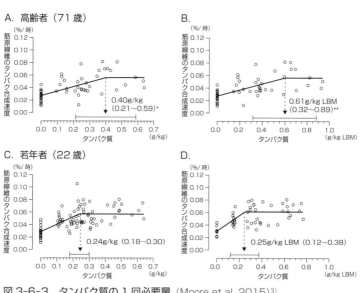

図 3-6-3　タンパク質の 1 回必要量 (Moore et al. 2015)[3]

LBM：除脂肪体重。

表 3-6-1　低栄養を予防するための食生活指針（熊谷ら 1999）[4]

①三食のバランスをよく取り、欠食は絶対避ける。
②油脂類の摂取が不足しないように注意する。
③動物性タンパク質を十分にとる。
④肉と魚の摂取は 1 対 1 程度の割合にする。
⑤肉はさまざまな種類を摂取し、偏らないようにする。
⑥牛乳は毎日 200 ml 以上飲むようにする。
⑦野菜は、緑黄色野菜や根菜などの豊富な種類を毎日食べる。火を通して摂取量を確保する工夫をする。
⑧食欲がないときはおかずを先に食べ、ご飯は残す。
⑨食材の調理法や保存方法に習熟する。
⑩酢、香辛料、香り野菜を十分に取り入れる。
⑪調味料を上手に使い、おいしく食べる。
⑫和食、中華、洋食とさまざまな料理を取り入れる。
⑬会食の機会を豊富につくる。
⑭噛む力を維持するために義歯は定期的に点検を受ける。
⑮健康情報を積極的に取り入れる。

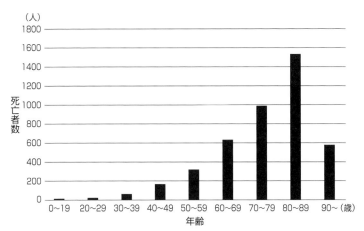

図 3-6-4　熱中症の死亡者数（2014〜2019 年までの累計）
（厚生労働省「人口動態統計」[6]より作成）

不詳（5 人）を除いて示した。

　つまり、高齢者ほどアナボリック・レジスタンス（同化抵抗）が高まるので、より高タンパクな食事を摂る必要があることになります。ところが、高齢になって体力が落ちてくると、食欲も低下し、タンパク質の多い肉・魚介類・卵・大豆製品などのおかずや、牛乳・乳製品を敬遠しがちになってきます。よって、このような食品を日頃から積極的に摂るように指導されなければなりません。

　『国民健康・栄養調査』の結果から、骨をつくるカルシウムとビタミンＤも、『食事摂取基準』に満たないことがわかっていますので（88〜89ページの**表 2-9-3**、**表 2-9-4** 参照）、やはり大豆製品、魚介類などのおかずと牛乳・乳製品を摂ることが勧められるべきです。

　表 3-6-1 は、低栄養を予防するための食生活指針[4]であり、この内容を徹底することが必要でしょう。

　また、**図 3-6-4** のように、熱中症による死亡数は、年齢とともに高くなる[5,6]ため、水分補給を心がけ、野外では帽子の着用、屋内においてはエアコンの活用により快適に暮らすようにすることが大事です。

震災復興支援から

　筆者は、2011 年に起こった東日本大震災の復興支援プロジェクトの一環として、宮城県気仙沼大島の仮設住宅に居住する主婦の健

表 3-6-2　仮設主婦と自宅主婦の消費エネルギーと摂取エネルギー
（杉浦ら 2012）[7]

	消費エネルギー (kcal)	摂取エネルギー (kcal)	(参考) 必要エネルギー (kcal)
仮設（79±2 歳）	1495±295	1402±237	1700
自宅（50±4 歳）	2127±198	1933±381	1950
	p=0.23 （体重差が共変量）	p=0.03	

康指導を行ってきました[7]。

表3-6-2は、仮設住宅に居住する79歳平均の主婦（以下、仮設主婦）と、自宅に居住する50歳平均の主婦（以下、自宅主婦）との、消費エネルギーと摂取エネルギーとを調査・比較したものです。仮設主婦は、自宅主婦と

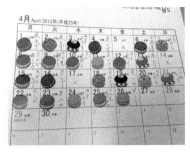

図3-6-5　運動カレンダーの例

比較して、摂取エネルギーが有意に低く、また年齢に応じた食事摂取基準と比較しても、消費・摂取エネルギーともに低くなりました。自宅主婦は摂取基準と比較して、消費・摂取エネルギーともに十分でした。そこで、仮設主婦を中心に健康教室を開催し、屋内でできる体操を指導し、バランスのよい食生活をするように促してきました。月に1回ほどしかサポートに赴くことができないので、カレンダーを印刷して渡し、運動を実施した時はシールを貼ってもらうようにしました。この試みは好評であり、**図**3-6-5のように運動を継続的に実施することができるようになりました。食生活面では、高齢者は食生活が確立すれば、それを毎日継続することができるので、より健康な状態になっていきました。

　高齢者の健康づくりにも、運動・スポーツと栄養が大事であることを研究により再確認することができたといえるでしょう。

参考文献

1) 安部　孝，福永哲夫：日本人の体脂肪と筋肉分布．杏林書院，1995.
2) Esmarck B et al.: Timing of postexercise protein intake is important for muscle hypertrophy with resistance training in elderly humans. J Physiol. 535: 301-311, 2001.
3) Moore DR et al.: Protein ingestion to stimulate myofibrillar protein synthesis requires greater relative protein intakes in healthy older versus younger men. J Gerontol A Biol Sci Med Sci. 70: 57-62, 2015.

4）熊谷　修ほか：日本公衆衛生雑誌．46, 1999.
5）あい内科・小児科クリニックホームページ（http://www.clinic-ai.jp/）
6）厚生労働省：熱中症による死亡数　人口動態統計（確定数）より
　　https://www.mhlw.go.jp/toukei/saikin/hw/jinkou/tokusyu/necchusho18/index.html
　　（2021 年 4 月 21 日閲覧）
7）杉浦克己ほか：東日本大震災被災者の栄養摂取状況．ウエルネスジャーナル, 9:
　　19-21, 2012.

第 4 章

サプリメントを知り尽くせ!

4-1　サプリメントの定義づけ

　我々が身体の外から物質を取り入れ、成長や活動に役立たせることを栄養といいます。栄養になるのは食品や飲料ですが、サプリメント（栄養補助食品）[1]も栄養であり、病院で行う点滴も栄養です。しかし、点滴によって必要なすべての栄養素を摂ってスポーツをすることはできないし、スポーツで汗をかき、疲れた後は、"おいしく楽しく"飲み食いしたいという気持ちになります。そして、「食べる」ということは「噛む」という活動を含んでいるので、顎や歯の発達を促し、胃腸での消化活動や血液循環による組織の構築を通して、内臓なども鍛えられ、筋肉も合成されていきます。このように、食べるという行為は、その行為自体が身体を発達させることにつながりますし、最近では脳をも発達させるとまでいわれているほど重要なものです。サプリメントもあくまで補助という考えを持っておきましょう。

はじめに

　一方でスポーツは、身体にとってみればエネルギーを枯渇させ、組織を消耗させ、疲労をもたらすものと捉えることもできます。そこで栄養によって、エネルギー、身体づくり、コンディショニングを図らないと、試合で勝つどころか、かえって身体を壊しかねません。スポーツをすることにより貯蔵エネルギーが少なくなれば、お腹がすいて、食事をしっかり食べそうなものですが、現在の日本の

ように食べ物が豊富にある状況では、食品があることや食べられることのありがたみを感じにくく、インスタント食品などで食事をすませば次第に疲労がたまっていき、やがて体調を悪化させてしまうことも起こるでしょう。実際に、運動に見合ったエネルギーと運動からの回復に必要な栄養素の摂取ができていないケースがしばしば認められるのです[2,3,4]。

このことは実は世界的な課題でもあって、国際サッカー連盟（FIFA）の医学委員会 F-MARC の著した『サッカー栄養学～健康とパフォーマンスのための飲食に関する実践ガイド』[5]にも、その原因として**表4-1-1** の項目が挙げられています。

筆者はこれまで、様々な競技種目・競技レベルにおける幅広い年齢層のスポーツ選手を対象に栄養サポートを実施してきました。その中で、サプリメントを適切に用いてアスリートの栄養摂取状況を改善することによって、良好な競技パフォーマンスを獲得することができた事例を目の当たりにしてきました[6,7,8]。しかし、最近では自分で内容をよく把握してもいないのに、他人の勧めによって安易にサプリメントを使用する選手も多く認められ[9]、このような態度は、F-MARC の実践ガイドの最後の項目のように、栄養をしっかり摂ることをかえって難しくしたり、サプリメントに薬物が混入し

表4-1-1　適切な栄養摂取ができない理由

・食品と飲料の知識が不足しており、料理が下手である
・買物時や外食時に食品を選ぶのが下手である
・スポーツ栄養学の知識に乏しいか知識が古い
・資金不足
・忙しいために食品の準備や摂取ができない
・良質の食品と飲料を入手し難い
・頻繁に遠征する
・補助食品やスポーツ食品を過度に摂る

F-MARC「サッカー栄養学～健康とパフォーマンスのための飲食に関する実践ガイド」[5]より作成

ていた例も報告されたことから、ドーピングの問題とも直結するものであり、アンチ・ドーピング教育の必要性にもつながるものと考えられます。

サプリメントとは何か

ここで、サプリメントについてその正体を考えてみましょう。サプリメントは、Longman 英英辞典によれば、"Something that you add to something else to improve it or make it complete." といった説明がなされており、「加えることで他の何かを改善したり完璧なものとするもの」と訳されます。また、米国には dietary supplement（ダイエタリー・サプリメント）がありますが、これはれっきとした食品区分の一つです。1994年連邦政府は「栄養補助食品健康教育法」（Dietary Supplement Health and Education Act: DSHEA）を可決し、ダイエタリー・サプリメントを「ビタミン、ミネラル、ハーブ、アミノ酸のいずれかを含み、通常の食事を補うことを目的とするあらゆる製品（タバコ除く）」と定義しました。そして、わかりやすいラベル表示も義務づけました。

この概念を日本に導入し、日本の伝承的な健康食品、例えばクロレラやロイヤルゼリーなどと合体したものが、「日本のサプリメント」といえるでしょう。1990年ごろから、国民の健康意識の高まりとテレビ番組などでの紹介によりサプリメントの認識は広まり、また医療費の高騰の対策として国政として予防医学を進めて法整備や規制緩和が行われ、日本でも一大市場が形成されてきました。健康産業新聞によると、日本のサプリメント市場は約1兆2100億円（2013年度）という規模になっています。

また、社団法人日本通信販売協会（JADMA）が発表した、JADMA 登録企業146社の取り扱い成分では、もともと多かったビタミン類とカルシウムに加えて、近年ではグルコサミン、コラー

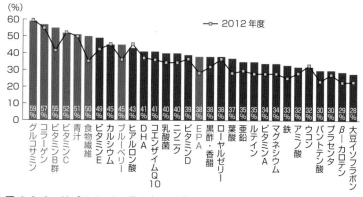

図4-1-1　サプリメントの取り扱い成分
（JADMA2013年度 JADMA登録企業データより）

成分名について：富士経済（H・Bフーズマーケティング便覧2012）に収載の成分と、栄養機能食品に定められている栄養成分（計63成分）より選択回答。上位30成分を表示。複数回答。

ゲンなどの骨・関節系、そして青汁の製品が多く、さらに便通やダイエットの関係で食物繊維、眼の健康用としてブルーベリー、血流改善でEPA/DHAなどが人気のようです（**図4-1-1**）。

サプリメントの法的分類

　さて、サプリメントが日本の食品の分類の中でどこに位置するかについては、**図4-1-2**を見てください。図の左に、「医薬品と医薬部外品」があります。医薬部外品とは、ドリンク剤、制汗剤、育毛剤、殺虫剤などを指します。薬機法（204ページ参照）では、これら医薬品以外で口から摂取するものが「食品」となります。「特別用途食品」とあるのは、1952年に制定された栄養改善法によって定められたもので、病者用、妊産婦・授乳婦用の食品が特殊栄養食品として初めてカテゴライズされたものです。ここに、1991年の特定保健食品制度によって「特定保健用食品（トクホ）」が加わ

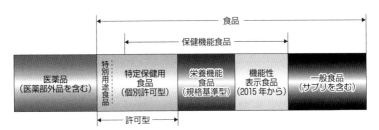

特定保健用食品：からだの生理学的機能などに影響を与える保健機能成分を含む食品で、血圧、血中のコレステロールなどを正常に保つことを助けたり、おなかの調子を整えるのに役立つなどの特定の保健の用途に資する旨を表示するもの。
　保健の用途（機能）を表示可能（機能性食品素材）
　・腸内のビフィズス菌を適正に増やし、おなかの調子を良好に保つとともに、カルシウムとマグネシウムの吸収を促進する食品です。

栄養機能食品：栄養素（ビタミン・ミネラル）の補給のために利用される食品で、栄養素の機能を表示するもの。
　・ビタミンCは、皮膚や粘膜の健康維持を助けるとともに、抗酸化作用を持つ栄養素です。

機能性表示食品：事業者の責任において、科学的根拠に基づいた機能性を表示するもの。販売前に安全性及び機能性の根拠に関する情報などが消費者庁長官に届けられたもの。個別許可型ではない。

特別用途食品：病者用、経産婦用、授乳婦用などの特別の用途に適する旨の表示をする食品。

図4-1-2　保健機能食品制度とサプリメント

り、さらに2001年の保健機能食品制度によって「栄養機能食品」が加わり、そして2015年の機能性表示食品制度によって「機能性表示食品」が加わったのです。

　そしてサプリメントはどこに入るかというと、上記の法律で定めた食品もサプリメントといえますが、その多くは「一般食品」に含まれるのです。筆者が勤めていた企業では、肝臓病の患者用の食品として商品名『プロテインGソフト』という製品を「特別用途食品」として販売していましたが、筋力アップしたいアスリートが病者用のプロテインを購入することもありません。よって、そういう

表4-1-2　健康食品の形態と内容による分類（瀬川 2002[10]）より杉浦作図）

内容＼形態	明らか食品	医薬類似食品
自然成分食品	日常の食品	（例）カプセル化食品
成分強化食品	特定保健用食品など	（米）ダイエタリーサプリメント

　人向けにはそういう人用のプロテインをつくり、「一般食品」の中で、スポーツをするのに有効であるという科学的根拠とイメージをつけて販売しているわけです。

　また、**表4-1-2**は形態と成分内容から、健康食品を分類しています。これによれば表の左上にある自然成分食品で（見た目に）明らか食品の枠に、日常食べる食品が入りますが、あとの枠はすべて健康食品、あるいはサプリメントであるといえると思います。実際に研究者によっては、スポーツドリンクもエネルギードリンクもバランス栄養食もサプリメントとしていますので、我々は健康やスポーツのことを考えて、日常的に自然にサプリメントを選んだり摂取しているといえるでしょう。

　次項は、スポーツサプリメントの種類と、安全性・有効性について、IOC の見解も含めて考えてみたいと思います。

参考文献

1）杉浦克己．サプリメント─種別・有効性・安全性─．臨床スポーツ医学．26: 1277-1281, 2009.

2) Okano G et al.: Survey comparing nutritional status and exercise training programs between adolescent Japanese and Chinese athletes. Jpn J Phys Fitness Sport Med. 42: 446-454, 1993.
3) Sugiura K et al.: Nutritional intake of elite Japanese track-and-field athletes. Int J Sport Nutr. 9: 202-212, 1999.
4) 酒井健介ほか：サッカー女子日本代表選手の栄養摂取状況．日本臨床スポーツ医学会誌．12: 521-527, 2004.
5) 杉浦克己監訳：F-MARC　サッカー栄養学～健康とパフォーマンスのための飲食に関する実践ガイド～（2005年9月チューリッヒのFIFA本部で開催された国際コンセンサス会議での検討に基いて）http://www.jfa.or.jp/jfa/medical/images/top/Nutrition_for_Football.pdf
6) 青山晴子ほか：オリンピック代表選手への食事による減量指導．柔道科学研究．1: 39-44, 1993.
7) 藤沢いづみ，杉浦克己：長距離・マラソン高地合宿における栄養サポート．体育の科学．42: 619-625, 1992.
8) 杉浦克己，菅泰夫：代表チームにおける栄養サポート．臨床スポーツ医学．23: 531-537, 2006.
9) 杉浦克己：スポーツ活動と栄養．子どもと発育発達．1: 221-226, 2003.
10) 瀬川至朗：健康食品ノート．岩波書店，2002.

4-2　サプリメントについてのIOCの見解

　前項はサプリメントの定義づけを中心に解説しましたので、本項はIOCの見解を3つの文献からまとめてみます。一つは2010年に発表されたIOCのスポーツ栄養に関する統一見解[1]であり、それに基づいてよりビジュアル的に、より簡略化してまとめられた *Nutrition for Athletes*[2]です。もう一つは、IOCのサプリメントに関する統一見解[3]です。

IOCのスタンス

　まず、IOCのサプリメントの定義は、「特定の健康上および／またはパフォーマンス上の利益を達成することを目的として、習慣的に摂取する食事に加えて意図的に摂取される食品、食品成分、栄養素、または非食品化合物」です。そして、サプリメント（栄養補助食品）は、近年はインターネット販売の普及と人気により、スポー

図4-2-1　有名選手の違法サプリメント使用の告白（写真：AP/アフロ）

ツのすべてのレベルで幅広く利用されているとしています。そして、商品に記載された表示成分が、その量とともに適切に配合されていて、かつ、有害物質混入の可能性がないことを保証するといった品質管理がメーカーに望まれているのです。

　実際に2002年4月4日付のIOCからの各国NOCへの通達によれば、IOCが欧米で入手した634品のサプリメントのうち94品（全体の14.8%）に、表示もなく禁止物質が含まれていたことが大きな問題となりましたし、有名選手が米国のあるサプリメントを使用して、結果的にオリンピックのメダルをはく奪されたことも記憶に新しいことです（図4-2-1）。

　多くのアスリートは、サプリメントの使用により、トレーニングへの適応やパフォーマンスが向上する、健康が維持されるなどの恩恵にあずかれると考えています。世界陸上に出場した310名の男女選手を調査した最近の報告によると、男性選手の83%、女性選手の89%が一つ以上のサプリメントを使用していて、その使用理由は以下の通りです。

　・トレーニングからの回復のため：71%

　・健康のため：52%

　・パフォーマンス向上のため：46%

　・病気の治療や予防のため：40%

・食事に不足する栄養を補うため：29％

　面白いことに、サプリメントの製造メーカーは、効果に対する確かな証拠がない限りは、病気の予防や治療ができると謳ってはならないのですが、アスリートは上記のように信じ込んでいるのです。そして、使うことに関するリスクについては、不純物の混入や表示が守られていないものが見つかるということも含めて、ほとんど考えてはいないようです。アスリートにとっては重要な試合で失敗する、人生をも失敗する原因となりかねないかもしれないのに、です。

　これらの問題はあるものの、実際は多くのサプリメントが安全で、健康問題やドーピング規定に違反しないということは確かです。よって、少数の製品がこのようなリスクをもたらすという問題を、どのように解決するかがポイントとなります。

アスリートに役立つかもしれないサプリメント

　数百もしくは数千種類のサプリメントがアスリートのために販売されていますが、健康やパフォーマンスにとって有効で無害であるという強力な証拠に裏づけられているものは、ごく少数です（**表4-2-1**）[3]。

表4-2-1　科学的根拠のあるサプリメント（Maughan et al. 2018）[3]

サプリメントの種類	効果
クレアチン	瞬発力向上・筋トレ効果を刺激
硝酸塩	持久力向上
カフェイン	持久力および反応時間向上
重炭酸ナトリウム	パワー持久力向上
β-アラニン	持久力・パワー持久力向上

水分、電解質、糖質、プロテイン／アミノ酸などの食品は（既に明らかなため）よく使われるものとして分類。

①クレアチン

　クレアチンは筋パワー系アスリートの間で最もポピュラーなサプリメントの一つであり、アスリートの使用についての報告は長年にわたって認められますが、1992年から研究報告が多くなっています。クレアチンは天然のグアニジン化合物で、動物の骨格筋に多く含まれるため（3～7 g/kg）、肉や魚が主な供給源です。筋肉においては、クレアチンのうち約3分の2は、クレアチンリン酸の形をとっており、残りのフリーのクレアチンと平衡状態で存在しています。そして、瞬発的なエネルギーの需要が高い際に、ATPの大幅な減少とADPの増加を妨げる働きをします。

　クレアチンサプリメントの摂取により、骨格筋中のクレアチン量を増加させることについては、支持する証拠はかなり集まっています。古典的なクレアチン・ローディング法は、1日15～20 gを4～7日間摂取する最初のローディング期と、それに続いて1日2～5 gを摂取するメンテナンス期により構成されます。また、インスリンは骨格筋へのクレアチンの貯蔵を促進します。よって、クレアチンは空腹状態で摂取するよりも、炭水化物やタンパク質を含む食品とともに摂取したほうが効果的であることになります。

　そして様々な運動モデルにおいて、瞬発力、パワー、単発運動、反復運動、さらに持久力についても研究されていますが、短距離の全力疾走や短い回復期間で高いパワー発揮を繰り返す時に、有効であるとされています。さらにクレアチンの補給は、レジスタンストレーニングに伴う、除脂肪量や筋力を増強させることができることを示す研究結果もあります。また、筋萎縮症からの筋量や機能の回復をクレアチンの補給が促進することがある、という証拠もあります。クレアチンは持久性の運動には効果がないように見えるが、筋グリコーゲンの増加にも影響するという報告もあります。

　一方、クレアチンの安全性についてはしばしば疑問視されていま

すが、因果関係について確認した研究はありません。筆者は、十分な栄養摂取と水分補給、ウォーミングアップとクーリングダウンの実施、禁煙・節酒を条件に使用の指導をしています。また、ローディングに伴う、水分の保持による体重増加は考慮しておかねばならないでしょう。

②硝酸塩

運動中の筋収縮の効率を上げることは、同じ酸素量でより大きな力を出すことを可能にすると考えられるのですが、硝酸ナトリウム、またはビートルート・ジュース（ビーツ根の汁）による硝酸塩の摂取（硝酸イオン NO^-、体重 1 kg あたり 0.1 mmol、もしくは 1 日あたり 300～400 mg の硝酸ナトリウム）が、血漿中の亜硝酸（NO^-）濃度を急速に約 2～3 倍に上昇させ、上昇した硝酸濃度は少なくとも 2 週間は持続し、これが一酸化窒素（NO）の産生を促進します。一酸化窒素は重要な生理的シグナル物質となる分子であり、筋血流量やミトコンドリアの呼吸の調節などに関与しているので、結果的に、低い酸素消費量でも同じ力を出すことができるようになるというのです。実際に、ミトコンドリア内で水素イオンの伝達に関係する ATP/ADP 交換輸送体の発現量が減少し、酸化的リン酸化の効率が上昇するというメカニズムを明らかにしています。現在も英国エクセター大学が中心となって、このサプリメントの研究を継続しています。

さて、ここからは文献[2]のまとめです。

③プロテイン

タンパク質のパウダー、バーおよびアミノ酸サプリメントは最も多く売れるスポーツサプリメントです。これは、運動後のすばやい筋肉の回復に有効であり、また就寝前の摂取が起床時には筋肉を構

築している可能性が明らかになったことから、今後も市場は大きくなる可能性があります。特に、乳清タンパク質（ホエイプロテイン）やロイシンの豊富なアミノ酸サプリメントが今後も注目されるでしょう。

④カフェイン

　少量のカフェイン（1〜3mg/kg）は持久力をサポートできるとする研究が多く認められます。その摂取量は、日常摂取できる量のコーヒー、コーラ飲料およびいくつかのスポーツドリンク・ジェルでまかなうことが可能です。ただし、精神的不安、胃腸障害、過剰覚醒、睡眠不足、利尿作用のような否定的な影響もありますので、使用にあたっては注意が必要です。

⑤緩衝剤（重炭酸ナトリウムとβ-アラニン）

　非常に激しい練習中に、筋肉は乳酸および水素イオンを産生します。これにはメリット（その後の運動のエネルギーとなる）と、デメリット（苦痛を引き起こし、筋機能の邪魔をする）があります。胃酸過多を重炭酸ナトリウムの摂取によって中和させるのと同じ方法で、体重1kgあたり約0.3gの重炭酸ナトリウムによって、血液に、（筋肉によって産生された）酸を緩衝する能力を供給することができます。これは、約30秒から8分まで継続する全力運動での疲労およびパフォーマンス低下を軽減することができます。しかし、多量のナトリウムを一気に摂取することになるため、胃腸障害の危険がありますので、このようなサプリメントはほとんど存在しません。

　最近になって、4〜10週間にわたるβ-アラニンサプリメントの摂取が、筋肉の重要な緩衝剤であるカルノシン濃度を増加させること示されました。そこから、β-アラニン、カルノシン、そしてア

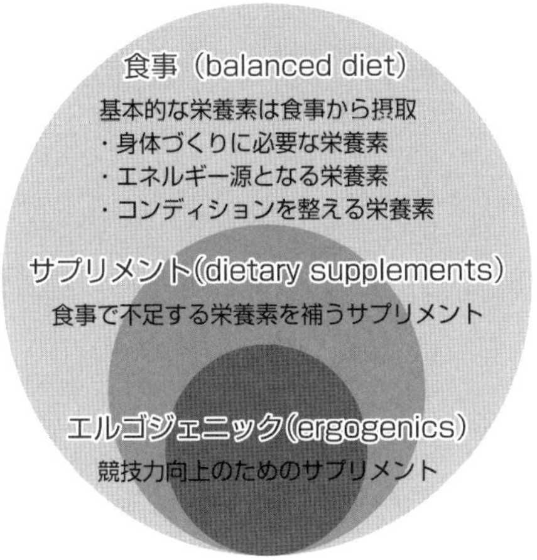

図4-2-2　アスリートの栄養

ンセリンの研究が行われています。

　また、これらに準ずるものとして、間接的にパフォーマンスを向上させるサプリメントとして、ビタミンC、ビタミンD、鉄、カルシウム、プロバイオティクス、ω-3脂肪酸、ゼラチン・コラーゲン、グルタミン、HMBなども挙げられています。

　以上のように、十分な研究報告により有効性と安全性が認められたサプリメントはまだまだ多くはないのですが、サプリメントが栄養補助を目的とするのであれば、不足する栄養素を補えればいいので、安全性を満たせばいいはずです。よって、ここで説明したのは前項に書いたエルゴジェニック的なサプリメントの条件と考えてください（**図4-2-2**）。

　では、栄養補助のサプリメントはどんどん使っていいかというと、まずは食事を改善しなさいという話になります。よって、以下のよ

表4-2-2　サプリメント摂取のメリット・デメリット

メリット	観点	デメリット
すぐに儲かることはない	経済的	出費がある
サッと摂れて便利	時間的	用意しておけばなし
狙った栄養素のみ摂れる　アレルギーや偏食に有効	肉体的	食事を疎かにする可能性　過剰摂取になる可能性
集中力	頭脳的	内容を理解・吟味する
自信になる	精神的	依存する気持ちが芽生える

うに考えてください。

・減量など食事と摂取エネルギーが制限されている時

・夏バテや疲労によって、極度の食欲不振に陥っている時

・遠征や合宿等で、通常の食品が入手できない時、あるいは宿泊先の食事の栄養バランスが偏っている時

・試合スケジュールが過密で、通常の食事を消化吸収するのに十分な時間が取れない時

・経済的に多種類の食品をそろえて食すことができない時

このような時に、自分に合った安全なサプリメントを選び、摂取量も考えて利用することは、あっていいと思います。

また、サプリメントを摂取するメリット・デメリットを、経済的、時間的、肉体的、頭脳的、精神的という5つの観点から考えてみるのも有益と思います（**表4-2-2**）。

例えば、経済的には「メリットとしては名声を得て収入が増えるかもしれないが、すぐに結果が出るものでもないので、デメリットとして購入するコストがかかる」というようにです。

参考文献

1) IOC consensus statement on sports nutrition 2010. J Sports Sci. 29: supl. S7-136, 2011.

2) Nutrition for athletes.
 https://www.thecgf.com/media/games/2010/CGF_Nutrition.pdf（2016年6月10日現在）
3) Maughan R.J et al.: IOC consensus statement: dietary supplement and the high performance athlete. Br J sports Med. 52: 439-455, 2018.

4-3　水分補給とスポーツドリンク

　オリンピックやワールドカップなどの国際大会では、各競技のトップアスリートが競技中にもしっかりと水分補給を行う姿が放映されます。現代の日本のスポーツシーンでは、選手にとって水分補給をすることは当たり前のことでしょうが、今から30年以上をさかのぼると、水分補給は当たり前のことでなく、スポーツにおいて水を飲んではいけないという指導がなされていました。本項では、一般的なスポーツ栄養学で取り上げる水分補給とは少し異なる観点から、水分補給とスポーツドリンクについて考えてみます。

ベッカムも日本で体重測定

　2002年、筆者は日韓ワールドカップサッカーの日本代表チームに帯同していました。6月1日、初戦のベルギー戦の食事の打合せのために、チームより先乗りで埼玉県浦和市のホテルの食事会場に入った時に、その日の朝まで宿泊していたイングランドチームの残していったA4判の紙を見つけました。その紙には、5月31日の練習前後のイングランドチーム全員の体重変化と水分摂取量が記録されていて、体重減少が大きい選手や水分摂取量の少ない選手には、メディカルスタッフからのアドバイスとして星印が1つまたは2つ付けられていました。星の多い選手ほどたくさん水分を摂るようにという意味です。

表4-3-1　水の体内での役割

作用	働き
①運搬作用	酸素や栄養素を身体の隅々に運ぶ
②新陳代謝促進作用	細胞の働きを助ける
③体温調節作用	体温を一定に保つ
④排泄作用	尿量を増やし、老廃物を体外に排泄する

　ベッカム選手たちもみな体重計に乗り、名前の書かれたドリンクボトルの水分量を測られていたのだなと思うと、さすがイングランド、高温多湿な日本での試合のためのコンディション対策をしっかり行っていたことに驚き、敬意の念を抱きました。

　さて、ヒトの身体の約60%は水分から成るとされますので、我々の体内の化学反応は水の環境で行われています。無機化学や有機化学で化学反応を表すのに、化学式が出てきますが、身体の中では、その周りに常に「水」があることを意識することが大切です。水の環境を維持してこその生き物なのだと思います。この環境が維持されないと様々な問題が起こります。**表4-3-1**のような役割が損なわれるのです。

水分補給をしなかった国ニッポン

　米国ハーバード大学のPittsら[1]の1944年の報告により、水分を十分に摂取しないで暑熱環境下で運動を行うことは、体温上昇や心拍数の増加により疲労困憊を招くことが明らかになっています（**図4-3-1**）。この研究は太平洋戦争のさなかに行われています。序文にも、製鉄所や鉱山で働く労働者と砂漠の兵士に応用できると書かれています。つまり、米国の軍隊は、このような研究を受けて、水分補給も大事にして戦場で戦っていたことがわかります。

　一方、日本はどうでしょうか。戦争が長引くうちに国力が落ち、兵器や食料も乏しくなったことがよく報道されます。陸軍の主計少

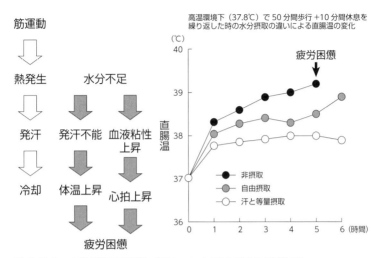

図4-3-1　水分摂取の必要性（Pitts et al. 1944[1]）より杉浦作図）

将であった川島四郎の著書によれば、携帯用の軍用糧食を開発したことによって、体力増進に効果があるだけでなく、炊事用の水が節約できるので、部隊が運搬する水の量が節約できる効果もあったことが報告されています[2]。水を運ぶにもお金と体力が必要です。前線では、土地の水は沸かさなければ飲むわけにいかないので、極力、水を飲まない訓練をしたと、復員兵であった高校時代の先生によく聞かされました。

　そして、太平洋戦争が終わった後の日本では、学校の体育の先生がいませんでした。国内には身体の頑健な人はほとんどいなかったからです。そこで、体育の先生には復員兵がなるケースが多かったと聞きます。スポーツと戦争は違いますが、訓練・鍛錬という共通した要素もあるので、スポーツの時も水を飲んではいけないという指導になったのではないかと筆者は推測しています。

　では、それより前はどうであったかというと、1928年アムステ

ルダムオリンピックのマラソン出場選手10名のレース後の血糖値を測定したBestらの研究によれば、10名の中に2名の日本代表選手が含まれていて、4位入賞の山田兼松と6位入賞の津田晴一郎の血糖値はそれぞれ92, 91 mg/dlと正常であり、レース中のドリンクは砂糖入りレモネードであったと申告しています[3]。もともとはスポーツ時にちゃんと補給していたことがわかります。戦争という異常な状況が、スポーツの水分補給をもねじ曲げてしまったのではないでしょうか。

スポーツドリンクの歴史

スポーツドリンクとして世界でトップのシェアを占めているのは、「ゲータレード®」です。「ゲータレード」は米国フロリダ大学で発明されました。フロリダ名物のワニ（アリゲーター）から由来する大学のアメフットチーム「フロリダ・ゲーターズ」は、フロリダの高温多湿の気候とアメフットの装備による夏場の熱中症に悩まされていて、1965年にコーチが医学部の泌尿器科の教授に「選手は試合後に尿がなかなか出ず、出ても濃い茶色を呈している」と相談したそうです。相談されたのはR. Cade教授で、研究者4人で脱水と熱中症を研究し、熱中症対策用のドリンクをつくりました。そのドリンクを使うようになって、1967年にフロリダ大学はオレンジボウルを制覇。他の大学からも使いたいと注文が入り、Cade教授たちは、ゲーターズの飲み物としてGator+ade（ゲータレード）を商品化していきます。今でいう大学内ベンチャーですね。1969年、「ゲータレード」を使ったニューヨーク・ジェッツがスーパーボウルを制覇し、全米、そして世界へと広がっていきました。

1970年には日本にも入り、大正製薬をはじめとするいくつかの会社が販売しましたが、どうやら前述した「運動中は水を飲むな」の壁にさえぎられ、普及しなかったようです。70年代には、ノル

ウェーの「XL-1」（エクセルワン）も入ってきましたが、一部の陸上選手にしか使われなかったようです。筆者の所属していた明治製菓でも1980年に発売した「ザバス」にクラッシャーというスポーツドリンクがありました。処方の優れたドリンクであり、プロ野球をはじめとするいくつかのチームに採用されましたが、説明説得するにはかなりの労力を必要としました。

　この壁を壊していったのは、何といっても1980年に「ポカリスエット®」を発売した大塚製薬です。点滴用の輸液を応用したので、血管に入れるものですから身体に悪いわけはなく、医学的根拠もそろっていました。さらに、医療従事者が輸液を飲んでいたこともあることからヒントを得てつくったようです。大塚製薬は医師や体育関係者と協力して熱中症予防のデータをつくり、日本体育協会（現日本スポーツ協会）のスポンサーになってデータに基づく普及活動を行いました。国体、スポーツ少年団、そしてスポーツ指導者の育成、さらには小冊子やDVDもつくり、学校の保健の授業で使える教材もそろえていきました。これらの活動の結果、1980年代の終わり頃からスポーツでの水分補給が行われるようになっていき、日本の飲料業界にはスポーツドリンクというカテゴリーができました。

　1983年にはコカ・コーラが「アクエリアス®」を発売、サントリーは「NCAA®」「熱血飲料®」「DAKARA®」という順でドリンクを発売、これらにより、第1世代の水分と糖分・電解質補給のドリンクが地位を築いていきます。1990年代にはアミノ酸ブームが到来して、第2世代のアミノ酸スポーツドリンク（「VAAM®」「アミノバイタル®」「アミノ式®」「アミノサプリ」「アミノバリュー®」など）が登場しました。さらには脂肪燃焼系（花王の「ヘルシア®」など）が少し出てきて、今の大きな流れは、若者向けスタミナドリンクともいえるエナジードリンク（「レッドブル®」「ライジン®」など）といえるでしょう。これが第3世代でしょうか。

スポーツ現場での選択

　さて、「ゲータレード」や「ポカリスエット」は、体液とほぼ同じ浸透圧（等張：アイソトニック）に設計されています。しかし、米国の Costill がデンマークの Saltin のもとで行った研究では、運動中の補給には、体液の浸透圧よりも低い（低張：ハイポトニック）ドリンクのほうが、胃の通過速度が速く、吸収が速いことがわかっています（**図 4-3-2**）[4]。

　この研究は、15 名の男性アスリート（平均 23 歳・身長 179 cm・体重 72.5 kg・VO₂max　60 ml/kg/min）に自転車漕ぎ運動をしてもらい、グルコース濃度 0, 2.5, 5.0, 10.0% 濃度のドリンクを摂取して、15 分後に胃の中に入れたチューブにより胃内滞留物を吸引し残存量を調べるものですが、運動強度が 70%　VO_2max 以上になってくると、0 および 2.5% 濃度のドリンクが胃の通過が速くなるというものです。実は、体液と等しいアイソトニックは 5.0% 濃度くらいに相当するのですが、運動して汗をかいている時にアイソトニック飲料を用いると、胃から水分のみが少量吸収され、ドリンクが胃の

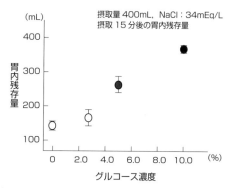

図 4-3-2　グルコース濃度と胃内水分通過速度（Costill and Saltin 1974）[4]

アイソトニック（ヒトの体液の浸透圧 280 mm Osm/kg H₂O と等しい；等張）よりハイポトニック（低張が望ましい）。

表4-3-2　水分補給のポイント

◆低糖分＆ハイポトニック
　　正しいスポーツドリンク以外は薄めて
◆一度にたくさん飲まない
　　1回にコップ1杯まで
◆こまめに摂る
　　15～30分毎に
◆適度に冷やす
　　10度前後が理想的
◆運動前にも500mlほど飲む

中で濃縮されて浸透圧が高まる（高張：ハイパートニックになる）ために、結果として水分吸収が遅くなると考えられています。

　同じ研究からは、ドリンクの温度は5℃と15℃の場合に、25℃と35℃よりも吸収が速いこともわかっていて、ドリンクは適度に冷やしておくように指導されています。

　そのようなことから、表4-3-2に示すようなやり方で水分補給をきちんと行うことが常識になってきました。選手が交代できる競技や、攻守交代できるような競技の場合は、休憩して飲むならアイソトニック飲料でも十分に吸収できるかもしれません。そうでない競技でも、市販のスポーツドリンクを2～3倍に薄めるとハイポトニックは実現できます。

　自分に合ったドリンクを見つけ、練習や試合の前後に体重測定を実施し、運動後の体重減少が2%を超えないように水分補給を行っていけばよいと思います。

　最後に、スポーツドリンクは、しばしば虫歯との関係が取りざたされます。心配な選手は、図4-3-3のようなストロー付きボトルや自転車用ボトルを用いて、ボトルを手で押して喉の奥のほうにドリンクを入れるようにして飲むと、いくぶん歯への接触は防げるでしょう。

図4-3-3　ストロー付きボトル（左）と自転車用ボトル（右）

参考文献

1) Pitts GC et al.: Work in the heat as affected by intake of water, salt and glucose. Am. J Physiol. 142: 253-259, 1944.
2) 川島四郎：実兵50人を以てせる軍用糧食の栄養、人体実験の研究，東明社（東京），1979.
3) Best CH et al.: Observations on olympic athletes. Proceedings of the Royal Society of London. Series B, Containing Papers of a Biological Character. 105: 323-332, 1929.
4) Costill DL and Saltin B: Factors limiting gastric emptying during rest and exercise. J Appl Physiol. 37: 679-683, 1974.

第 **5** 章

スポーツ栄養と
コンディショニング

5-1 スポーツ栄養学的観点から見た疲労

　「どうすれば疲労を防げますか」という質問をよく受けます。確かに、疲労すればパワー出力は低下しますし、思ったように身体が動かなくなりますので、スポーツパフォーマンスの低下につながります。しかし、その原因は一つではありませんし、活動筋のエネルギー源の減少、疲労物質等の蓄積などによる筋肉の疲労もあれば、中枢疲労と呼ばれる脳の疲労もあるとされています。本項は、その疲労について、スポーツ栄養学で扱う範囲から考えてみたいと思います。

筋エネルギー源の枯渇

　エネルギーの本体は ATP（アデノシン3リン酸）ですが、運動強度と持続時間により、44ページの図 2-4-1 のように、ATP のほかに、クレアチンリン酸、糖質、脂肪がエネルギー基質として用いられます。糖質はさらに、筋グリコーゲンと血中グルコース（血糖；主に肝グリコーゲン由来）によりまかなわれます。

① ATP とクレアチンリン酸

　ATP は、骨格筋中の存在量がわずかであり、瞬発系の運動（30秒間のウインゲートテスト）をした場合、筋線維のうち、特にタイプⅡ（速筋）線維単独で調べると、タイプⅠ（遅筋）線維に比べて著しく低下して、パワー発揮が制限されます[1]。しかし、ATP の

試薬を摂取しても筋中のATP濃度を増やすことはできないので、ATPを増やしたければ筋量を増やすしかありません。

　一方、クレアチンリン酸は、ATPの分解により生じたADPにリン酸を供与してATPの再合成をする働き（クレアチンリン酸＋ADP→クレアチン＋ATP）をもちますが、上記の研究ではATPと同様に低下し、インターバルが短いと回復が十分に行われず、2セット目の30秒パワーが低下することが報告されています。しかし、クレアチンリン酸の筋中濃度は増加させることが可能であり、クレアチンサプリメントの摂取により約130%まで高められることがわかっています[2]。

②筋グリコーゲン

　疲労と筋グリコーゲン濃度の関係については、1960年代から多くの研究者によって研究されてきました[3]。グリコーゲンが枯渇することは、骨格筋ミトコンドリア内のクエン酸回路中間体の利用をも困難とし、脂肪酸のβ酸化も円滑に進まず、パワー出力を維持できなくなります。

　そこで、グリコーゲンローディングのような食事法も生まれ、運動前には高糖質食が推奨されるようになりましたし、筋グリコーゲンの回復を速める栄養摂取法も運動直後から24時間後までの処方として提案されています。

　グリコーゲンつながりで、動物実験では、長時間の運動がラットの脳グリコーゲンの枯渇をもたらすことも報告され、脳グリコーゲンの枯渇が中枢疲労に関わるという可能性も示唆されています[4]。

③血糖

　長時間運動のときにグルコースの補給がなければ、肝グリコーゲンはやがて枯渇し、血糖値は低下します。脳活動にとって、糖は重

要なエネルギー源ですので、これも中枢疲労の一因となるでしょう。よって、長時間運動中、疲労する前に吸収の速い糖質を補給することは、持久力を維持するために重要な対策となります。

副生物の蓄積

ATP を生成する代謝経路からは、運動中の疲労に関わる多くの代謝副生物が蓄積してきます。

① ADP と無機リン酸

ATP を急速に分解する間、骨格筋内の ADP と無機リン酸の濃度は増加します。これらは ATP 分解からのエネルギーの放出を低下させる一方、筋収縮を司る筋小胞体からのカルシウムの放出と取り込みに影響します[5]。これは無機リン酸がカルシウムと結合してリン酸カルシウムをつくり、カルシウムの取り込みを妨げて、収縮した筋の弛緩を抑えることによると考えられています。

② 水素イオン

44 ページの**図 2-4-1** のミドルパワーにおいて、筋グリコーゲンを無酸素的に分解することは、乳酸値の上昇と水素イオンの生成につながります。乳酸自体は筋肉の能力に悪影響を及ぼさないとされますが、水素イオンの増加によるアシドーシスはパワー出力を損なうと考えられています。

そのため、アシドーシスに耐えるように、インターバルトレーニングを行って筋肉の緩衝能を増加させるという方法に加えて、アルカリである重炭酸ナトリウム（重曹）を摂取する方法[6]、β-アラニンを摂取する方法[7]などが考えられています。

③活性酸素種

運動時には、過酸化水素やヒドロキシラジカルのような活性酸素種が骨格筋内で生成されます。これが高レベルで蓄積すると、パワー出力に関与する多くの過程に悪影響を及ぼし、疲労を誘発していきます。

この活性酸素種に対抗するシステムとして、抗酸化酵素（スーパーオキシドジスムターゼ、カタラーゼ、グルタチオンペルオキシターゼ）と抗酸化物質（セレン、コエンザイム Q_{10}、β-カロテン、およびビタミンC、E）があります。特に、β-カロテン、ビタミンC、Eは、抗酸化ビタミンサプリメントとして用いられます。

④熱

運動中には、熱エネルギーが発生します。熱の大部分は汗などを通して発散されますが、高強度の運動など熱の発生率が高い場合、暑熱環境下の運動の場合、さらに湿度も高くて熱損失が円滑に進まない場合では、深部体温が大きく上昇してしまうことがあります。そうなると筋運動ばかりでなく、脳にも影響し、致命的になることもあります。

対策としては、暑熱馴化も考えられますが、水分補給の徹底と近年ではアイススラリーの摂取、運動中に冷水で体表面を清拭するなどの冷却法を用います。マラソンの給水地点に、ドリンクとともに水を含んだスポンジが置いてあるのが体表面をぬぐうためのものです。

中枢疲労

中枢疲労については、前述の脳グリコーゲンや血糖の枯渇、熱なども原因になりますが、何といっても「中枢疲労仮説」が有名です。これは、オックスフォード大学の Newsholme らが提唱したもの[8]

で、登場するのは BCAA とトリプトファンとセロトニンです。長時間運動を行うと、血中の BCAA レベルが低下し、BCAA に対する遊離トリプトファンの比率が高くなります。そして、トリプトファンは脳幹から脳に取り込まれ、トリプトファンからセロトニンが合成され、これにより「これ以上運動したくない」というような感情が芽生えて運動の持続が困難になるというものです。そこで、運動中、特に運動後半から BCAA を摂取すると、血中 BCAA 濃度が維持され、遊離トリプトファンは脳に取り込まれないので、運動を持続することが可能になると説明されたのです。

　セロトニンが中枢疲労の物質だとすると、より良い説明は、長時間運動で遊離脂肪酸が増えてくると、トリプトファンと結合していたアルブミンが脂肪酸と結合するようになり、遊離トリプトファンが増えてきて、脳に取り込まれるというものです。そこで、戦略としては、糖質を摂取すれば遊離脂肪酸レベルは低下するので、トリプトファンはアルブミンと結合したままで、脳には取り込まれないというものです。この糖質を摂取するという戦略自体は正しいものといえるでしょう。

　しかし、現在は中枢疲労はセロトニンの問題ではなく、ドーパミンなどのカテコールアミン系の不足が関与しているという考えにシフトしてきています。脳内のドーパミンとノルアドレナリンの活性が高まっていれば、長時間運動のパフォーマンスは高まります。しかし、さらに運動が長くなると、カテコールアミンは低下して中枢疲労を招くという考えです。そこで、これらのカテコールアミンの前駆体となるアミノ酸、チロシンを摂取することが中枢疲労の対策として有効であろうと考えられ、研究が進められています。

　いろいろ書きましたが、基本は糖質をしっかり摂ることだといえるでしょう。

178

1) Casey A et al.: Metabolic response of type I and II muscle fibers during repeated bouts of maximal exercise in humans. AJP. 27: E38-E43, 1996.
2) Söderlund K et al.: Creatine supplementation and high intensity exercise: Influence on performance and muscle metabolism. Clinical Science. 87: 120-121, 1994.
3) Bergström J and Hultman E: Muscle glycogen synthesis after exercise: An enhancing factor localized to the muscle cells in man. Nature. 210: 309-310, 1966.
4) Matsui T et al.: Brain glycogen decreases during prolonged exercise. J Physiol. 589: 3383-3393, 2011.
5) Allen DG et al.: Skeletal muscle fatigue: Cellular mechanisms. Physiol. Rev. 88: 287-332, 2008.
6) ウィリアムス M：スポーツ・エルゴジェニック 限界突破のための栄養・サプリメント戦略. pp. 274-276, 大修館書店, 2000.
7) Hill CA et al.: Influence of β-alanine supplementation on skeletal muscle carnosine concentrations and high intensity cycling capacity. Amino Acids. 32: 225-233, 2007.
8) Blomstrand et al.: Effect of branched-chain amino acid supplementation on mental performance. Acta Physiol Scand. 143: 225-226, 1991.
9) Watson P: Tyrosine supplementation: can this amino acid boost brain dopamine and improve physical and mental performance? Sports Science Exchange #157, Gatorade Sports Science Institute. 2016.

5-2 プロバイオティクスとプレバイオティクス

　近年、健康と栄養に関わる話題で、よく耳にするのが『プロバイオティクス』と『プレバイオティクス』です。

　プロバイオティクスは、「口腔から肛門に至る広義の消化管の細菌群に働きかけて、あるいは単独で、生体に有益な効果をもたらす生きた細菌」を指す用語です。いわゆる善玉菌のことであり、ヨーグルトの乳酸菌やビフィズス菌が想像しやすいでしょう。一方のプレバイオティクスは、「腸内の善玉菌の増殖を促進したり、悪玉菌の増殖を抑制し、その結果、腸内浄化作用により宿主の健康に有利に働く難消化性食品成分」と定義されています[1,2]。つまり、「善玉菌の餌」であり、オリゴ糖や食物繊維などが含まれます。

　スポーツ栄養学の参考書にも、プロバイオティクスは腸管免疫との関連で扱われ[3]、また、運動強度が高くなることにより引き起こされる胃腸の不快感や下痢などの症状の改善にも有用であろうということが、システマティックレビュー[4]を引用して述べられています。

昔話 1—検便、検便、また検便

　筆者は、企業に勤務したばかりの 1985～1988 年に研究所に配属され、腸内細菌関連の研究をしていました。それは、オリゴ糖の研究であり、まだプレバイオティクスという言葉もなかった頃です。

　東京大学農学部の光岡知足教授（当時）の研究室で修業してきた先輩に、酸素を嫌う嫌気性菌の培養テクニックを教えてもらう研修では、まず検便をし、自分のお腹の中のバクテリアとしてどのようなものが棲みついているのか、どのくらいの数がいるのかについて、窒素ガスで置換したグローブボックスを用いて培養して調べました。結果として、その頃の筆者のお腹には善玉菌があまり多くなく、「酒ばっかり呑んでいるから善玉菌が少ないんだ」と上司に理不尽な説教をされました。今なら、個人情報を漏らした先輩とパワハラ上司を訴えているところです。

　発展的な研究としては、大学病院と共同研究を行い、お腹の病気の患者さんの検便をし、オリゴ糖を摂取してもらってからも定期的に検便して、腸内細菌の善玉菌と悪玉菌の菌数の推移を調べるという研究も行いました。同時に、便やオナラの臭いの素になるガスをガス分析器で調べます。オリゴ糖の摂取によって、半分以上の患者さんに便性状の改善、腸内細菌叢（ちょうないさいきんそう）の改善、悪臭を放つ物質や有害物質の減少が認められました[5]。

　実は、この頃は、オリゴ糖は難消化性糖なので、ノンカロリー甘味料として売り出していたのですが、さらに腸内で好ましい働きを

するのではないかと期待してその機能性を幅広く調べていたのです。

昔話2—実はカロリーがあった

入社1年目の終わり頃、東京大学医学部の細谷憲政教授（当時）から、オリゴ糖の真のカロリーを測定すべきとのお話があり、放射性同位元素（ラジオアイソトープ：RI）を用いた研究が始まりました。これは、オリゴ糖の炭素（^{12}C）を放射性同位元素^{14}Cで置き換えたものを、ラットの胃に注入し、放射能がどこに行くのか、行方を追跡するというものです。今度は代謝試験の得意な別の先輩の助手として研究を手伝いましたが、その結果、ラットの呼気に$^{14}CO_2$が出現してきました。胃から摂取したオリゴ糖が吸収され、代謝されてCO_2になって出現したので、代謝の過程でエネルギーになったはずです。つまり、オリゴ糖にはカロリーがあったのです。オリゴ糖は、小腸粘膜酵素では分解されませんので、難消化性糖としていたのですが、小腸の先で分解されていたのです。そこで、大腸由来の糞便の中にオリゴ糖を入れて培養してみると、オリゴ糖由来の酢酸、プロピオン酸が現れてきました。糞便中のビフィズス菌がオリゴ糖を餌として増殖し、酢酸などを排泄していたのです。

まとめると、オリゴ糖には善玉菌による選択的資化性がある、つまり善玉菌はオリゴ糖を食べて増殖しますが、悪玉菌は食べられないので増殖しません。善玉菌の排出する酢酸などによって酸に弱い悪玉菌は劣勢になり、結果としてお腹の調子は改善するのでした。でも、酢酸などは大腸から吸収されるので、エネルギーになってしまうということがわかってきました。

のちに、ヒトでの代謝試験も行い、オリゴ糖のカロリーは1gにつき約1.5 kcal、砂糖の半分弱であることが定められました[6]。オリゴ糖は、ノンカロリー甘味料ではないけれど、まさにプレバイオティクスとしての価値が公に認められたので、研究所はこの頃から

特定保健用食品（トクホ）の第一号認可に向け、精力をつぎ込むようになっていきました。

昔話 3—ビフィズスバンク構想

　さて、プロバイオティクスを摂取することが健康に有効であることは明らかになってきましたが、ヒトには個人個人に固有のバクテリアが棲みついています。外から健康にいいといわれる乳酸菌をヨーグルトで摂取した場合、しばらくはその菌が増殖して優勢になるも、やがて衰退していくといわれています。すなわち、一度摂取すれば永久に効果が続くのではなく、毎日摂取したほうがいいということになります。

　前述した光岡先生は、個人ごとにお腹のバクテリアを調べ、その人固有の善玉菌を選択的に培養して、預かっておく『ビフィズスバンク』を設立しようと提唱されました。お腹の調子が悪くなった時に、バンクに行って培養してもらって摂取すれば、それはその個人に棲みついているバクテリアだから増殖し定着するだろうというのです。このビフィズスバンク構想は、今考えるとずいぶん先駆的なアイデアでした。

腸内細菌叢研究の発展

　現在、ヒトの体には数百兆個の常在菌が存在しているとされ、これはヒトの細胞の数（約 60 兆個）をも上回るものです。特に、大腸には多種多様のバクテリアが存在していて、腸内細菌叢を形成しています。未消化の食事を代謝して身体のエネルギーを補ったり、免疫細胞の分化や成熟化にも関わってホメオスタシスに貢献していますが、一方では、腸内細菌叢の変化は、生活習慣病をはじめとする様々な病気にも関係していることが明らかになってきました。

　このような研究の背景には腸内細菌叢由来のゲノム DNA を取得

し、網羅的にシークエンシングを行うメタゲノム解析が用いられています。特に、安価で迅速に大量の塩基配列データ取得が可能な次世代シークエンサー（next generation sequencer: NGS）が開発されて以来、この領域の研究は飛躍的に伸びています[7]。実際に、国内でメタゲノム解析を受託解析する会社も10社を超えている状況であり、一般向けの腸内細菌叢解析ビジネスが始まっています[8]。

こうした大規模研究の中から、日本人と世界11ヵ国の健常者の腸内細菌叢の構造と機能を比較した研究が報告されています[9]。その結果、日本人の腸内細菌叢には以下の特徴が認められています。

①炭水化物代謝および糖の膜輸送に関わる機能が豊富である。

②酢酸や水素生成能が高い。

③炎症応答やDNA損傷が少ない。

①からは、炭水化物をしっかり食べてきた民族であることが腸内細菌叢にも反映されているので、昨今流行りの糖質制限食が本当に日本人に適合するのかを、腸内細菌叢の動向からも検証すると面白

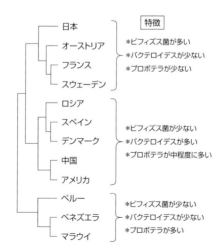

図5-2-1　菌種組成からの12ヵ国の関係（服部ら, 2017）[9]

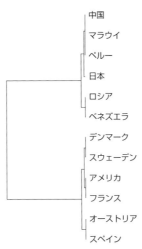

中国
マラウイ
ペルー
日本
ロシア
ベネズエラ
デンマーク
スウェーデン
アメリカ
フランス
オーストリア
スペイン

図5-2-2 食事情報からの12ヵ国の関係（服部ら，2017）[9]

いでしょう。なぜならば、②③から、日本人の腸管環境は他の11ヵ国よりも健康な状態といえるからです。少なくとも複合糖質（デンプン）の制限をしない食が、日本人の長寿および肥満が少ないことに関連がある可能性があります。

　また、腸内細菌叢の菌種組成と食事情報をもとにした分類を比較すると、部分的にしか一致せず（ペルー・ベネズエラ・マラウィのグループのみ）、腸内細菌叢の形成には、食事を超える未知の要因が影響していることも示唆されています（**図5-2-1**と**5-2-2**との比較）。

国立健康・栄養研究所の取り組み

　2017年9月の第72回日本体力医学会大会において、国立研究開発法人医薬基盤・健康・栄養研究所身体活動研究部の宮地元彦部長は、コホート研究から得られたヒト試料（血液および糞便のサンプル、体組成や生活習慣等の調査）をもとに、生活習慣─腸内細菌叢

のタイプ―疾患発症のデータベースを構築していることを報告しました。今後はメタゲノム解析やAIの導入も考え、腸管免疫からの健康づくりに役立てたり、健康食品の評価にも応用したいとのことです。

　ヒトの代謝経路にはどこかが働かなくなっても別な経路ができたりという復元力はあるものの、このような大規模研究からわかることも多いでしょうから、今後のアウトプットが楽しみです。それまでは、ヨーグルトやオリゴ糖を食べて、胃腸を健やかに保ちつつ、運動―栄養―休養の良好なサイクルを築いていくことが肝要かと思います。

参考文献

1) 光岡知足：ヒトフローラ研究：現在と将来．腸内細菌学会誌．19: 179-192, 2005.
2) Gibson GR and Roberfroid MB: Dietary modulation of the human colonic microbiota: Introducing the concept of prebiotics. J Nutr. 125: 1401-1412, 1995.
3) Slater G et al.: Chapter 22. Immunity, infective illness and injury. Burke L and Deakin V eds. Clinical Sports Nutrition. 5th ed. McGraw-Hill Education, Australia, 730-755, 2015.
4) Hungin A: Systematic review: Probiotics in the management of lower gastrointestinal symptoms in clinical practice – An evidence-based international guide. Aliment Pharmacol Ther. 38: 864-886, 2013.
5) Hidaka H et al.: Effects of fructooligosaccharides on intestinal flora and human health. Bifidobacteria and Microflora. 5: 37-50, 1986.
6) Hosoya N et al.: Utilization of [U-14C] fructooligosaccharides in man as energy resources. J Clin Biochem Nutr. 5: 67-74, 1988.
7) 大島健志朗ほか：ヒト腸内細菌叢のメタゲノム解析．生体の科学，68: 1165-1169, 2017.
8) 井上　亮，安藤　朗：腸内細菌叢研究進歩の立役者，分析技術の進歩．糖尿病診療マスター．15: 465-468, 2017.
9) 服部正平，西島　傑：日本人腸内細菌叢の特長と国間多様性．糖尿病診療マスター．15: 456-464, 2017.

5-3　インフルエンザ対策と栄養

　例年、遅くとも12月に入ると、『インフルエンザが流行の兆

し』というニュースが流れてきます。冬の風物詩というには、あまり歓迎したくないものです。特に、受験生、大事なイベントを控えている選手、それ以外の人にとっても、素通りしたい病気です。インフルエンザは、インフルエンザウイルスによって引き起こされる「感染症」です。

　「感染」とは、病原微生物（病原体）がヒトの体内に侵入して、ある部位で増殖することです。そして、この感染の結果、ヒトに有害な影響が及び、生体の防御反応が起こって炎症反応が引き起こされた状態を「感染症」と呼びます[1]。

　感染症が成立するには、次の３つの要素があります。

　①**感染源（病原体）**が存在すること

　②病原体がヒトの体内に侵入する**感染経路**が存在すること

　③ヒト（いわゆる**宿主**）がその病原体に**感受性**のあること

　つまり、この３つをつぶしていけば、インフルエンザには感染しないということになるのです。

感染源

　一般に感染症全般の病原体としては、細菌、ウイルス、リケッチア、クラミジア、プリオンが代表的です。

　インフルエンザは、インフルエンザウイルスを病原体とする気道感染症です。インフルエンザウイルスには、A、B、C の３つの型があり、流行して広がるのはこのうち A 型と B 型です。これらは、強い感染力を持ち、主に飛沫感染でうつります。症状の特徴としては、１〜３日ほどの潜伏期間の後に、初期には悪寒、発熱、頭痛を生じ、その発熱が 38〜40℃ にもなり、頭痛、全身倦怠感、筋肉痛、関節痛、のちに咳、鼻水などの症状が現れます。このような状態で、大事なイベントを迎えることは絶対に避けねばなりません。

　さて、このウイルスは、遺伝子として８本の RNA を持っていま

す。RNA ウイルスは、DNA ウイルスに比べて、容易に遺伝子変異を起こし、構造が変わりやすいので、このウイルスに対する効果的なワクチンはなかなかつくることができません。

　厚生労働省のホームページ[2]には、以下のように説明されています。

　　「インフルエンザにかかるときは、インフルエンザウイルスが口や鼻あるいは眼の粘膜から体の中に入ってくることから始まります。体の中に入ったウイルスは次に細胞に侵入して増殖します。この状態を『感染』といいますが、ワクチンはこれを完全に抑える働きはありません。ウイルスが増えると、数日の潜伏期間を経て、発熱や喉の痛み等のインフルエンザの症状が出現します。この状態を『発病』といいます。

　　インフルエンザワクチンには、この『発病』を抑える効果が一定程度認められていますが、麻しんや風しんワクチンで認められているような高い発病予防効果を期待することはできません。発病後、多くの方は1週間程度で回復しますが、なかには肺炎や脳症等の重い合併症が現れ、入院治療を必要とする方や死亡される方もいます。これをインフルエンザの『重症化』といいます。特に基礎疾患のある方や高齢の方では重症化する可能性が高いと考えられています。インフルエンザワクチンの最も大きな効果は、『重症化』を予防することです。国内の研究によれば、65歳以上の高齢者福祉施設に入所している高齢者については34〜55％の発病を阻止し、82％の死亡を阻止する効果があったとされています」

　図 5-3-1[3]のように、インフルエンザウイルス A 型には、ウイルスの表面にあるヘマグルチニンとノイラミニダーゼというタンパク質がそれぞれ1〜16番、1〜9番まで種類があるため、16×9＝144種類の亜型を持っています。A 型は、もともと水鳥、特にカモが

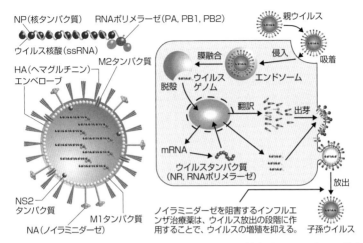

図 5-3-1　インフルエンザウイルス粒子の模式図（左）とインフルエンザウ
イルスが細胞に感染して増殖し、子孫ウイルスを放出する様子
（右）（理化学研究所　2006）[3]

自然宿主であり、すべての A 型インフルエンザの供給源となって
います。ヒトを含む哺乳類に感染・定着することにより、広く分布
していて、新しい亜型のウイルスがヒト世界に侵入し、ヒト―ヒト
間で効率よく感染できるようになると、ヒト世界に定着し、新たな
流行を起こし、ときにはパンデミック（世界的な大規模流行）を起
こす原因ともなります。

　さて、ウイルスは他の生物に寄生しないと増殖できないという特
徴を持っています。ヒトの細胞に対しては、ウイルス表面のヘマグ
ルチニンによって細胞に吸着し、細胞膜をまとって侵入し、核内に
RNA を送り込んでウイルスの RNA とタンパク質を増殖させ、新
たなウイルスを生み出し、ウイルス表面のノイラミニダーゼによっ
て細胞から放出されていきます。インフルエンザ処方薬として用い
られるタミフル、リレンザ、イナビルなどは、このノイラミニダー
ゼを阻害する薬です。

感染経路

　通常の飛沫の場合、インフルエンザウイルスの生存時間はおよそ2〜8時間程度といわれますが、金属やプラスチックなどの表面では24〜48時間も生存するとされています。

　まず、感染している人と同じ空間、例えば電車の車内、オフィス、教室などに入る場合は、咳やくしゃみなどの飛沫を吸い込めば、感染経路が成立してしまいます。また、症状が現れていない不顕性感染者（感染しているが、症状は現れていない人）もいて、こういう人は知らぬ間にキャリアとなって、インフルエンザウイルスを撒き散らします。つまり、一見、健康的な人の中にいても感染するリスクはあるのです。よって、このシーズンには人混みを避けたいものですが、仕方のない時は、マスクを着用することが予防策になります。マスクは毎日取り替えて清潔を保ちましょう。

　次に、金属やプラスチックの場合です。例えば、電車のつり革、手すり、オフィスや病院等のドアノブはなるべく触らないようにしましょう。携帯電話やスマートフォンにも注意が必要です。貸し借りはやめましょう。そして忘れがちなのが「お金」です。特に、硬貨は金属製です。例えば、コンビニエンスストアでおにぎりやサンドイッチを現金で購入し、お釣りの硬貨を受け取った手を消毒しないまま、手づかみでおにぎりやサンドイッチを食べたりすると、すぐさま感染経路ができてしまいます。

　よって、このウイルスの表面にある細胞膜（脂質二重層）を壊すため、石鹸など界面活性剤で洗ってから水で流したり、アルコールで消毒をするなどして、それから手を、顔や鼻や口に持っていくようにしなければなりません。

ウイルス感受性

最後に、インフルエンザウイルスに対するヒトの感受性の問題が

あります。健康で、免疫機能が高ければ、感染および重症化のリスクはより小さくなります。

　まず、空気が乾燥すると、口腔および気道の粘膜の防御機能が低下し、インフルエンザにかかりやすくなります。特に乾燥しやすい室内では、加湿器などを使って適切な湿度（50〜60％）を保つことも効果的です。唾液を十分に分泌することも予防には重要であり、タンパク質と各種ビタミンが不足しないようにします。

　次には、身体を鍛えておくことも重要です。特に、筋トレなど筋肉を鍛えることによって、基礎代謝を上げ、基礎体温を維持しておくことです。

　それには、しっかりと食事をすることと休養をとることも欠かせません。食事では、十分なタンパク質を摂取しておくことはもちろん、炭水化物や脂肪のバランスも整えなければなりません。いくら筋肉をつけていても、体脂肪が少なすぎれば免疫力は低下してしまいます。

　そして、栄養素として特に注目されるのは、ビタミンＣもさることながらビタミンＤです。ビタミンＤはカテリシジンという、抗微生物ペプチドを誘導し、免疫力を高めるとされます[4]。実際に、日本人の子どもを対象にし、ビタミン D_3 を 1 日に 1200IU（30 μg）摂取させることによって、インフルエンザに感染しにくくなった（感染者：ビタミン D 群 18 名 /167 名 vs. プラセボ群 31 名 /167 名）という研究結果もあります[5]。また、アミノ酸のグルタミンがフルマラソン後の免疫力低下を抑え、感染症にかかるリスクを小さくすることも知られています[6]。

　このような栄養素に注意して、バランスのいい食生活を送ることによって、インフルエンザを予防していただきたいです。

参考文献

1) 谷口清洲：16章 感染症対策．大塚　譲ら編．人と健康．東京化学同人，2003.
2) 厚労省ホームページ https://www.mhlw.go.jp/bunya/kenkou/kekkaku-kansenshou01/qa.html（2018年12月17日閲覧）
3) 理化学研究所プレスリリース https://www.riken.jp/medialibrary/riken/pr/press/2006/20060120_1/20060120_1.pdf（2021年3月16日閲覧）
4) Sundaram ME et al.: Vitamin D and influenza. Advances in Nutrition, 3: 517-525, 2012.
5) Urashima M. et al.: Randomized trial of vitamin D supplementation to prevent seasonal influenza A in schoolchildren. Am J Clinic Nutr. 91: 1255-1260, 2010.
6) Castell LM and Newsholme EA: Glutamine and the effects of exhaustive exercise upon the immune response. Can J Physiol Pharmacol. 76: 524-532, 1998.

5-4　コロナ対策と栄養

2020年は人類にとって忘れられない年になるでしょう。この年から大きな問題を引き起こし始めた新型コロナウイルスは、何度も流行の波を繰り返し、スポーツ界も大きな打撃を蒙っています。

本項は「コロナ対策と栄養」をテーマに考えてみたいと思います。

コロナウイルスの正体

神戸大学大学院保健学研究科パブリックヘルス領域／国際保健学分野教授の中澤港先生によれば、「コロナウイルスはいわゆるRNAウイルスの一種で、これまで7種類、ヒトに感染するものが知られています。7種類のうち4種類は、いわゆる風邪のウイルスです。残りの3つが、SARS-CoV、MERS-CoV、そして、今流行中のSARS-CoV-2です。それぞれ、SARS（重症急性呼吸器症候群）、MERS（中東呼吸器症候群）、そしてCOVID-19（新型コロナウイルス感染症）を引き起こすものです」とのことです[1]。

正体は、コウモリ由来のウイルスとされ、その遺伝子配列も含め

てわかってきたものの、その振る舞いについては、これまでの感染症の知識だけでは説明できないことも多いようです。

　そのため、ワクチンや特効薬が開発されるまでの予防手段は、「密にならない」「手洗い・うがいの励行」「マスクをする」という、インフルエンザと同様の方法を、より徹底して行うことしかありません。人と人が対面でコミュニケーションを取ることが難しくなりました。会食もダメです。仕事も勉強もリモートワークが増えました。つまり、できればどこにも行かず、人と会わずに、家で自粛するのが最もリスクが少ないのです。これは、言い方は悪いですが、人と会わない引きこもりで、潔癖症で、SNS に長けた人が輝ける時代が来たのかも知れません。

　また、医療関係者を守っていかないと、コロナ対策で医療従事者が疲弊したり感染したりして医療崩壊を招けば、コロナ以外のケガや疾病の治療も困難になり、これまでなら治るものも治らなくなり、より深刻な事態を招きます。

　京都大学 IPS 細胞研究所所長の山中伸弥先生や日本医師会の HP などでは、新しい情報が発信されていますので、読者の皆さんにもぜひご一読願いたいです[2,3]。

コロナ対策の考え方

　5-3 項「インフルエンザと栄養」でも説明しましたが、「感染」とは、病原微生物（病原体）がヒトの体内に侵入して、ある部位で増殖することです。そして、この感染の結果、ヒトに有害な影響が及び、生体の防御反応が起こって炎症反応が引き起こされた状態を「感染症」と呼びます。

　そして、感染症が成立するには、次の 3 つの要素があります。
　①感染源（病原体）が存在すること
　②病原体がヒトの体内に侵入する感染経路が存在すること

③ヒト（いわゆる宿主）がその病原体に感受性のあること

①は新型コロナウイルスに他なりません。しかし、目には見えないので、どこにいるのかわかりません。ただし、このウイルスは宿主（ヒト）に寄生している状態でないと存在できないので、ヒトがいるところに存在している可能性があります。さらにはクラスターが発生している場所や業態のように人が大勢集まっているところが怪しいわけです。

次に、②の感染経路を考えると、人が集まる（密になる）ところを避けて、ステイ・ホームしていたいところです。どうしてもそういう場所に行く場合は、感染経路を断つように、マスク・手洗い・うがいが必要となります。もちろん、「うつらない」だけでなく、自分も感染しているけれども発症していないだけかも知れないと考え、「うつさない」ように心がけることが肝心です。

そして、③の病原体への感受性を低めること、すなわち、防衛体力あるいは免疫力を高めることが必要であり、そのために生活習慣、とりわけ食習慣という栄養面が関係してくるのです。

WHO の提言

まず、2020 年 3 月 30 日に発表された WHO の食生活のヒントを**図 5-4-1** に示します[4]。

ヒントは 5 つありますが、栄養バランスについては「1. 野菜、果物、卵、乳製品を意識する」という項目によって、野菜、果物でビタミン・ミネラル・食物繊維を摂って体調を整えること、卵と乳製品で、タンパク質、カルシウム、ビタミン類を摂って体力をつけることを重視していることがわかります。主食と主菜は忘れないで食べると思うのですが、それ以外で忘れがちな食品を摂る習慣をつけようという意図が感じられます。

あとは、買い物や外食の代わりに宅配を利用したり、せっかく家

Food and nutrition tips during self quarantine

Note: This guidance is aimed individuals and families in contexts where self-quarantine and isolation have been recommended or required.

食生活も計画性をもって

1. 野菜、果物、卵、乳製品を意識する
   乾燥品・缶詰・レトルトの活用、余ったものは冷凍保存
2. 家庭で料理しよう
   おいしく健康的なレシピを検索して、家族で食べよう

3. 宅配を上手に利用しよう
   接触しない宅配、冷蔵便・冷凍便など温度管理にも配慮
4. 分量に注意し食べ過ぎない
   買いすぎ、食べすぎに注意、低脂肪食品の利用
5. 安全・衛生に気をつけよう
   手洗い・キッチンと調理道具の消毒、調理はよく火を通す

図 5-4-1　WHO の COVID-19 対策（自己検疫）（WHO ホームページ4)より作成）

にいるので家族と一緒の時間を食事づくりから食べるところまで楽しもうとか、食べ過ぎないとか、衛生面を考慮しようというヒントになっています。

　また、WHO には世界の 6 つの地域に事務局がありますが、その一つである東地中海事務局の提言が詳しい内容になっています。以下に紹介します5)。

　「COVID-19 発生中の成人に対する栄養アドバイス

　　適切な栄養と水分補給が不可欠です。バランスのとれた食事をする人は、免疫系が強く、慢性疾患や感染症のリスクが低いため、健康的です。よって、体が必要とするビタミン、ミネラル、食物繊維、タンパク質、抗酸化物質を得るために毎日様々な新鮮な未加工食品を食べるべきです。十分な水を飲みましょう。糖分、脂肪、塩分を避けて、過体重、肥満、心臓病、脳卒中、糖尿病、特定の種類のガンのリスクを大幅に下げます。」

（著者翻訳）

　さらに、以下のような見出しのもとに詳しく説明がなされています。

・毎日、新鮮で加工されていない食品を食べる

・毎日十分な水を飲む

・適量の脂肪と油を食べる

・塩と砂糖をあまり食べない

・外食を避ける

・カウンセリングと心理社会的サポート

日本のアドバイスなど

　図 5-4-2 に、国立健康・栄養研究所の啓発リーフレットを示します[6]。ここでは、手洗い、普段の健康管理として栄養のこと、そして適度な湿度を保つことが書かれています。湿度については、空気が乾燥すると、口腔および気道の粘膜の防御機能が低下し、ウイルスに感染しやすくなるといわれています。

　栄養面では、外出がままならないときこそ「量より質」に気をつけ、食事バランスガイドを参考にして、主食、主菜、副菜、果物、牛乳・乳製品をまんべんなく食べ、水分も意識して摂ることを基本とします。さらに、子どもはお菓子を食べ過ぎないようにして、野菜、牛乳、ヨーグルトを摂らせ、高齢者はタンパク質不足にならないようにします。運動面では、散歩、ラジオ体操に加え、ストレッチや筋トレが奨励され、睡眠のイラストも描かれています。大事なのは、運動・栄養・休養のリズムをしっかり取ることですね。

　また、インフルエンザについて解説した 5-3 項にも書きました[7]が、ビタミン D レベルと感染症リスクの関連については研究が続いています。新型コロナウイルスに関しても、ヨーロッパ 20 ヵ国の国民の平均ビタミン D 値を調べたところ、ビタミン D 値が高い国ほどコロナウイルスの罹患率と死亡率が低いという結果が得られたそうです[8]。より詳細な研究が必要ではありますが、ビタミン D の多い食品を食べてビタミン D_2 を取り入れ、日光に当たって紫外

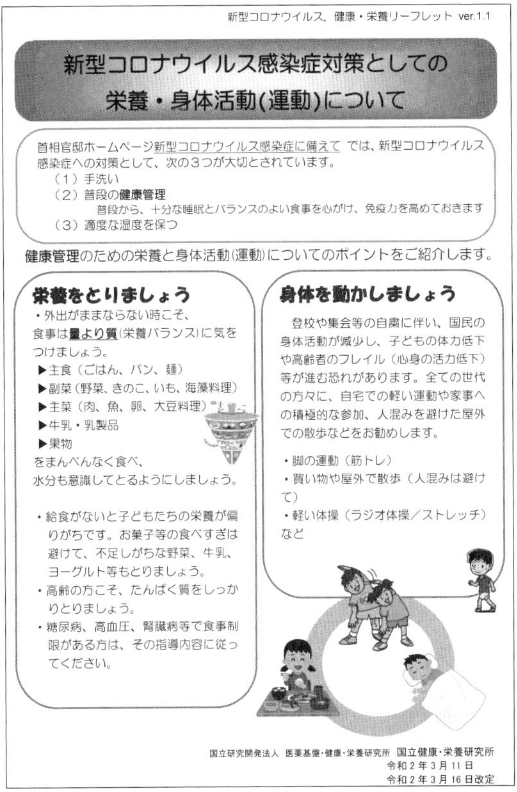

新型コロナウイルス，健康・栄養リーフレット ver.1.1

新型コロナウイルス感染症対策としての 栄養・身体活動(運動)について

首相官邸ホームページ新型コロナウイルス感染症に備えて では，新型コロナウイルス
感染症への対策として，次の3つが大切とされています。
- (1) 手洗い
- (2) 普段の健康管理
　　　普段から，十分な睡眠とバランスのよい食事を心がけ，免疫力を高めておきます
- (3) 適度な湿度を保つ

健康管理のための栄養と身体活動(運動)についてのポイントをご紹介します。

栄養をとりましょう

- ・外出がままならない時こそ，
食事は量より質(栄養バランス)に気を
つけましょう。
  - ▶主食(ごはん，パン，麺)
  - ▶副菜(野菜，きのこ，いも，海藻料理)
  - ▶主菜(肉，魚，卵，大豆料理)
  - ▶牛乳・乳製品
  - ▶果物
をまんべんなく食べ，
水分も意識してとるようにしましょう。

- ・給食がないと子どもたちの栄養が偏
りがちです。お菓子等の食べすぎは
避けて，不足しがちな野菜，牛乳，
ヨーグルト等もとりましょう。
- ・高齢の方こそ，たんぱく質をしっか
りとりましょう。
- ・糖尿病，高血圧，腎臓病等で食事制
限がある方は，その指導内容に従っ
てください。

身体を動かしましょう

　登校や集会等の自粛に伴い，国民の
身体活動が減少し，子どもの体力低下
や高齢者のフレイル(心身の活力低下)
等が進む恐れがあります。全ての世代
の方々に，自宅での軽い運動や家事へ
の積極的な参加，人混みを避けた屋外
での散歩などをお勧めします。

- ・脚の運動(筋トレ)
- ・買い物や屋外で散歩(人混みは避け
て)
- ・軽い体操(ラジオ体操／ストレッチ)
など

国立研究開発法人 医薬基盤・健康・栄養研究所 国立健康・栄養研究所
令和 2 年 3 月 11 日
令和 2 年 3 月 16 日改定

図 5-4-2　国立健康・栄養研究所の啓発リーフレット
(https://www.nibiohn.go.jp/eiken/corona)

線からビタミン D_3 をつくることが望ましいようです。

　さて，2020 年 4 月に行われた世界的規模の研究では，パンデミ
ック前と比較しパンデミック中の身体活動は，運動量も歩数も有意
に減少していて，一方で座位時間は 3 割近く増加していることが報
告されました[9]。栄養面では，不健康な食品を摂取する頻度，食べ
る量をコントロールできなくなること，食間のスナック菓子の摂取
については，いずれもパンデミック中に増加しています。運動不足

表 5-4-1 「ストレス食い」を防ぐ 10 カ条

(厚生労働省こころの耳：山本晴義氏の記事より一部改変)

①食事をするたびに時刻と内容を記録する
②毎日体重を記録する
③決まった場所以外では食べない
④嚙んでいる間は箸を置く
⑤買いだめはしない
⑥見える場所に食べ物を置かない
⑦「ながら食い」はしない
⑧三食を決まった時刻にとる
⑨毎日「軽い運動」を実践する
⑩契約（できたらご褒美を与える）

と過食・偏食が確実に起こっています。WHO や国立健康・栄養研究所の提言を自分の生活に合わせて守っていくことが必要といえるでしょう。夏には熱中症の危険性も叫ばれる中、どうやって散歩の時間をつくるかなど、ぜひこの状況をポジティブに捉えて、新しい生活習慣を創造していただきたいと思います。

　このような不安な状況下では、ストレスから過食を招く人も多いと思います。厚生労働省の新型コロナウイルス感染症対策（こころのケア）[10] も参考にしてください。その中にある「ストレス食いを防ぐ 10 カ条」を表 5-4-1 にまとめておきます。

参考文献

1) 中澤　港，川端裕人：「読み解き方」を聞いてみた　新型コロナ、本当のこと．ナショナルジオグラフィック．2020 年 5 月 12 日．
https://natgeo.nikkeibp.co.jp/atcl/web/19/050800015/051100002/（2021 年 4 月閲覧）
2) 山中伸弥による新型コロナウイルス情報発信．
https://www.covid19-yamanaka.com/（2021 年 4 月閲覧）
3) 新型コロナウイルス感染症の正しい理解のために【国民の皆様へ日本医師会からのメッセージ】
https://www.med.or.jp/people/info/people_info/009162.html（2021 年 4 月閲覧）
4) WHO: Food and nutrition tips during self-quarantine.
https://www.euro.who.int/en/health-topics/healthemergencies/coronavirus-covid-19/technical-guidance/food-and-nutrition-tips-during-self-quarantine（2020 年 8 月 8 日閲覧）

5) WHO regional office for the Eastern Mediterranean: Nutrition advice for adults during the COVID-19 outbreak.
http://www.emro.who.int/nutrition/nutrition-infocus/nutrition-advice-for-adults-during-the-covid-19-outbreak.html（2021 年 4 月閲覧）

6) 国立健康・栄養研究所：新型コロナウイルス感染症対策としての栄養・身体活動（運動）について．https://www.nibiohn.go.jp/eiken/corona/pdf/corona_japanese.pdf（2021 年 4 月閲覧）

7) Llie PC et al.: The roll of vitamin D in the prevention of coronavirus disease 2019 infection and mortality. Aging Clinic Exp Research, 32: 1195-1198, 2020.

8) Ammar A et al.: Effects of COVID-19 home confinement on eating behaviour and physical activity: Results of the ECLB-COVID19 international online survey. Nutrients, 12: 1583, 2020.

9) Urashima M et al.: Randomized trial of vitamin D supplementation to prevent seasonal influenza A in schoolchildren. Am J Clinic Nutr. 91: 1255-1260, 2010.

10) 山本晴義：メール相談〜「新型コロナウイルス」へのメンタルヘルスケア〜事例⑦．厚生労働省こころの耳：2020 年 6 月 26 日．https://www.yokohamah.johas.go.jp/news/2020/06/72020626.html（2021 年 4 月閲覧）

5-5　筋トレとアンチエイジング

　現在は空前の筋トレブームです。健康に元気に生きるには、まず、自分の身体を頼りにするしかありません。

　そのためには筋肉をしっかりつけておくことが重要です。

　本項では「筋トレとアンチエイジングとの関係」について解説します。

はじめに

　30 年くらい前、筆者は食品企業の工場（の中の研究所）に勤務していましたが、工場に筋トレ同好会はあったものの、実際のボディビルコンテストに出場するレベルのビルダーは、社員 1000 人に 1 人くらいでした。20 年くらい前になると、健康産業に籍を置いていましたので、もう少し増えてきて、学生ビルダーも入社してくるようになりました。そして、近年では、ガチガチのボディビル大会以外にもフィットネス、ベストボディ系の各種大会が企画されるよ

198

うになり、筆者の周りにも参加者が増えましたし、仕事で出会う人にも参加している方が少なくありません。

これはいい流れといえるでしょうか。

筆者はポジティブに捉えています。AIとロボットの開発、遺伝子治療やiPS細胞の進歩等により寿命は延びるでしょうが、健康に元気に生きるには、まず、自分の身体を頼りにするしかありません。そのために筋肉をしっかりつけておくことは重要と思うからです。

加齢とともに減少する水分と筋肉

図5-5-1は、世代別の体水分量を模式的に表したものです。

赤ちゃんのうちは水っぽい身体が、成人になると体重の約60%が水分となり、高齢になるとさらに水分が減ってきます。大げさにいえば干からびてきます。成人男女では、男性のほうが女性に比べて水分が多いとされますが、これは男性のほうが筋量が多く、骨格筋は75%が水分だからと説明されます。女性は体脂肪が比較的多いので、水分が少ないというわけです。

ということは、高齢になると筋量が減少するから水分も減少するということになります。そこで、145ページの図3-6-1を見ると、

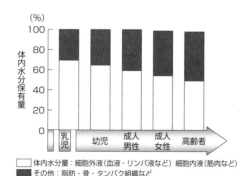

図5-5-1　世代別の体水分量

30 歳を 100％ として、確かに加齢とともに筋量は減少していきます[1]。調査された筋肉の中では、大腿四頭筋、腹直筋、上腕三頭筋、上腕二頭筋、広背筋、ハムストリングスという順に減少するようです。大腿四頭筋は脚伸展筋ですので、特に立ち上がる動作に影響が出ます。このデータは、いわゆるロコモティブシンドローム、あるいはサルコペニアやフレイルという高齢者の健康上の問題に直結します。

　ゆえに、日本整形外科学会のロコトレ[2]をはじめとして、高齢者にはスクワットなどの下半身の強化運動、そしてクランチ等の腹筋や体幹を鍛える運動、腕立て伏せのような上半身の運動が奨励されています。

筋トレは栄養とセットで

　ここまでは常識になってきていますが、筋トレを行ったときに、終了後なるべく早くタンパク質と糖質を同時に摂取することも大事です。

　分子レベルでは、**図 5-5-2**[3]のように、筋力トレーニングにより、mTOR（機械的ラパマイシン標的タンパク）が活性化され、「遺伝子 DNA の転写→翻訳→タンパク合成」の流れが促進することがわかっています。これは DNA の二重らせん構造を解明したフランシス・クリックが 1950 年代に提唱した、いわゆる「セントラルドグマ」[4]です。ところが、**図 5-5-2** の右側にあるように、食事摂取でも、タンパク質を摂取すると、その中の必須アミノ酸のうちの特にロイシンが mTOR を刺激しますし、炭水化物（糖質）もインスリン反応を通して mTOR を刺激します。

　そこで、筋トレを行うことと、できれば直後にタンパク質と糖質を同時に摂取することが望まれます。146 ページの**図 3-6-2** は、デンマークで高齢者を対象に水野先生（現 北海道大学）が行った研

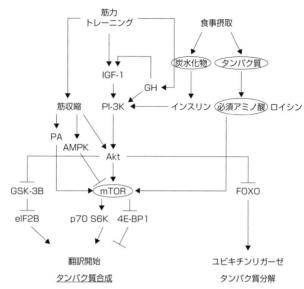

図 5-5-2　筋トレと栄養はペアで考える (Spiering et al. 2012)[3]

究ですが、筋トレ直後に栄養摂取するといういわゆる時間栄養学的な戦略を用いると、平均 74 歳の高齢者であっても大腿四頭筋の横断面積および筋線維（筋細胞）面積が有意に大きくなることを示しています[5]。これは維持というより肥大を表しています。加えて、食事内容を充実させることが重要なのは、もちろんいうまでもありません。

アンチエイジングに筋トレ

　筋肉がつけば若々しくなる、確かにそうです。でもそれは、タンパク合成が盛んであるからにほかなりません。**図 5-5-3** は、タンパク質の構成単位であるアミノ酸の結合を表しています。アミノ酸には、必ずカルボキシル基（-COOH）とアミノ基（-NH$_2$）とがあります。アミノ酸同士が結合するときは、一つのアミノ酸のカルボ

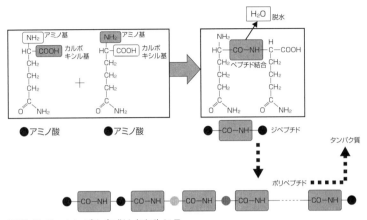

図 5-5-3　タンパク合成は水を生じる
1 つのアミノ酸のカルボキシル基が隣のアミノ酸のアミノ基とペプチド結合し、それが多数結合してタンパク質をつくっていく。ペプチド結合は脱水縮合反応であり、結合により水（H_2O）が生じる。

キシル基と隣のアミノ酸のアミノ基が反応し、ペプチド結合（CO-NH）をつくるのですが、この時にカルボキシル基から OH、アミノ基から H が 1 個あまって、H_2O を生じます。つまり 2 つのアミノ酸がくっつくと、1 分子の水が出てくるので、これを脱水縮合反応と呼びます。

　図 5-5-1 で、子どもはみずみずしいということでしたが、成長期でタンパク合成が盛んなので、アミノ酸がどんどん結合してタンパク質を合成し、水がたくさん生じるからに他なりません。そこで、中高年になっても、筋トレを行い、栄養もしっかり摂れば、タンパク合成が盛んになって水が多くなるし、骨格筋も 75% が水分ですから、アンチエイジングになるわけです。ただし、146 ページの**図 3-6-3** のように、高齢になるとアナボリック・レジスタンスが見られ、タンパク質の必要量は高まりますので、注意してください。

　ついでにいえば、糖質を貯蔵する形であるグリコーゲンは 1 g に

つき３ｇの水を貯えますので、ご飯などの主食をしっかり食べることも、グリコーゲンと水分を貯えることにつながり、みずみずしさに拍車をかけるでしょう。

　逆に、加齢とともに筋量が減少するのは、タンパク質の合成よりも分解がまさってしまうことです。分解とは、タンパク質がアミノ酸に分解することであり、これは加水分解といって、水を加えてアミノ酸に分解しますから、筋肉からは水が奪われます。身体が乾いてしまうわけです。

　アンチエイジングの世界では、保湿成分のコラーゲンやヒアルロン酸を補給しようと謳うことが多いです。それもよいと思いますが、『筋トレの実施と、タンパク質＋糖質の摂取』が第一になされるべきではないでしょうか。

参考文献

1) 安部 孝，福永哲夫：日本人の体脂肪と筋肉分布，杏林書院，1995.
2) https://locomo-joa.jp/check/locotre/（2019 年 2 月 15 日閲覧）
3) Spiering BA et al.: Resistance exercise biology. Sports Medicine. 38: 527–540, 2012.
4) Crick FHC: On protein synthesis. Symp Soc Exp Biol. 12: 138-163, 1958.
5) Esmarck B et al.: Timing of postexercise protein intake is important for muscle hypertrophy with resistance training in elderly humans. J Physiol. 535: 301-311, 2001.

第 6 章

これを知れば、あなたも栄養博士

6-1 食品のラベルを読む

　本項では少し趣向を変えて、食品、特にサプリメント・健康食品のような加工食品のラベル表示について考えてみます。2015年4月に「食品表示法」が制定・施行されました。これまで厚労省が所管であった「食品衛生法」[注1]、「健康増進法」[注2]そして農水省所管の「JAS法」[注3]の3法のうち、食品表示基準の部分を移管して一元化し、窓口も消費者庁に一本化しています（**表6-1-1**参照）。そして、わかりやすい食品表示を目指しています。ただし、原材料の産地表示、遺伝子組換えや添加物のわか

表 6-1-1　2015 年までの食品に関わる規制

対象	法律・条例
全般的安全性確保	・食品の安全性確保のための施策方針（食品安全基本法）
製造	・食品の製造・使用基準（食品衛生法、各都道府県条例） ・医薬品成分の配合・形状（薬機法）
品質	・有害物質等含有、微生物汚染（食品衛生法） ・指定外添加物の使用（食品衛生法） ・食品・添加物等の規格基準（食品衛生法）
表示・広告	・基本的表示事項（食品衛生法、JAS法、景品表示法等） ・医薬品的効能・効果表示（薬機法） ・虚偽・誇大表示（食品衛生法、景品表示法、健康増進法） ・適切な情報提供（健康増進法、JAS法）
販売・取引	・公正な競争（景品表示法） ・適正な販売手法・契約（特定商取引法、消費者契約法、消費生活条例）
製造物責任	・被害者救済（製造物責任法《PL法》）

りやすさなど、今後も改善の余地はあるようです。

　そこで、本項では、大事なポイントをいくつか押さえておきましょう。

注 1) 食品衛生法は 1947 年制定で、公衆衛生上の見地から必要な規制を講じ、飲食に起因する衛生上の危害の発生を防止し、もって国民の健康の保護を図ることを目的とし、全ての飲食物、添加物、器具、容器包装、おもちゃ及び洗浄剤（野菜・果物・食器用）の製造、輸入、販売等営業に関わるすべてを対象としている。

注 2) 健康増進法は 2002 年制定で、国民は自ら健康増進に努め、国、地方公共団体、健康増進事業実施者、医療機関その他関係者は、相互に連携・協力してその努力を支援することを規定。食品に係る内容では、①特別用途表示の許可等、②栄養表示基準、③虚偽・誇大広告等の表示の禁止がある。

注 3) JAS（Japan Agricultural Standard）法は 1950 年制定で、全ての食品を対象に、消費者の選択に役立つ表示基準を定める、安心に関する法律である。

薬機法関係

　まず、口から摂取するものは、食品と医薬品に大別されます。そして、我々がサプリメントとか健康食品と呼んでいるものは、基本的には食品ですから、「薬機法」[注4]（**図 6-1-1**）によって、医薬品とは明確に区別されています。

　薬機法によれば、医薬品とは

①日本薬局方に収められているもの

②疾病の診断、治療または予防に使用されるもの

③身体の構造または機能に影響するもの

目的	医薬品、医薬部外品、化粧品または医療器具の品質、有効性及び安全性の確保に必要な規制や研究開発等を講ずることにより、保健衛生の向上を図ること
医薬品とは	①日本薬局方に収められているもの ②疾病の診断、治療または予防に使用されるもの ③身体の構造または機能に影響するもの ということは、食品は①②③にあたるものを使用したり、表示や広告を標榜してはいけない

図 6-1-1　薬機法（旧薬事法 1960 年制定）

と規定されていますので、食品はその逆であり、①から日本薬局方に収められている成分を含まず、②から疾病の治療に関与するようなものではなく、③から身体の構造または機能に影響するものではないので、これらを標榜するようなことがあってはいけません。よって、そのような説明書きやキャッチを表示することができないのです。

　例えば、アミノ酸の一種であるタウリンは、「専ら医薬品として使用される成分本質（原材料）」リストにあるため、自然に豊富に含まれる食品（牡蠣、イカ等）や、その抽出物（牡蠣エキスなど）を原材料として表記することはできるものの、タウリンと表記すると薬機法違反になります。ドリンク剤で、「タウリン 100 mg 配合」と宣伝しているものは、医薬部外品だから可能であるということです。

　他にも、医薬品的形状は認められないということで、錠型が食品としてふさわしくないという指導が入ることがあります。

　用法・用量も医薬品のものであり、食品はいつ・誰が・どのくらい食べてもいいものであるともいわれました。これには、「では、醤油をコップ 1 杯飲んでもいいのですね」と反論して、「食文化、食経験から、そんな馬鹿な人は居ません」とばっさり斬られたことがあります。プロテインのパッケージに「食後に牛乳 200 ml に大さじ 2 杯を溶かして飲んでください」という表示をして、不適切なので削除するようにという指導を受けたこともあります。食前・食後・食間・空腹時などの表現は医薬品の用法なのです。でも、運動後という表現についてはお咎めはなく、運動は皆がするものではないからという理由でした。しかし、1994 年に PL 法[注5]が成立してからは、使用者が、適切な摂取法がわからないために過剰に摂取してしまうことなどから健康被害を起こすことを避けるために、表示の規制が少し緩和されたように思います。

　また、身体の構造・機能に影響することは書けないので、「筋肉合成」「筋肉増強」はだめです。また過去の判例で、「疲労回復」「スタミナ」も使えません。しかし、逃げ道はあるようで、「筋力アップ」「持久的トレーニングの栄養補給に」などは大丈夫だったので、ここは企業のアタマの使いどころかもしれません。

注4）薬機法（医薬品、医療機器等の品質、有効性及び安全性の確保等に関する法律）は、平成26年11月に旧薬事法から改正され、名称が変更された法律。医薬品、医薬部外品の規制をすることにより、食品であるサプリメントが、医薬品的な表示や宣伝をすることに対しても取り締まる法律である。

注5）PL法（製造物責任法；Product Liability法）は1994年に成立し、製造者に「過失」が無くとも、製造物の「欠陥」により、人の生命、身体または財産にかかる被害が生じた場合、製造業者等にその損害賠償を負わせることにより、被害者の円滑かつ適切な救済を行う。

保健機能食品制度

　この制度は2001年から始まり、一定の条件を満たした食品を「保健機能食品」と称することを認める制度で、国への許可等の必要性や食品の目的、機能等の違いによって、155ページの図4-1-2の通り「特定保健用食品」と「栄養機能食品」の2つのカテゴリーをつくりました。

　特定保健用食品（トクホ）は、身体の生理学的機能や生物学的活動に影響を与える保健機能成分を含み、食生活において特定の保健の目的で摂取をするものに対し、その摂取により当該保健の目的が期待できる旨の表示をする食品です。食品をトクホとして販売するには、個別に生理的機能や特定の保健機能を示す有効性や安全性等に関する国の審査を受け許可（承認）を得なければなりません。

　栄養機能食品は、身体の健全な成長、発達、健康の維持に必要な栄養成分（当初はミネラル5成分、ビタミン12成分）の補給・補完を目的としたもので、高齢化や食生活の乱れ等により、通常の食生活を行うことが難しく、1日に必要な栄養成分を摂取できない場合等に、栄養成分の補給・補完の目的で摂取する食品です。栄養機

能食品と称して販売するには、国が定めた規格基準に適合する必要がありますが、その規格基準に適合すれば国等への許可申請や届出の必要はなく、製造・販売することができます。2015年からは、さらに3成分（EPA/DHAなどのn-3系脂肪酸、ビタミンK、カリウム）が加わっています。

　後者は、例えばビタミンCとかEが基準値を満たしていれば名称を使えるので、以前は詐欺まがいの商品も見られました。例えば、コエンザイムQ_{10}と栄養機能食品という文字を大きく表示し、あたかも国が認可したコエンザイムQ_{10}商品のように標榜するというものです。実際は、CとEで名乗っていただけということですが、他のコエンザイムQ_{10}商品よりもドラッグストアでよく売れていて、問題になりました。

　さらに、2015年からは消費者庁が認可する「機能性表示食品」も登場し（**図4-1-2**）、より複雑になっています。

矛盾する表示

　最後に、ラベル表示について見ておきましょう。ラベル表示もたくさんの法律によって規定されています。そこで企業は、法律の認める範囲で、訴求したいことをなるべく多く、しかし、わかりやすく書きたいと考えています。

　ここでは、A社のビタミンCの裏面表示（**図6-1-2**）を例にと

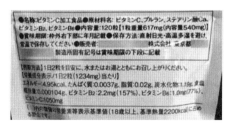

図6-1-2　ラベル表示の例

ります。まず上部の原材料名の表示です。原材料は、ビタミンC、プルラン、の順で書かれていますが、これは使用している重量の順に書くことになっています。よって、この製品には、ビタミンCが最も多く配合されていることがわかります。

次に、【栄養成分表示／1日2粒（1234 mg）当たり】のところをご覧ください。成分表示は、100 gもしくは100 ml、または1食分、1個分当たりの量で示すことになっています。そして、表示する栄養成分はエネルギー、たんぱく質、脂質、炭水化物、食塩相当量およびその他表示する栄養成分の順に記載します。

これはビタミンCの商品です。ビタミンCは1050 mgとあります。2粒1234 mg中に1050 mg配合されているので、85％を占めていることがわかります。ところが、炭水化物をご覧ください。1.19 gすなわち1190 mg入っているということでしょうか。ビタミンCと炭水化物を足すと、2240 mgになります。変です。

実は、食品の栄養成分表示には、法則があります。製品の分析は、主に一般財団法人日本食品分析センターが請け負うのですが、炭水化物に関しては、以下のように算出されるのです（日本食品分析センターHPの「よくあるご質問　栄養成分表示関連」より https://www.jfrl.or.jp/question）。

　「食品全体を100％（100 g/100 g）と考え、水分、たんぱく質、脂質、灰分の割合（g/100 g）を差し引き、残りを炭水化物とします。（中略）計算式は以下のようになります。
　100 −（水分＋たんぱく質＋脂質＋灰分）＝炭水化物」

おわかりでしょうか。実際には、炭水化物を入れていないビタミン主体の製品でも、ビタミンは炭水化物として表示されてしまうのです。本当はエネルギー量もわずかなのに、炭水化物の値に4 kcalをかけ、たんぱく質と脂質分も加えて、2粒で4.95 kcalになってし

まうという矛盾が起きるのです。筆者自身も、企業でビタミン C の製品を扱っていた時に、成分表示を読んだボディビルダーの方々から「なぜビタミンのサプリメントに糖分を入れるのか」とクレームをいただいたことが何度もあり、説明に苦労した経験がありますので、伝えておきたいと思いました。

　なお、成分の配合量は製品ロットによって若干のばらつきがありますが、原則として表示成分量の -20% ～ +20% を外れると法律違反になります。なるべくばらつかないように、生産拠点では注意を払っていると思います。

　さて、サプリメントの表示は割と熱心に読む方が多いようですが、賞味期限や販売者、製造所、ロットナンバーなどを控えておくことも必要かもしれません。もしドーピングや何らかの健康被害にあった時、その原因がサプリメントにしか心当たりがないという場合は、表示内容により調査が可能になるからです。サプリメントを購入したら、スマートフォンで写真を撮っておくだけでも、万一の時の備えとなるでしょう。特に、海外製品の場合は心がけてください。

参考文献

消費者庁：食品表示法に基づく栄養成分表示のためのガイドライン．2015.
http://www.caa.go.jp/foods/pdf/150331_GL-nutrition.pdf

6-2　飲料水のラベルを読む

　本項は趣向を変えて、日本を代表する 2 つのスポーツドリンクを例にとり、ラベルの読み方を考えてみたいと思います。ドリンクといっても、液体のものだけでなく、粉末タイプやゼリータイプもありますが、ここではコンビニエンスストアで購入できる 500 ml のペットボトル飲料で考えます。

ラベル正面からわかること

　図6-2-1は、2つの商品のペットボトルに貼られたラベルの正面です。これは商品の顔ともいうべきもので、比較すると改めてわかることが多くあります。

　左の商品Pは、すべてが英語表記で、イメージ的には外国の飲料というよりは科学的な飲料というにおいがします。商品名は有名なので、英語でも読めると判断してのことでしょう。商品名に含まれるスエットの意味は汗です。英語圏では、汗を飲むのかと気味悪がられたという話は有名です。しかし、ラベルの色であるブルーとホワイトも含めて水分のイメージは伝わります。また、ショルダーコピーはイオンサプライドリンクなので、水分とともに電解質も補給するのかと思えます。英語の文章が読める人は、「汗で失った水分と電解質を円滑に吸収できる、体液に近い濃度に調製しているから」という部分も読み取れるでしょう。一般に、食品は薬機法の規制により、身体の機能と構造に影響を与えるような内容を表記してはいけないことになっていますが、英語表記についてはデザインとしてみなされるため、規制が厳しくありません。

　図の右の商品Aは、商品名は英語と日本語を併記していて、わかりやすくなっています。そして、ラベルの左下に「1本あたり95 kcal」、右下に「カロリーひかえめ」とあります。これは健康増

図6-2-1　ラベル表面

進法により、カロリーなどを「低い」と表示できるのが、液体の場合は100 mlあたり20 kcal未満とされていることから、商品Aでは100 mlのカロリーを19 kcalに設定し、ペットボトルの容量が500 mlなので1本あたりのカロリーを19×5の95 kcalに設定したんだなと読めます。それで、以前は「カロリーオフ」、今は「カロリーひかえめ」と表記しています。ここは女性にアピールする部分です。

ラベル裏面からわかること

　図6-2-2、図6-2-3には、商品の裏面の表記を中心に、賞味期限も挙げておきました。

図6-2-2　商品P裏面

図6-2-3　商品A裏面

　まず商品Ｐが**図6-2-2**です。食品の分類名称、原材料（重量の多い順）、内容量、賞味期限、保存方法、販売者、製造所と来て、栄養成分表示（100 ml 当たり）、諸注意事項、お客様相談室、バーコード、イオン含有量、そしてペットとプラの回収マークという順です。栄養成分表示のカロリーは 100 ml 当たり 25 kcal であって、20 kcal 未満ではないので「低い」旨の表記はできませんが、そこは気にも留めていないようです。また、大きく無果汁と書いてありますが、原材料表示の３番目に果汁とあるので、本当は果汁も入っています。しかし、公正取引法により、5% 未満であれば表示義務を免れるので、特に表示しないようです。果汁配合というイメージよりも、医科学的なイメージを持たせたいという思いを感じます。賞味期限はボトルの肩部分に印字されています。

　一方、**図6-2-3** の商品Ａは、ラベル正面を使用した残りのスペースも有効に利用していて、２分割してビッシリと使っています。左は、商品Ｐと同じように表記されていますが、原材料ではクエン酸が目に止まります。クエン酸は疲労回復にいいとされるので入れているようですが、クエン酸だけでは酸性になり過ぎるので、クエン酸ナトリウムで pH（酸っぱさ）の調整をしています。次に、アルギニンと分岐鎖アミノ酸（バリン、ロイシン、イソロイシン）が目立ちます。アスリートや一般人の肉体疲労にもよいとされるアミノ酸です。また、甘味料としてスクラロースにも目が行きます。この人工甘味料を使用することにより、砂糖などの使用を減らして、低カロリーを実現しているのです。賞味期限はキャップの横の部分に印字されています。

　メーカーを考えると、商品ＰのＯ社は製薬会社であり、点滴用の輸液から商品Ｐを開発しているので、研究から考えた成分を頑なに守っている感じ。一方商品ＡのＣ社は世界最大の清涼飲料会社の日本ブランチであって、「いいもの全部入れました」的な感じ

と読み取れます。

マーケティング

そこで、少しマーケティング面から考えてみましょう。

図 6-2-4 は、ポジショニング戦略といわれるものであり、縦軸と横軸を設定して、自社や他社の立ち位置を分析する手法です。企業が製品を考える場合は、以下の 3 つの目的で使用することが多いようです[1]。

・自社製品を他社製品から差別化し、相対的に優位な地位を占め

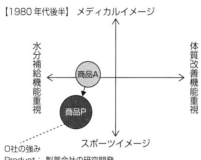

【1980 年代後半】 メディカルイメージ

水分補給機能重視 ← 商品A → 体質改善機能重視

商品P

スポーツイメージ

O社の強み
Product： 製薬会社の研究開発
Promotion： 日体協、MR活用、医師

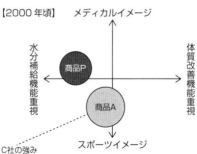

【2000 年頃】 メディカルイメージ

水分補給機能重視 ← 商品P → 体質改善機能重視

商品A

スポーツイメージ

C社の強み
Product： いいもの全部入れました
Place： 自動販売機（約100万台）
Promotion： JOC（IOC）、FIFA、インターハイ、高校サッカーetc.

図 6-2-4　ポジショニング戦略

ようとすること

・顧客の心の中に自社製品の独自の位置を築くこと

・数ある製品の中で、顧客にとって最も価値の高い製品であるよ
うにアピールすること

1980年に商品Pが発売された時は、4-3項で述べたように、日本でスポーツドリンクは育たないような状況でした。「ゲータレード®」すら売れない状況です。

そこで、O社は、「ゲータレード」のようなものをそのまま真似てつくっても根付かないと考え、医薬品として開発していた点滴の輸液をそのまま飲む感じで「飲む点滴」として商品Pを考え、自社のMR（medical representative：医薬情報担当者）を使って全国のドクターにその意義を伝えました。同時に、大学のスポーツ科学の研究者と共同研究を行い、水分補給の効果を明らかにし、日本体育協会（現 日本スポーツ協会）のスポンサーとなって、スポーツドクターと熱中症予防の啓発目的の小冊子やビデオを作成配布し、スポーツ指導者の研修会でスポーツドリンクの必要性を訴え、国民体育大会で商品Pの試飲活動を重ねてマーケットを築いていきました。これは製薬会社だからできた地道な啓発活動です。コマーシャルでも部活動の応援という形で、1980年代から90年代にスポーツドリンクを国民に認知させていきました。

商品Pに遅れること3年、1983年に商品Aが発売されます。はじける若さ、夏のイメージで追いかけた清涼飲料界の巨人C社は、最初はスポーツドリンクとしてプロモーションしていなかったように思います。しかし、商品Pを研究し、自社の強みを生かして徐々に商品Pの立ち位置を奪っていきました。**図6-2-4**のように、世界のC社はIOCとFIFAの公式スポンサーです。日本C社も、JOC、インターハイ、高校サッカーを握っています。特に親が（期待して）お金を使う、高校生マーケットをターゲットにし、水泳や

サッカーの有名選手を起用し、スポーツイメージを強めたプロモーションを行い、商品はフレキシブルに改良して、「いいもの全部入れました」にしていきます。さらに、売り場の数の多さが決め手になりました。日本全国に 100 万台近くあるとされる C 社のベンダー（自動販売機）により、欲しい時にすぐに手に入る利便性を生かしたのです。

　現在、筆者が勤務する大学で学生にアンケートを取ると、スポーツドリンクといえば圧倒的に商品 A を認知している者が多く、商品 P はスポーツドリンクという者もいるけど、風邪をひいた時に飲むドリンクという認識の者が多いです。商品 P は、いくぶんメディカルなイメージにシフトしてきたと思います。売上も抜きつ抜かれつして、今は商品 A のほうが多いようですが、今後も目が離せません。

　このようなマーケティングについても、事前に少し学習しておけば、ラベルから読み取れることがたくさんあるので面白いと思います。**図 6-2-4** に挙げた Product（どのような商品を）、Place（どこで）、Promotion（どのように）については、Price（いくらで（価格））を加えて、マーケティングの 4P といわれています。Price は希望小売価格は基本的に同じですが、コンビニエンスストアなどの本部との交渉により、売り手と共同でキャンペーンを行うなどにより変動します。

　ちなみに、**図 6-2-4** のポジショニングの右側には、1990 年代以降、体質改善重視のものとして、様々な企業が発売した各種アミノ酸飲料、そしてエナジードリンクが現れてきました。

　競争相手のいないニッチなところを狙ったり、あえて競争相手のいるところに製品をぶつけたりの戦い、いわば企業戦争です。指導者は、食品メーカーの人とも接する機会が多いと思うので、こういう情報も入手しながら、メーカー側の思惑を理解して製品を選ぶの

も興味深いことではないでしょうか。

参考文献

1) 須藤美和：実況 LIVE マーケティング実践講座. ダイヤモンド社, 2005.

6-3 食育と食育基本法

　食育基本法は平成 17 年（2005 年）6 月 10 日、小泉内閣時代の第 162 回国会において成立し、同年 7 月 15 日より施行されました。その目的は、国民が生涯にわたって健全な心身を培い、豊かな人間性を育むことができるようにするため、食育を総合的、計画的に推進することにあります。そこから年月が経ち、食育は十分に展開されているといえるでしょうか。

　本項では、この食育基本法を、まず「食育」と「基本法」とに切り分けてそれぞれの意味を述べ、食育基本法という法律自体の成り立ちを明らかにしたいと考えます。

"食育" の変遷

　食育という言葉が初めて歴史に現れるのは、明治時代に陸軍薬剤監をしていた石塚左玄の著作とされています（**図 6-3-1**）。明治 29 年（1896 年）の『化学的食養長寿論』[1] において、「体育・智育・才育は即ち食育なり」として「食育」という言葉をつくり、その重要性を述べ、明治 31 年（1898 年）の『食物養生法』[2] では、「食能（よ）く人を健にし弱にし、食能く人を聖にし暴にし、食能く人を雅にし俗にするのみならず、食能く人の心を軟化して質素静粛に勤勉し、食能く人の心を硬化して華美喧噪に断行するに至る（原文は旧かな使いで読点がないため筆者加筆）」と述べるなど、食が人に及ぼす影響が大きいことを強調しています。石塚は、特に子どもに

石塚左玄

図6-3-1　石塚左玄とその著書
（肖像写真：ユニフォトプレス）

村井弦齋

図6-3-2　村井弦齋とその著書
（肖像写真：朝日新聞社）

食の知識を与え、よい食物を与えることによって、子どもの心身の健全な発育発達を目指したのです。

　そして、明治36年（1903年）に村井弦齋が小説『食道楽』[3]を著しました（図6-3-2）。同書の『秋の巻』の第二百五十二は『食育論』と題しており、登場人物の会話の中で、「智育と体育と徳育の三つは蛋白質と脂肪とデンプンのように程や加減を測って配合しなければならん。しかし先ず智育よりも体育よりも一番大切な食育の事を研究しないのは迂闊の至りだ、（中略）野菜をつくっても肥料

が大切です、人も不衛生的な粗悪な食物ばかり食べていては身体も精神も発達しますまいから、誰でもこれからは食育ということに注意しなければなりません」と述べており、食育の大切さを指摘しています。この村井の小説には、前述の石塚の影響が少なからず感じ取れます。

　その後は、石塚の唱えた化学的食養法を実践する団体として、東京の神田に「帝国食育会」[4]が結成され、日本国民を世界に対して最も優秀な国民にしようと考え、食からの活動を推進しました（**図6-3-3**）。この同志としては、1906 年に菟道春千代は『食パン亡国論』[5]の中で「食育は根本であって教育や学問は皆枝葉である、その根本たる食育を度外において枝葉の教育や学問ばかりで国民の智、徳、体を養成せんとするのは甚だ間違った話である」と記述し、1911 年に角地藤太郎は『化学的食養の調和』[6]において、「松島塩釜の眺望より大切なるは飯釜なり、丹後の天の橋立より大切なるは三

図 6-3-3　帝国食育会の広告

度の膳立なり、安芸の宮島よりも大切なるは鼻下の食殿なり、智育徳育体育よりも大切なるは食育なりと知るべし。」とやや面白おかしく記述しています。

　しかし、始祖としての石塚は20世紀に入ると、食育という言葉よりも「食養」という言葉を用いるようになり、刊行する雑誌も『化学的食養雑誌』に始まり、『食物の養生』『食養の友』『食養；國民の食生活指導誌』『國民食』と変遷していきます。この雑誌は、戦後1946年には『月刊食生活』となり、100年以上にわたり出版元を変えながら刊行され続けてきました（現在は2015年から休刊中）。

　さて、時代は大正、昭和と移り、太平洋戦争をはさんで、日本の食糧事情は「食べるのがやっと」という時代もあったことから、1980年代になるまで「食育」という言葉はほとんど使われず、1980年代になってようやく書籍や雑誌論文の表題への使用例が認められ、1990年代に食に関心のある指導者やジャーナリスト、省庁関係者が使うようになってきたとされます[7]。1980年代以降はいわゆる「飽食の時代」と呼ばれていますが、食を、自らが知識を持って選んで食べる眼を持たないと、栄養の偏り等から肥満になったり、生活習慣病に罹患するリスクが高まってしまうので、このようなことが社会問題として取り沙汰されるようになってきた時期と「食育」という言葉の再発見とは、ほぼ一致するようです。

　そして、いよいよ食育が注目され始めたのは、平成14年（2002年）11月21日に自由民主党の政務調査会に「食育調査会」が設置されてからですので、石塚の創作から1世紀以上を経過してからになります。この食育調査会は、関係各省庁、有識者、ジャーナリスト、学校給食関係者、食品産業関係者等を交えて平成16年（2004年）6月3日までに21回の会合を持ち、食育基本法案を衆議院に提出するに至っています。

"基本法" の持つ性格とは

さて、平成23年（2011年）に制定されたスポーツ基本法のように、基本法という名称を持つ法律は多くなってきました。この基本法という法律が持つ性格について解説した、参議院法制局の法制執務コラム集で、小野寺は以下のように記述しています[8]。

　「一般的には、基本法とは、国政に重要なウェイトを占める分野について国の制度、政策、対策に関する基本方針・原則・準則・大綱を明示したものであるといわれています。もちろん、『基本法』という名称が付かない法律にもこうした性格を有するものはありますが、題名に『基本法』という名称をもつ法律は、後述のように、一定の共通する特質を有しており、一般の法律と比べ特徴的な法形式であるということができます。（中略）また、基本法は、国の制度・政策に関する理念、基本方針を示すとともに、それに沿った措置を講ずべきことを定めているのが通常です。そして、これを受けて、基本法の目的、内容等に適合するような形で、様々な行政諸施策が遂行されることになります。すなわち、基本法は、それぞれの行政分野において、いわば「親法」として優越的な地位をもち、当該分野の施策の方向付けを行い、他の法律や行政を指導・誘導する役割を果たしているわけです。（中略）社会がますます複雑化、高度化している現代国家においては、一定の行政分野における政策の基本的方向を定め、関係政策の体系化を図ることはますます重要になってきており、むしろ基本法の意義を積極的に位置付けていくことが求められているといえるのではないでしょうか。」

　食育のカバーする範囲は、単に栄養面だけではなく、生活面、安全面、文化面、環境面、生産・消費面という食生活の多面的分野です。そして食育の現場も、家庭、学校、地域、食品産業と多岐にわ

たります。そこで、食育に関する施策は、まずは理念と進むべき方向と方針を明らかにする必要があると考えられ、大枠を示す親法として、食育基本法という形に落ち着いたと考えることができましょう。

参考文献

1) 石塚左玄．体育智育才育は即ち食育なり．化学的食養長寿論，p. 276，博文館（東京）．1896.
2) 石塚左玄：食能く人を聖にし暴にし雅にし俗にす．食物養生法，p. 177，博文館（東京）．1898.
3) 村井弦齋：第二百五十二食育論．食道楽秋の巻，報文社（東京）．1903.
4) 菟道春千代：食パン亡国論，広告欄，食養新聞社（東京）．1906.
5) 菟道春千代：食パン亡国論，p. 68，食養新聞社（東京）．1906.
6) 角地藤太郎：化学的食養の調和，pp. 36-37，1911.
7) 森田倫子：食育の背景と経緯―「食育基本法案」に関連して―．調査と情報（国立国会図書館），p. 457: 1-10，2004.
8) 小野寺理：立法と調査．p. 209，参議院法制局，1999.
http://houseikyoku.sangiin.go.jp/column/column023.htm（2019年4月15日閲覧）

6-4　食育基本法とスポーツにおける食育

　前項は、2005年に施行された食育基本法の成り立ちについて、特に『食育』という語に注目して解説しました。

　本項はこの法律ができてからの捉えられ方、実際の食育の推進についてみていきましょう。

食育基本法

　食育基本法は、前文と4つの章と附則とから構成され、4つの章はそれぞれ、総則（第1〜15条）、食育推進基本計画等（第16〜18条）、基本的施策（第19〜25条）、食育推進会議等（第26〜33条）となっています[1]。前文を以下に掲げます（下線は著者追加）。

　「二十一世紀における我が国の発展のためには、子どもたち

が健全な心と身体を培い、未来や国際社会に向かって羽ばたくことができるようにするとともに、すべての国民が心身の健康を確保し、生涯にわたって生き生きと暮らすことができるようにすることが大切である。

　子どもたちが豊かな人間性をはぐくみ、生きる力を身に付けていくためには、何よりも「食」が重要である。今、改めて、食育を、生きる上での基本であって、知育、徳育及び体育の基礎となるべきものと位置付けるとともに、様々な経験を通じて「食」に関する知識と「食」を選択する力を習得し、健全な食生活を実践することができる人間を育てる食育を推進することが求められている。もとより、食育はあらゆる世代の国民に必要なものであるが、子どもたちに対する食育は、心身の成長及び人格の形成に大きな影響を及ぼし、生涯にわたって健全な心と身体を培い豊かな人間性をはぐくんでいく基礎となるものである。」

　（中略）

　「こうした「食」をめぐる環境の変化の中で、国民の「食」に関する考え方を育て、健全な食生活を実現することが求められるとともに、都市と農山漁村の共生・対流を進め、「食」に関する消費者と生産者との信頼関係を構築して、地域社会の活性化、豊かな食文化の継承及び発展、環境と調和のとれた食料の生産及び消費の推進並びに食料自給率の向上に寄与することが期待されている。（以下略）」

　下線部には石塚左玄の影響が認められ、この法律の意義を表しています。実際の法律の中身を見ていくと、基本方針としては違和感がないものの、読む人の経験や背景によっていくつかの疑問が生じることもあるようです。実際に、成立するにあたって質問されたことなどは、食育基本法研究会編『Q&A 早わかり食育基本法』[2]に詳

しいのですが、代表的なものをいくつか見ていきましょう。

①この法律が成立する前は、食育は行われていなかったのか（前文）

　例えば、文部科学省は、児童生徒が正しい食事の摂り方や望ましい食習慣を身につけるよう、家庭科を中心とし、給食も活用して栄養教育を推進してきました。厚生労働省は、国民の健康づくり運動（「健康日本21」など）の中で栄養教育を行ってきました。農林水産省は、日本の食文化の継承、農林漁業や食品産業に関する正しい知識の普及の中で、栄養教育を展開してきました。そして食品安全委員会は、狂牛病の発生に伴って発足しましたが、食品全般の安全性に関する正しい知識の普及とリスクコミュニケーションの構築を目指してきました。

　それぞれの働きによって、日本の食の崩壊は食い止められてきたともいえます。

②都市と農山漁村の共生・対流とは何か（前文）

　これは、食の生産者と消費者が互いに「顔の見える関係」をつくることと説明できます。生産者は消費者を知ることで、よりおいしい安全な食品を届けようと考え、消費者は生産者を知ることで、食に興味を持ち理解を深め、感謝の念と安心感と、食品ロスを出さないような心がけを持つようになります。

　しかし、狭い地域内での共生・対流は可能でしょうが、都市部と農山漁村の直接の共生・対流は時間的・空間的な隔たりが大きいので、従来、鮮魚店や青果店がその中継役を担ってきました。スーパーマーケットのような大型小売店の台頭により、こうした専門店が少なくなってきた現在、両者をつなぐ新しい関係をいかにして構築するかは大きな課題となっています。

③食料自給率の向上ができるか、必要か（前文）

　農林水産省が危惧する日本の食料自給率の低さ（約40％）は、カロリーベースの数字です。国産の食品を食べるように指導しても、米（コメ）以外は、一部のイモ類を除いて食料自給率には寄与しません。

　例えば、国産野菜を食べたところで、野菜にはあまりカロリーがないからです。畜産品や魚介類の多くは輸入品の飼料に頼っているので、自給率を向上させる役には立ちません。天然の魚介類以外は自給率に寄与しないのです。家庭菜園でつくった食品は、一般に流通していないので、自給率には関係ありません。そこに、TPP（環太平洋戦略的経済連携協定）がどうなるかという問題も控えているため、国産米が今まで以上に家庭の食卓に上る可能性は低くなることが予想されます。

　日本の食文化が絶えてしまうことは避けなければならないのですが、この狭い国土で、カロリーベースの自給率をどこまで向上させることが得策なのかは、農家の利害関係を抜きにして十分話し合うべき事柄であると考えます。

④責務という表現は厳しくないか（特に第11〜13条）

　食育を推進することが国の責務である（第9条）、地方公共団体の責務である（第10条）ということは理解できますが、第11条では教育関係者等及び農林漁業者等の責務である、第12条では食品関連事業者等の責務であるとし、さらに第13条では国民の責務であるとしているところが、表現として強すぎないかという意見がありました。

　これに関しては、食に関わる全員が一致協力して様々な食育の場を共有し、国民にはその自発性を尊重して「食育の推進に寄与するよう努めるものとする。」という努力目標にしたという説明がなさ

れています。

⑤なぜ内閣府がまとめ、内閣総理大臣が推進するのか（第 26, 28 条）

①にも関連するように、食育の多面性を考えると、複数の省庁が関連して活動を推進していかねばならないため、そのコーディネータとして内閣府の存在が必要とされたからです。そしてその活動を国の責務として、全国民的に推進していくためには、内閣総理大臣が音頭を取って推進していくべきものと位置付けられたのです。それほど、テーマとしても重要かつ緊急であることの表れと見なすことができます。

食育推進基本計画

基本法を具体的な行動に移していくには、具体的な目標と行動計画が必要です。PDCA サイクルを回していかねばなりません。

そこで、これまでに食育推進基本計画が 4 回作成されてきました。第 1 次が 2006〜2010 年度で「食育の周知」、第 2 次が 2011〜2015 年度で「食育の実践」、第 3 次が 2016〜2020 年度で「実践の環を広げよう」、そして第 4 次が 2021〜2025 年度で「生涯を通じた心身の健康を支える食育を、SDGs の視点とニューノーマル、デジタル化に対応して推進する」がコンセプトとなっています[3]。

第 4 次の数値目標としては、「食育に関心を持っている国民の割合の増加（現状 83.2% →目標 90% 以上）」「朝食を欠食する国民の割合の減少（現状若い世代 21.5% →目標 15% 以下）」「地域や家庭で受け継がれてきた伝統的な料理や作法等を継承し、伝えている国民の割合の増加（現状 50.4% →目標 55% 以上）」など 16 項目が挙がっています。最近では、食品ロスの削減問題が目立って登場しています。

　そして、都道府県、市町村でその地域特性に合わせた推進計画を立案し、学校、企業、農林漁業関係者、家庭とともに、目標を達成しようと努力しています。

食育はスポーツから

　さて、筆者は企業勤務の時代に、スポーツ栄養の啓発普及、スポーツ食品の研究開発、そして時々は営業にも関わっていました。アスリートを対象に、まさに食育という感じの栄養サポートをしていました。そして悟ったのは、アスリートは一般人に比べて、食育の効果を感じやすいということです。

　エネルギー消費量に見合った量のエネルギー摂取ができているアスリートは少ないので、しっかり食べてもらう、特に練習や試合中の糖分補給などで集中力を高めるようにしつつ指導していくと、アスリートはより元気になって練習に打ち込めるようになります。筋力アップ、減量、貧血やケガからの回復などの目的に応じた栄養摂取法の提案も、日々の体調や体格・体組成、臨床検査のデータ等から効果を実感できるのです。

　一方で、そこそこの食事をしている一般の方には、食育の効果はあまり劇的に感じられるものではないかも知れません。一所懸命に食事のことを考えて実践しても、あまり獲得できるものがないのでは、長続きしにくいのも現実です。そこで、子どもたちに対しては、彼らの憧れのアスリートの食事への取り組みを紹介して真似するように促したり、ダイエットをしたがる女性に対しては、スタイルのいい女優やファッションモデルでありながら、栄養を考えトレーニングもしている人の例を紹介したり、高齢者には若々しい元気な高齢者の例を紹介したりしています。そういう意味では、働き盛りの中高年男性には適したロールモデルがあまりいなかったので、説得が難しいと感じていました。筋トレをしつつ成功したビジネスマン

が出てくるといいですね。それも手の届きそうなレベルの人がです。

　本書の3-1～3-3項で紹介したように、『食育はスポーツから』行い、それをムーブメントとして広げていくのがいいようです。地域のスポーツクラブとプロスポーツチームとが協力し、学校、JAなどと相談して取り組むような世の中になるといいと思います。

大学で食育

　筆者は大学で食育に関わる講義や実技を担当しています。そこでいつも感じているのは、社会に出る前に食育を施すことの重要性です。

　大学生は一人暮らしを経験している者もいますし、親元から通っていても部活やサークル、アルバイトなどで、決まった時間に食事を摂れない学生も多いものです。高校までの決められた生活と違って、自分で時間割を決め、自分で生活を決められる自由が与えられます。そのため、自己管理の意識をもたないと、栄養摂取状況も悪化しますし、それで就職活動が長引いたりすれば、心身の健康にも悪影響が出てしまいます。本人たちも、体調面や体格の変化などを感じて、漠然と何かしなくてはいけないと感じているようです。

　そこで、大学で食育の授業を行うと、話もよく聞いてくれて、朝食の充実や、野菜や乳製品の摂取、安易な糖質制限の取りやめなど、良い方向に動いてくれます。社会に出る前の助走期間でもあるこの時期に、食の基本、自分にとってのベストな食生活を理解し、自分の「食の基本軸」を形成しておけば、社会に出てから忙しくて食生活が乱れても、気がついて戻れる軸があるということになります。

　このように社会に出る前の食育も食育を実施する時期として大事なのではないでしょうか。

参考文献

1) http://www.maff.go.jp/j/syokuiku/kannrennhou.html
2) 食育基本法研究会編：Q&A 早わかり食育基本法．大成出版社，2005.
3) 厚生労働省：第 4 次食育推進基本計画 https://www.mhlw.go.jp/content/000770380.pdf
　（2021 年 6 月閲覧）

6-5　糖質制限食

　ご飯、パン、麺類という主食は、大好きという人と制限しているという人がいます。大盛りご飯やつけ麺を喜んで食べている人たちがいると思えば、食べるのを制限してダイエットしようとしたり、高タンパクのおかずは食べるけれども糖質は摂取せずにシックスパックをつくろうという人たちもいます。どちらも極端だとは思いますが、本項は後者の『糖質制限食』の話題です。

ケトン食の歴史

　糖質制限食には様々な呼び方があり、低炭水化物食、ロカボ、ケトジェニック・ダイエット、ケトン食とも呼ばれます。この『ケトン食』というのが、もともとは「てんかん」の治療食であることをご存じの方は、あまり多くないようです。

　大阪府立病院機構大阪母子医療センター総長の倉智博久氏はこのように述べています[1]。

　　「てんかんに対するケトン食療法の変遷には興味深いものがあります。ヒポクラテスの記述にもあるように、古くからてんかんの治療における断食療法の有用性が知られてきましたが、なぜ絶食が有用なのかは不明のままでした。20 世紀に入り絶食によってケトーシスが起こることが治療効果をもたらしていることが確認され、1920 年頃に米国で Wilder というメイヨークリニックの医師が、脂肪が多く、炭水化物の少ない食事を摂

取すれば絶食するのと同じケトン血症となることを考案し、実
際に高脂肪・低炭水化物食でてんかん患者の発作軽減がおこる
ことを実証しました。これがケトン食療法の始まりです。」

このように「てんかん」という病気の治療食として発達してきた
ケトン食ですが、1970 年代に糖尿病専門医であったロバート・ア
トキンスが「低炭水化物ダイエット」を提唱してから、減量・ダイ
エットの食事法として有名になり、やがて減量に苦しむアスリート
にも利用されるようになります。

2013 年にグラッドストーン研究所が、ケトン体の一つである β-
ハイドロキシブチレートが強力な抗炎症効果と抗酸化効果を持ち、
老化を遅らせ、加齢に関係のある疾病（心臓病、アルツハイマーそ
して多くのガン）を防ぐ可能性があることを報告してから、ケトン
食はさらに有名になったようです。

メリットとデメリット

2019 年に米ニューズウィーク誌はケトン食の特集号[2] を出版しま
したが、その中には、良い面として以下のことが述べられています。
- 短期的な減量に有効
- 貯蔵脂肪をエネルギーとして燃焼するようになる
- すべて脂肪の多い（リッチな）ものを食べられるので満腹感が
  長続きし、また、コレシストキニンなどの消化管ホルモンの分
  泌により食欲が抑制される
- 有名人（ハル・ベリー、グウィネス・パルトローなど）が行い
  SNS で拡散するのでフォロワーが多い

一方で、悪い面としては以下のような記述があります。
- 長期の実施は難しい。いくつかの研究では、1 年間実施すると
  ケトン食も低脂肪食も体重の低下は同じになる
- ケトン食で減量したほとんどの人はリバウンドし、その 3 分の

2は元の体重以上になる
・ケトン食を治療目的で必要とする人以外が行う場合は、専門家でも意見が分かれる
・ケトン食では飽和脂肪酸と不飽和脂肪酸を分けていないので、ダイエッターはコレステロールレベルが上がってしまうリスクを抱える
・極端に糖質を制限する人は野菜と果物もほとんど摂取しないので、栄養不足に陥る危険性がある
・ハーバード・ヘルス・レターは、ダイエッターは大量の脂肪とタンパク質を代謝しなければならないので、肝臓と腎臓に負荷がかかりすぎる可能性があると警告
・短期のケトン食の場合も、慣れるまでは疲労、下痢、吐き気の兆候を含むことがある
・より長期の副作用として、便秘、混乱、イライラなどがある
・糖質制限食を続けることにより摂食障害を起こす可能性がある
・実施する場合は、まず専門家に相談するべき

このニューズウィーク誌は、このように前段の記事ではどちらかというとデメリットを強調している割に、なぜか全体のページ数の6割以上を割いて、ケトン食のレシピを紹介しています。

さて、2018年にLancet誌に掲載された大規模調査のメタ分析では、45〜64歳の15,428名を対象に25年間の追跡調査を行った結果、摂取エネルギーに占める糖質のエネルギー比と相対的な死亡リスクの関係が示されました[3]（**図6-5-1**）。糖質のエネルギー比は、50〜55%の時最もリスクが低く、少なすぎても（40%未満）多すぎても（70%以上）高リスクであることが明らかになりました。つまり、日本人の平均的な糖質エネルギー比は55〜60%ですので、現状で十分に健康であり、これは平均寿命が世界トップである（WHO 2021年版 世界保健統計の国別で男性2位、女性1位）こと

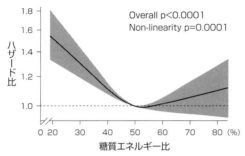

図 6-5-1　糖質エネルギー比 50〜55% が最も相対的死亡リスクが低い
(Seidelmann 2018)[3]

にも貢献していると考えられます。

　また、24〜64歳の106名の肥満者（平均BMI 33.7）を、カロリーの等しい「低炭水化物（ケトジェニック）」組と「高炭水化物（低脂肪）」組に分けて、1年間のダイエットを実施してもらった結果、体重の低下などには差がありませんでしたが、気分の改善は高炭水化物組が有意に高く、低炭水化物組は気分の落ち込みを示しました[4]（59ページの**図 2-6-1**）。このことも前述した「ケトン食は長期の実施は難しい」ことを支持しているようです。

アスリートにはどうか

　糖質と脂質の摂取を操作する食事法としてはグリコーゲンローディングが知られ、持久系アスリートを中心として広く利用されてきています。しかし、近年では、アフリカのケニア、エチオピアの陸上長距離選手の強さが研究されるとともに、彼らが早朝練習で20 km、30 km と走り、明らかに筋グリコーゲンの不足した状態で練習しているのを観察した研究者たちが、低グリコーゲン状態での運動が、脂肪のエネルギー利用を促進して彼らの持久力の高さにつながっているのではないかと考え、様々な研究が行われました[5]。

　簡単にまとめると、練習の時には筋グリコーゲンの低い状態（Train-Low）で、AMP依存プロテインキナーゼ（AMPK）を活性化しミトコンドリアを増加させて脂肪の利用能を高めておき、レース前には筋グリコーゲン量を高めて（Compete-High）、本番のレースでは、まずは脂肪を上手に使って筋グリコーゲンを節約して走り、ラストスパートで筋グリコーゲンを一気に使ってぶっちぎるという戦略です。

　しかし、**図6-5-2**のように、脂肪をエネルギー源として燃焼するTCA回路では、オキサロ酢酸が必要ですが、これは脂肪からはつくることができないので、糖質が低い状態では大きなパワーが出せず運動強度が上がりません。よって、2015年頃には、このTrain-Low/Compete-High法は、高強度の運動を求められるアスリートには、適用が難しいと結論づけられました。

　それでも研究は続いており、例えば、筋グリコーゲンを枯渇させる運動をした後に、夕食では糖質制限食を摂り、睡眠中を低グリコーゲン状態にしてAMPKの発現を高めようというSleep-Low法[6]が提唱されたり、より長期にわたってケトン食に適応させることにより前述したようにホルモンレベルを変化させたり、抗酸化効果を高めることなども利用して持久力向上に貢献できないかなど、さらなる研究が進められています。

　以上のことから、アスリートには、現段階ではケトン食は勧められません。オフ期に筋力アップした身体を、シーズン直前に短期間で絞りたい（体脂肪を減少させたい）など、特殊なケースでは有効かもしれません。また、ケトン食に合う合わないという個人差もあるでしょう。しかし、試すにはリスクがあるので、今後の研究を待ったほうがいいと思います。

　一般人の健康・ダイエットの場合は、「短期的には有効、長期的には疑問」ということになります。ケトン食は、本来は、医師など

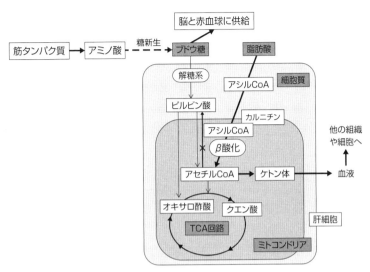

図6-5-2　過度の糖質制限は筋肉を溶かす

糖質制限をやり過ぎると脳に送るブドウ糖が不足するので、筋タンパク質を分解してアミノ酸にして、そこからブドウ糖をつくり（糖新生）、脳および赤血球に供給する。体脂肪が分解してできた脂肪酸はオキサロ酢酸（ブドウ糖からピルビン酸経由で産生）が供給されないと燃えないので、これも筋タンパクが補う。よって、筋肉は溶ける。

専門家の指導のもとで行うものであり、素人考えで極端な糖質制限を行うのは危険であろうと思います。**図6-5-2**のように、筋肉の分解を招く可能性があり、また、作業中に低血糖に陥り事故を起こすなどの例もあります。よって、「ほどほどに行う」という指導になるでしょう。すなわち、朝食、昼食は、その後も活動があるので糖質をしっかり摂取し、夕食では、その後は活動もあまりないのであれば、主食を少量にしたり制限するというレベルの指導です。

参考文献

1) 倉智 博久：巻頭言. 地方独立行政法人 大阪府立病院機構 大阪母子医療センター監修. 治療のための継続できるケトン食レシピ. 診断と治療社, 2019.

2) All about keto. Special Newsweek Edition "The science of keto" pp. 6 11, 2019.
3) Seidelmann SB et al.: Dietary carbohydrate intake and mortality: A prospective cohort study and meta-analysis. Lancet Public Health. 3: e419-428, 2018.
4) Brinkworth GD et al.: Long-term effects of a very low-carbohydrate diet and a low-fat diet on mood and cognitive function. Arch Intern Med. 169: 1873-1880, 2009.
5) Hawley JA and Burke LM: Carbohydrate availability and training adaptation: Effects on cell metabolism. Exerc Sport Sci Rev. 38: 152-160, 2010.
6) Marquet LA et al.: Enhanced endurance performance by periodization of carbohydrate intake: "Sleep Low" strategy. Med Sci Sports Exerc. 48: 663-672, 2016.

6-6　ベジタリアン

　ベジタリアンには、「弱そう」「ヒョロヒョロしてそう」という
イメージがつきまといますが、スポーツ界にもベジタリアンの存
在は古くから知られています。

　本項は、ベジタリアンとスポーツとの関係について考えたいと
思います。

はじめに

　ベジタリアン、ビーガン、あるいは菜食主義者という言葉を耳に
したことがおありでしょう。あるいは、自分こそがそうであるとい
う方もいらっしゃるでしょう。

　筆者の勤務する大学で、学生に対してベジタリアンのイメージを
聞くと、「弱そう」「ヒョロヒョロしてそう」「筋肉がなさそう」と
いう答えが返ってきました。

　しかし、スポーツ界にもベジタリアンの存在は古くから知られて
おり、筆者が関わった中でも、古くは豪州の競泳選手、故マレー・
ローズ氏（メルボルンオリンピック、ローマオリンピックで金メダ
ル4個獲得）、少し前では米国の陸上競技選手カール・ルイス氏
（ロスオリンピック、ソウルオリンピック、バルセロナオリンピッ
ク、アトランタオリンピックで金メダル9個獲得）が、ベジタリア

ンであることで有名です。ただし、ルイス氏は、ソウルオリンピックまではベジタリアン（彼の場合はビーガン）ではありませんでした。なぜなら、米国陸上競技選手団は、ソウルオリンピックの直前合宿を千葉県の日本エアロビックセンターで実施したのですが、ルイス氏の夕食のおかずとして、チキンやシャーク（サメ）のグリルがレストランに特別オーダーされていたからです。

　ともあれ、本項では、ベジタリアンとスポーツとの関係について考えたいと思います。

ベジタリアンとは

①ベジタリアンの定義

　一般にベジタリアンは、「ベジタブル、すなわち野菜のみしか食べない人」と思われがちですが、そうではありません。基本的には、動物性食品を食べないのであって、野菜、果物、藻類（海藻、そして淡水の藻類としては青のり等）に加えて、穀類（米、小麦、そば、トウモロコシ等）、豆類（大豆、小豆、ヒヨコ豆等）、種実類（ヒマワリの種、ゴマやピーナッツ等）から栄養を摂ります。ただし、牛乳・乳製品と卵に関しては摂取する人たちも含むということです。

　NPO法人日本ベジタリアン協会によれば、「ベジタリアン（vegetarian）という言葉は、英国ベジタリアン協会発足の1847年に初めて使われました。ベジタリアンという言葉は『健全な、新鮮な、元気のある』という意味のラテン語 'vegetus' に由来する」とされています[1]。

　ベジタリアンを分類すると、**表6-6-1**のようになります。

　ビーガンは、本来、動物を搾取したり苦しめたりしない主義なので、動物を使うような衣服（皮革、シルク、ウールや毛皮）なども使わない主義です。ただし、食におけるビーガンは、衣服に関してはまちまちのようです。

表 6-6-1 ベジタリアンの分類

種類	特徴
ビーガン （vegan：純菜食）	すべての動物性食品を摂らない。蜂蜜も避ける場合がある
ベジタリアン （vegetarian：菜食）	基本的に肉を食べない。卵と乳製品に関しては以下のように、食べる人と食べない人がいる
ラクトベジタリアン （lacto-vegetarian：乳菜食）	動物性食品のうち牛乳・乳製品だけは摂る
オボベジタリアン （ovo-vegetarian：卵菜食）	動物性食品のうち卵だけは摂る
ラクトオボベジタリアン （lacto-ovo-vegetarian：乳卵菜食）	動物性食品のうち牛乳・乳製品と卵は摂る

　また、フルータリアン（fruitarian）と呼ばれる人たちは、植物を殺さない（絶やさない）食品のみを食べるので、果実を食べて、野菜のニンジンなどは食べないそうです。

　その他、分類上は、ペスコベジタリアン（pesco-vegetarian：魚介もOK）とポヨベジタリアン（pollo-vegetarian：鳥肉はOK）もあるのですが、IVU（International Vegetarian Union）はこれらをベジタリアンとは認めていません。

②ベジタリアンになる理由

　なぜベジタリアンになるのかについては、もともと3つの理由にまとめられていたようです。すなわち、①宗教的教義、②栄養や健康の保持、③生命の尊厳を旨とするアニマルライツです。

　1番目の宗教的教義でいえば、日本でも昔から仏教では動物性食品を食べない精進料理があります。また、675年に発布された『肉食禁止令（殺生禁断令）』によって、一般の人々も、農業に必要な家畜を守り、殺生せずに豊作を祈るようになりました。四足（獣）、二つ足（鳥）、無足（魚）の順に穢れ（けがれ）意識は薄まるとしているので、長い間、日本人は、基本がペスコベジタリアン、時々

ポヨベジタリアンという感じだったのではないかと推測できます。

　少し脱線しますが、天台宗比叡山延暦寺の大阿闍梨である、故酒井雄哉氏は、千日回峰行を 2 回達成しています。これは 7 年の間のうちの 1000 日をかけて、1 日に 40〜84 km の山道を走るように歩く修行です[2]。織田信長の比叡山の焼き討ち（1571 年）以降、2 回達成した僧は 3 人しかいないのですが、その修行中は、そば・うどん、じゃがいも、そしてゴマ豆腐しか食べないそうです[2]。これは究極のビーガンアスリートといえるのではないでしょうか。

　さて、2 番目の栄養や健康の保持に関しては、肉類を多く食べるなどの生活により『食源病』といわれる疾病が増えている現代において、ベジタリアンの生活は、確かにプラス面に働く場合も多いでしょう。また、ダイエットの流行も部分的にはベジタリアンの増加に役立っているかもしれません。

　そして 3 番目の生命の尊厳に関しては、これは人によって考え方の分かれるところだと思います。例えば、筆者が意見を述べるべきではないかもしれませんが、学生時代に生物学を学びましたので、動物も植物も菌類も同じように DNA を持った『生物』として捉えています。そこに生物のライツを持ち込むと、食べられるものがなくなってしまいます。ヒトは他の生物を食べないと生きていけない従属栄養生物なので、動物も植物も菌類（キノコ、チーズのカビ、パン酵母、ビール酵母）も、すべてありがたく「いのち」をいただいています。

　このような 3 つの理由に加えて、現代では、環境問題や食糧問題からベジタリアンになる人もいるようです。環境問題では、二酸化炭素の排出を増加させる家畜の飼育をやめるために食べないようにするとか、生物多様性を守るとか（反捕鯨も含まれます）、食糧問題では、人口増加による途上国援助のために菜食のライフスタイルを選択するというような動きです。

　科学的にはこれらの解決策として、培養肉、遺伝子操作作物、ゲノム編集食品などが実用化されてきていますが、その採否も含めて、多角的な議論が必要なのかもしれません。いずれにせよ、新たな『地球市民型ベジタリアン』が増えつつあるそうです[1]。

③ベジタリアン人口

　世界主要国のベジタリアン人口は、調査年や調査形式はまちまちのようですが、概ね**表6-6-2**のようになります[1]。同じヨーロッパでも差があるようですが、日本では10%くらいのようですから、10人に1人というのは、皆さんの認識よりは多いのではないでしょうか。

　アスリートのデータとしては、2010年のコモンウェルズゲームズに出場した国際的アスリートの8%がベジタリアンであり、1%がビーガンの食生活を送っていることが報告されています[3]。

表6-6-2　主要国のベジタリアン人口

国名	全人口に占める割合（%）	調査年	調査元
英国	16.0	2006	英国ベジタリアン協会（VSUK）
ドイツ	11.0	2015	JETRO
フランス	2.0	2012	ガーディアン調査
オランダ	4.5	2008	ベッカー・サンダー調査
スウェーデン	10.0	2014	アニマルライツ・スウェーデン報告
オーストリア	9.0	2013	VGT（VEREIN GEGEN TIERFABRIKEN）報告
米国	13.7	2008	Vegetarian Times
オーストラリア	10.0	2013	ロイ・モーガン調査
日本	9.2	2003	日本ベジタリアン学会（JSVR）

ベジタリアンのメリット・デメリット

①メリット

ベジタリアンの食生活は、典型的な西洋化された食事よりも健康上の利点があります。ベジタリアンとビーガンの食事は肥満、高血圧、脂質異常症、2型糖尿病のような生活習慣病（いわゆるメタボリックシンドローム）、そして心臓疾患や脳血管疾患などの様々な慢性疾患のリスクを下げ、そしてすべてのガンの死亡率を下げることに関係しています[4]。

ただし、ベジタリアンの食生活が、動物性食品もいろいろ食べる食生活と比較して、トレーニングやスポーツのパフォーマンスを向上させるという研究結果は得られていないようです[5]。それでもなお、ベジタリアンの食事は、もともと多く貯えられる糖質と抗酸化物質によって、酸化ストレスの緩和と抗炎症作用などにメリットがあるのではないかと考えられています。

②デメリット

（1）エネルギー：アスリートは、高まる消費エネルギーに対して十分な摂取エネルギーを確保できないと、トレーニング効果が無効になったり、パフォーマンスを損なったり、筋肉量・骨密度の低下、疲労・ケガ・病気のリスク増加のような健康問題につながるかもしれません。視床下部の再生機能が阻害されることによって、最終的に、生殖ホルモン（エストロゲン、プロゲステロン、テストステロンなど）の循環を止めてしまう可能性もあります。

（2）糖質：糖質はアスリートの食事の上で重要な要素の一つですが、ベジタリアンの食事では穀物や果物から十分に摂取できるはずです。しかし、昨今の糖質制限食の流行もあって、不足することも懸念されますので、特に運動の前後の補食も含めて適切に摂取するように教育されるべきです。

（3）タンパク質：ベジタリアンの選ぶ食材のうち、すべての穀物、シリアル、そしてデンプンを多く含むイモ類などの野菜はタンパク質が豊富ではありません。また、そのタンパク質の栄養価も、動物性タンパク質と比較すると低いのです。また、激しい筋トレの直後には、ロイシンが豊富なタンパク質の摂取が望ましいので、植物性食品で同等の効果を得ようとするならば、食品の組み合わせを考えないといけません。

（4）脂肪：脂肪も重要な栄養素ですが、極端に低脂肪のビーガンの食事では脂肪のエネルギー比が 10% 未満となることもありますので、激しい運動を行うアスリートの食事療法としては制限されすぎたものです。また、特に魚油に多い ω-3 脂肪酸が少なくなる傾向があります。

（5）鉄：鉄の摂取はベジタリアンのアスリートにとって悩みの種のようです。特に、女性のアスリートにとっては、非ヘム鉄（植物性の鉄）をより吸収しやすくするために、ビタミンCの豊富な柑橘系の果物やジュース、その他の有機酸を考えねばなりませんし、逆に吸収を妨げるフィチン酸、ポリフェノール、タンニン、大豆、そしてカルシウム、亜鉛等との食べ合わせを避けることも考えねばなりません。

（6）亜鉛：亜鉛の摂取も食品の選び方によっては不足する可能性があります。また、吸収を高めるクエン酸や乳酸のような有機酸もうまく選ぶ必要があります。

（7）カルシウムとビタミンD：カルシウムの摂取は、ビーガンのアスリートや乳製品を摂らないベジタリアンのアスリートにとって悩みの種です。牛乳・乳製品も OK のラクトベジタリアン以外は、カルシウムの豊富な食材と吸収を高める食材を学ぶ必要があります。特に、カルシウムの吸収に役立つビタミンDは、あまり日光を浴びなかったり、ビタミンDを含む食物の摂取が少ないアス

リートにとってリスクがあります。

（8）ヨウ素：海塩（シーソルト）や海藻を摂取しないビーガンやベジタリアンの多くで、ヨウ素の欠乏状態もよく見られます。ヨウ素は汗で失われるので、汗をよくかくアスリートは、より高いリスクにさらされるでしょう。

（9）ビタミン B_2 と B_{12}：ビタミン B_2 は乳製品や卵に豊富に含まれますし、ビタミン B_{12} はもっぱら動物性食品にだけみられる栄養素です。ラクトオボベジタリアン以外のベジタリアンやビーガンのアスリートは、場合によってはサプリメントの摂取も必要となるかもしれません。

③ジュニアアスリートの場合

　成長期のアスリートにとっては、動物性食品を食べられることのほうが栄養的には楽なのですが、ベジタリアンの家庭では植物性食品しか摂らないジュニアアスリートも存在します。この場合、激しいトレーニングをすればするほどエネルギーと栄養素の不足を引き起こし、スポーツ傷害に直面する可能性があります。

　特にビーガンのジュニアアスリートは、鉄、亜鉛、ビタミン B_{12}、カルシウムとビタミン D に気をつけ、タンパク質も消化性とアミノ酸バランスを考慮して、摂取量をより多くする必要があるでしょう。

ベジタリアンアスリートと周囲の人が心がけること

　表 6-6-3 にベジタリアンに不足しがちな栄養素の供給源[6]を示します。

　ベジタリアンのアスリートは、上記のようなリスクを回避するため、栄養学をしっかり学び、食事を計画的に考える必要があります。そうすれば、エネルギーと栄養素の必要量を確保することができる

表6-6-3 大事な栄養素の供給源 （Larson-Meyer 2018[6])を杉浦改変）

栄養素	働き	供給源
タンパク質	身体の機能成分・構成成分。タンパク合成の引き金も引く	牛乳・乳製品、卵、豆類、大豆製品、豆乳、種実類、ピーナツバター、デンプンの多い穀類（パン、コメ、キノア、オートミール）
健康的な脂肪	エネルギー源。脂溶性ビタミンの吸収を促進する	種実類、ピーナツバター、アボカド、オリーブ、ココナツ、グラノーラ、ミューズリ、オリーブオイル、キャノーラ油、ごま油
ω-3 脂肪酸	抗炎症作用	クルミ、チアシード、キャノーラ油、亜麻仁油
鉄	ヘモグロビン、ミオグロビン、チトクロームの成分	豆類、種実類、野菜（青菜類）、海藻類（ヒジキ等）。ビタミンCによって吸収が高まる（柑橘類、ベリー類、メロン、トマト、イモ類）
亜鉛	エネルギー代謝、タンパク合成、免疫に関与する多くの酵素の成分	豆類（ヒヨコ豆等）、種実類（カシューナッツ、カボチャ等）、野菜（ホウレン草、ニンニク）、ヨーグルト、ハード系のチーズ
カルシウム	成長、神経伝達、骨組織の維持・修復、筋収縮、血液凝固	吸収率>50％；白菜、チンゲン菜、ケール、オクラ等。吸収率〜30％；牛乳・乳製品、豆腐、納豆。その他、豆乳、切り干し大根
ビタミン D	カルシウム吸収、骨の健康、免疫機能、抗炎症作用	キノコ類（干しシイタケ等）、VD強化卵、VD強化食品（シリアル等）。日光に当たることも大事
ヨウ素	甲状腺ホルモンの一部として働き、代謝と心拍数を調節する	魚介類、海藻類（昆布、ワカメ、海苔）、ヨード卵、乳製品
ビタミン B_2	代謝経路とエネルギー産生における無数の酸化 - 還元反応の補酵素	牛乳・乳製品、卵、海藻類、豆類、種実類、強化シリアル
ビタミン B_{12}	造血とエネルギー産生に重要	豆乳、植物由来ミルク、海苔、シリアル、VB_{12} 強化食品

でしょう。また、専門家やトレーナーは、アスリートがベジタリアンである理由を理解するよう努め、栄養教育も含めてベジタリアンのアスリートを支援するべきです。その時に、「適切に栄養素を摂

取するためには動物性食品を食べなくてはならない」とは決していってはいけないのです。

ただし、ベジタリアンの食事が、スポーツをする上で、動物性食品を食べるような雑食型の食事よりも勝っているという科学的証拠は未だに認められていないのも事実です。よって、ベジタリアンの人もそうでない人も、『食の多様性としてお互いの価値観を認め合う』という姿勢が必要でしょう。

参考文献

1) 特定非営利活動法人　日本ベジタリアン協会 http://www.jpvs.org/（2020年6月11日閲覧）
2) 長尾三郎：生き仏になった落ちこぼれ．講談社文庫，1992.
3) Pelly FE and Burkhart SJ: Dietary regimens of athletes competing at the Delhi 2010 Commonwealth Games. Int J Sport Nutr Exerc Metab. 24: 28-36, 2014.
4) Melina VW et al.: Position of the academy of nutrition and dietetics: vegetarian diets. J Acad Nutr Diet. 116: 1970-1980, 2016.
5) Thomas DT et al.: American College of Sports Medicine joint position statement. Nutrition and athletic performance. Med Sci Sports Exerc. 48: 543-568, 2016.
6) Larson-Meyer DE: Vegetarian and vegan diets for athletic training and performance. Sports Science Exchange. 188, 1-7, 2018.

6-7　遺伝子ドーピング

本項ではオリンピックでは必ず話題になるドーピング問題の中でも、現実味を帯びてきた遺伝子ドーピングについて考えてみたいと思います。

ドーピングについて

日本アンチ・ドーピング機構（JADA）は、ドーピングを以下のように定義づけています[1]。

ドーピングとは「スポーツにおいて禁止されている物質や方法によって競技能力を高め、意図的に自分だけが優位に立ち、

勝利を得ようとする行為」のことです。禁止薬物を意図的に使用することだけをドーピングと呼びがちですが、それだけではありません。意図的であるかどうかに関わらず、ルールに反する様々な競技能力を高める「方法」や、それらの行為を「隠すこと」も含めて、ドーピングと呼びます。ドーピングは、自分自身の努力や、チームメイトとの信頼、競い合う相手へのリスペクト、スポーツを応援する人々の期待などを裏切る、不誠実で利己的な行為であり、ドーピングがある限り、そもそもスポーツはスポーツとして成り立つことができません。

1960年の夏季オリンピック・ローマ大会において、興奮剤を使用した自転車競技選手が死亡したことを受け、IOCとしては、1968年の冬季オリンピック・グルノーブル大会と夏季オリンピック・メキシコ大会からドーピング検査を始めました。そして、1999年に世界アンチ・ドーピング機構（WADA）が設立され、世界共通のルールが作成され、運用されるようになりました。JADAは2001年に設立しています。

ドーピング違反としては、禁止物質と禁止方法があり、禁止方法にはM1〜M3の3つの方法が挙げられています[2]。

　M1. 血液および血液成分の操作

　M2. 化学的および物理的操作

　M3. 遺伝子および細胞ドーピング

M1は持久力向上目的で行われる血液ドーピングなど、M2はドーピング検査で採取する尿検体に関する操作や、競技場でのビタミン注射などを含みます。そして、M3が本項で取りあげる遺伝子ドーピングを主体とした禁止方法です。

M3のうちの細胞ドーピングというのは、筋力や持久力の向上に関連する物質を産生する細胞を選手から採取し、大量に増殖させておいて、試合前に体内に戻す方法です。選手個人の細胞を増やして

いるため、後から検出することは困難です。

少し脱線しますが、「パプアニューギニアの人々がサツマイモを主食としていて、低タンパク食なのになぜ筋肉質なのか」という疑問から、彼らの糞便を採取して腸内細菌を研究することが行われていますが、そこからは窒素固定能力があるバクテリアが見つかっています[4]。腸内の窒素をアンモニアに変換（固定）して、宿主であるヒトが利用できる形にしている可能性があるということです。

健康のための便移植という治療法がありますが、競技力向上のための便移植も、窒素固定の目的に限らず行われるようになるかもしれません。このような腸内細菌ドーピングや便移植ドーピングはWADA でも禁じられていません。

ゲノム編集

リチャード・ドーキンスは、1976 年の著書『利己的な遺伝子』[5]の中で、「生物は、遺伝子が自らを外敵から守るために築き上げた『生存機械』（サバイバルマシン）である」としました。彼の説によれば、「生物は利他的行動をとることがあるが、それは自らの遺伝子の生存に有利に働くからである。生存機械は、多数の遺伝子を含んだ『乗り物』のようなものである。遺伝子は死なない『不滅』の存在であり、生存機械を乗り捨てながら自分のコピーを次々と広めていく」というわけです。

それから45 年が過ぎ、人類はヒト遺伝子を解明し、操作する技術を開発しました。

ヒトにおいては1990 年に初の遺伝子治療が報告され、これは病気の原因となる遺伝子を正常なものに取り換えたり、正常な遺伝子を組み込む方法として、臨床応用を目指す研究が進みましたが、遺伝子が狙った場所に入らなかったり、治療用の遺伝子を組み込んだレトロウイルスが異物と認識されたりと課題が多く、ES 細胞や

iPS細胞を使用する幹細胞治療の方向にシフトしていきました。

　そこに登場したのが、ゲノム編集の技術です。ゲノム編集は、「生物の丸ごとの遺伝情報であるゲノムの遺伝情報を編集する技術。標的とする塩基配列部位を壊したり、そこに別の配列を挿入したりして、生物の遺伝情報を改変できる。遺伝子の運び屋であるベクターなどを用いて遺伝子を導入する遺伝子組換えは、多くの場合、遺伝子を導入するゲノムの部位はランダムであるため、多くの試行錯誤が必要となる。この従来型の遺伝子組換えと比較して、ゲノム編集は標的とする塩基配列部位を高確率で改変できるため、効率がよいとされる。遺伝子治療や農畜水産物などの育種に応用されている。」技術です[2]。

　特に、ゲノム編集の第3世代といわれるクリスパーキャスナイン（CRISPR/Cas9）が、ジェニファー・ダウドナ博士とエマニュエル・シャルパンティエ博士により2012年に発表され、2013年から使用されるようになると、その精確さと安価で容易なところが評価され、様々な分野に応用されるようになります（**図 6-7-1**）。2人

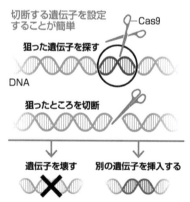

図 6-7-1　CRISPR/Cas9 を使ったゲノム編集の流れ
（朝日新聞社提供）

図6-7-2　CRISPR/Cas9の発明者がノーベル化学賞受賞
（写真：picture alliance/アフロ）
ジェニファー・ダウドナ（左）とエマニュエル・シャルパンティエ

は、この功績により 2020年のノーベル化学賞を受賞しました（**図6-7-2**）。それだけ、世界を変える画期的な技術であり、現在は日本でも、理系の大学4年生くらいでも研究に使っているほどにポピュラーな技術となっています。

　農作物、家畜、魚の養殖においては、従来の品種改良（育種）では、ターゲットにする遺伝子に望ましい変異を起こす確率は非常に低いので時間がかかるのですが、ゲノム編集ならば高確率で成功するので、すでにイネ、トマト、ウシ、マダイ等で実施されています。厚生労働省がゲノム編集食品を監督しています[6)]が、筑波大学の江面浩教授らの開発した高GABA含有トマトは、2020年12月に届出がなされ、筑波大学発のベンチャー企業「サナテックシード株式会社」を通じて2021年から種子や苗の販売が開始されています。

　さて、話を戻しますと、遺伝子治療にCRISPR/Cas9が使えるようになって、この分野は加速的に発展しています。

　まず、遺伝子検査を行うことで、アルコールに強い・弱いとか、糖尿病や骨粗鬆症になりやすいかどうかなどがわかります。一生に

一度、遺伝子検査を受ければ、日常生活で心がけることが変わるはずです。一方で、遺伝子検査のスポーツへの応用としては、エリート選手育成のためのジュニアのセレクション（ジェネティックセレクション）に使うことが考えられます。すでに使っている国はあるでしょう。

　次に、ヒトに関して、病気の原因遺伝子が見つかれば、それを正常な遺伝子に置き変えるか不活発にするかというのが遺伝子治療です（**図6-7-3**の左）。これをスポーツに応用すると、競技力の向上に関わる遺伝子に置き換えていくことになり、これは遺伝子ドーピングです。

　もう一つは、出産前の遺伝子治療です（**図6-7-3**の右）。受精卵をゲノム編集して、将来病気になる可能性がある遺伝子は改変してしまう。そして母体に戻せば、遺伝子が望ましい方向に改変された子どもが誕生します。細胞の数が少ないので編集も楽ですが、この受精卵から生殖細胞もできますので、影響は子孫にも伝わってしまいます。

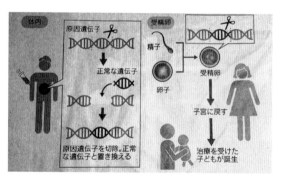

図6-7-3　ゲノム編集で病気を直す2つの方法
（日本経済新聞朝刊　2018年12月14日「進む
DNA研究倫理問う」：許諾を得て転載）
〈無断複写・転載を禁じる〉

　また、遺伝子は単独で働いておらず、ネットワークを構築して働くこともわかってきたので、ゲノム全体の関係性、機能が解明されないうちに、ある特定の遺伝子を編集してしまうと、思いもよらない副産物が生じたり、遺伝子改変を受けた子どもが健康に育つかどうかがわからないので、未だ臨床で使える段階ではないのです。

　そこで、受精卵にゲノム編集を行って子どもを誕生させることは、世界各国がそれぞれ学会をつくって規制してきました。

デザイナーベビーとスーパーヒューマン

　ここで考えていただきたいのは、受精卵にゲノム編集が施せる時代になったら、果たして子どもの病気を防ぐという目的だけにとどめられるでしょうか。「肥満を防ぎたい」「筋肉質にしてください」「髪の毛はふさふさに、ついでに金髪でお願いします」「眼は視力1.5以上で、青くしてください」「背も高くしてください」「足は長く、走るのも速いスプリンター型に」「IQも高く」……と親の要求はエスカレートしかねません。親が望む容姿や能力を持った「デザイナーベビー」の誕生です。これができると、アスリートにとっても、望む資質が生まれつき手に入ってしまうのです。これも遺伝子ドーピングに他なりませんが、どうやって検出することができるでしょうか。

　さて、2018年11月に恐れていたことが現実になりました。中国・南方科技大学の賀建奎副教授が、エイズ感染を防ぐゲノム編集をした双子の女児を誕生させたと発表しました。中国の指針では、改変受精卵から子どもを誕生させることを禁止していました。この問題は、「一研究者の非常識な逸脱行為」ではすまされない世界的な大問題に発展しました。ゲノム編集を行ったデザイナーベビーが、現実に誕生してしまったのです。

　将来、アスリート仕様のデザイナーベビーが育って、やがて国の

代表としてオリンピックに出場したら、オリンピックはどうなるのでしょう。人類の究極のパフォーマンスを決める大会にはなるでしょうが、ドーピングをしているのですからオリンピックではなくなります。ナチュラルなアスリートのオリンピックとは別に、超人オリンピック大会をつくるようになるのでしょうか。

スティーブン・ホーキングは、亡くなる前に著した本[8]の中で、「富裕層が、自分と子どもをより賢く、より病気に強く、より長生きさせたいと考えて、遺伝子工学を支持するであろう」という終末論的なシナリオについて説明しました。「そのようなスーパーヒューマンという新人類は、知能や本能さえも編集されて、侵略の本能が高まれば、競争することができないナチュラルな人たちは滅亡するでしょう。ヒトに対する遺伝子工学を防ぐための法律が制定されることを期待しているが、人間の能力を向上させるという誘惑に抵抗することができない人たちがいるはず」と述べました。

誰かが、あるいはどこかの国がやり始めると、堰を切ったような流れができてしまうでしょう。核兵器も同様ですが、科学の発展を学び、乱用を監視し、生命倫理やオリンピズムを理解して、自分なりの判断基準をしっかり持っておきましょう。そうでないと、オリンピックは消えてしまいますし、スポーツで幸福な社会をつくることが実現できなくなってしまいます。

参考文献

1) 公益財団法人 日本アンチ・ドーピング機構：アンチ・ドーピングとは.
https://www.playtruejapan.org/about/（2021 年 2 月 1 日閲覧）
2) 坂田 亮太郎ほか：東京五輪まであと 1 年、「遺伝子ドーピング」という魔力. 日経バイオテク. 2019. 9. 30.
https://bio.nikkeibp.co.jp/atcl/report/16/082400016/090500089/（2021 年 2 月 1 日閲覧）
3) 2021 年禁止表国際基準. https://www.playtruejapan.org/entry_img/2021list_prohibited_en.pdf（2021 年 2 月 1 日 閲覧）
4) Igai K et al.: Nitrogen fixation and nifH diversity in human gut microbiota. Sci Rep. 6: 31942, 2016.

5) リチャード・ドーキンス：利己的な遺伝子　40 周年記念版．日高敏隆ほか翻訳．紀伊國屋書店，2018.
6) 厚生労働省 HP：ゲノム編集技術応用食品等.
https://www.mhlw.go.jp/stf/seisakunitsuite/bunya/kenkou_iryou/shokuhin/bio/genomed/index_00012.html（2021 年 2 月 1 日閲覧）
7) サナテックシード株式会社 HP
https://sanatech-seed.com/ja/（2021 年 2 月 1 日閲覧）
8) Hawking S: 9. Will artificial intelligence outsmart us? pp. 181-195, Brief Answers to the Big Questions. Bantam Books, 2018.

6-8　1964 年東京オリンピックの栄養サポートから考える

　1964 年に開催されたオリンピック東京大会は、金メダル獲得数の順位で過去最高タイを誇ります。太平洋戦争の敗戦から 19 年しか経っていない時期のオリンピックで、どうやってこれだけの成績を収めることができたのか、本項では栄養面から 1964 年の東京大会を見直したいと思います。

夏季オリンピックのメダル獲得数

　日本がオリンピックに参加を始めた 1912 年（大正元年）のストックホルム大会から現在までの、日本選手団が獲得したメダル数を**表 6-8-1** にまとめました。

　日本は、1920 年のアントワープ大会（ベルギー）で初のメダルを獲得すると、その後は、1932 年ロサンゼルス大会、1936 年ベルリン大会と、次第に強豪国の仲間入りをしていきます。ちなみにベルリン大会に参加した国・地域の数は 49 です。

　しかし、太平洋戦争が始まるとオリンピックは開催が見合わせられます。戦後に再開された 1948 年ロンドン大会には、日本はドイツとともに参加が認められませんでした。1952 年ヘルシンキ大会から再び参加しますが、ここからはソ連、中国も初めて参加してき

表 6-8-1　夏季オリンピックにおける日本選手団の獲得メダル数

開催年・開催地	金	銀	銅	総数	順位
1912 ストックホルム	0	0	0	0	―
1920 アントワープ	0	2	0	2	17 位
1924 パリ	0	0	1	1	23 位
1928 アムステルダム	2	2	1	5	15 位
1932 ロサンゼルス	7	7	4	18	5 位
1936 ベルリン	6	4	8	18	8 位
1948 ロンドン不参加	―	―	―	―	―
1952 ヘルシンキ	1	6	2	9	17 位
1956 メルボルン	4	10	5	19	10 位
1960 ローマ	4	7	7	18	8 位
1964 東京	16	5	8	29	3 位
1968 メキシコシティ	11	7	7	25	3 位
1972 ミュンヘン	13	8	8	29	5 位
1976 モントリオール	9	6	10	25	5 位
1980 モスクワ不参加	―	―	―	―	―
1984 ロサンゼルス	10	8	14	32	7 位
1988 ソウル	4	3	7	14	14 位
1992 バルセロナ	3	8	11	22	17 位
1996 アトランタ	3	6	5	14	23 位
2000 シドニー	5	8	5	18	15 位
2004 アテネ	16	9	12	37	5 位
2008 北京	9	8	8	25	8 位
2012 ロンドン	7	14	17	38	11 位
2016 リオデジャネイロ	12	8	21	41	6 位
2020 東京	27	14	17	58	3 位

注 1　開催地は日本選手団が参加を始めた 1912 年以降
注 2　順位は金メダルの獲得数（メダル総数ではない）

ます。戦後の日本には、青年期の有望な選手は戦争に取られて少な
くなっていたでしょうし、選手強化のための予算も取れなかったで
しょうから、戦前のように活躍するには、若手の台頭と国力の回復

を待たねばなりませんでした。

　そして、1959 年に、5 年後の 1964 年に東京でオリパラを開催することが決まります。アジアで初めての開催です。日本はすでに 1956 年メルボルン大会において、金メダル獲得数で 10 位につけていましたが、オリンピックが決定した翌年の 1960 年ローマ大会で 8 位につけ、東京大会では史上最多の金メダル 16 個を獲得し、3 位となります。この時の参加国・地域は 93 になっています。

　さて、ここから 3 大会は 3 位、5 位、5 位と好位置につけますが、1980 年モスクワ大会は米国とともに参加をボイコットしました。次の 1984 年ロサンゼルス大会は 7 位と好成績を収めたように見えますが、ソ連、東ドイツ、ポーランド、ブルガリア、ハンガリー、キューバなど東側の強豪国が不参加でしたので、この 2 大会は、世界のスポーツ情勢を見誤ることにつながったのではないかとされています。

　そして 1988 年ソウル大会を迎えます。世界 159 の国・地域が参加して熱戦が繰り広げられ、日本は金メダル 4 個、14 位と、アジアでも中国と韓国の後塵を拝する結果となりました。筆者は、オリンピック後の 11 月に開催された JOC 第 2 回コーチ会議に参加しましたが、ここでは、各競技団体の監督が数名ずつ壇上に上がり、それぞれオリンピックの総括をしました。すると、会場に来ている往年の選手・コーチ（いわゆるスポーツ界の重鎮）から怒号が飛びかいました。金メダルを獲得した柔道、レスリング、水泳はもちろんのこと、体操、陸上競技、バレーボールなど期待された競技団体ほど責められました。この時の競技団体の言い訳としては、「日本には練習場所が不足している」「欧米人に比べて日本人は体格が小さい」の 2 つに集約されました。

　この時、後者に違和感を覚えました。金メダル 12 個を獲得して世界 4 位に入った同じアジアの韓国とそれほど体格は違いません。

実は、オリンピック前にいくつかの強化合宿を訪問しましたが、練習は素人目にも非常に高度な内容に映りました。一方、食事量は、これが世界と戦う選手のものかと目を疑うような貧弱な内容のものが少なくありませんでした。よって筆者は、課題は「栄養」だなと確信したのです。

1964年東京大会ではなぜ金メダルを16個も獲れたのか

では、1964年東京大会の栄養はどうだったのでしょうか。

これから書くことは、資料および伝聞によるものです。筆者は、1990年頃から日本体育協会（当時）の指導者養成講習会の栄養学講師を務めましたが、講師懇談会などで小池五郎先生（故人、女子栄養大学名誉教授）をはじめとする往年の講師の先生方から、東京大会での栄養サポートについて伺う機会がありました。また、ウエイトリフティング日本代表であった三宅義信氏（ローマ大会：銀、東京大会：金、メキシコシティ大会：金メダリスト）が自衛隊体育学校長をされていた時期に伺ったお話と、サッカー日本代表であった片山洋氏（東京大会ベスト8、メキシコシティ大会：銅メダリスト）からサッカーの勉強会の際に伺ったお話ももとにしています。

まず、栄養のサポート側としては、強豪国の選手と日本の強化指定選手との栄養調査を行い、その比較をしています[1,2]。その結果から、日本選手には欧米の選手と比べて、動物性タンパク質、カルシウム、そして脂肪が決定的に不足しているという結論に至りました。そこで、この3つの栄養素をどうやって補給させるか、食費を支給するのがいいか、食品を現物支給するのがいいかの議論になり、結局、牛乳1リットル、卵10個、バター1箱を強化選手に毎日支給することになったそうです（**図6-8-1**）。

前述の三宅氏からは、「卵は朝食と夕食に5個ずつ生で飲んだ」「牛乳は飲めない選手の分ももらって1日に1升5合（2.6リット

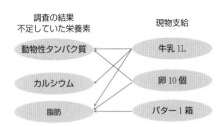

図 6-8-1　1964 東京大会の栄養サポート
エネルギー 2200 kcal, タンパク質 90 g, カルシウム 1000 mg, 脂肪 170 g

ル）飲んだ」と伺いました。同じく片山氏からは、「バターは味噌汁に入れたり、熱々ご飯の上にのせてバターご飯にした。とにかく合宿ではよく食べたよ」と伺いました。この 3 つの食品を摂取することにより、エネルギー 2200 kcal、タンパク質 90 g、カルシウム 1000 mg、そして脂肪 170 g を、食事からの栄養素に上乗せすることができます。そして、食糧事情が良好な時代ではありませんから、選手は喜んでこれらの食品を摂取したそうです。

　さらに、黒田善雄先生（故人）が、以下のようにサプリメントに関する報告をされています。

　　「III.　強化選手の栄養対策などについて

　　わが国民の栄養摂取状況は、栄養学的に種々の問題を有している。とくに蛋白質（特に動物性蛋白質）、脂肪の摂取量が少なく、それにともない鉱物質、ビタミンなどについても不十分なものがある。これでは体力の向上も望まれず、競技者のトレーニング効果も十分達することが不可能である。体力管理部会では、栄養委員会が中心になって、昭和 35 年より、たびたび強化選手合宿において栄養調査を行ない、それに基づいて栄養の改善等を行なって来た。その結果、合宿における食餌内容は年々良好となり、外国人選手に劣らない程度になった。ある場

合には，むしろ過剰となり，下痢などの副症状を示した競技団体もあったほどである。しかし，合宿地によっては十分な栄養を給与することが不可能な場合もあり，また疲労，暑熱などのため十分食事を摂取できぬ場合もある。さらに，はげしいトレーニングによりビタミン等は十分補給する必要があったので，昭和39年度は全候補選手に総合ビタミン，活性ビタミン，特殊疲労回復剤の配布を行なった。

報告者：スポーツ科学研究委員　黒田善雄」

（「日本体育協会スポーツ科学研究報告1965年」[3]より：傍点は著者修正）。

　黒田先生は、のちに日本体育協会の公認スポーツドクター制度をつくるのに尽力されたドクターです。東京大会に向けて選手の栄養状態はかなり良好になったものの、仕上げとして、総合ビタミン、活性ビタミン、特殊疲労回復剤の3つを配布したとの記述があります。

　その内容は、報告書の他の部分をみると、総合ビタミンは「(1) ビタミン剤」のことであり、特にビタミンB_1とCを不足させないように摂取させたものです。活性ビタミンは「(3) 麦芽油」（小麦胚芽油；ビタミンEとオクタコサノール含有）のことであろうと考えられます。そして特殊疲労回復剤は「(2) 持久性スポーツの場合に与える栄養混合物」に記述がありますが、そのなかに出てくる「スタミノン」というブドウ糖にビタミンや塩類を混合したもののことです（表6-8-2）。現在のエネルギー食品の原型のようなサプリメントです。ちなみに、この「スタミノン」という名称の商品は、アース製薬グループのペット用のサプリメントとして、今日でも製造・販売されています。

　「たとえ栄養の合理化によって基礎体力は養成されても，それを最大限に発揮するために最も有利な心身の条件を作りだ

表6-8-2　報告書に記載された持久性スポーツの場合に与える栄養混合物
（「日本体育協会スポーツ科学研究報告 1965年」3)より作表）

成分	分量
ブドウ糖	40 g
砂糖	40 g
可溶性澱粉	20 g
リン酸ナトリウム	1 g
食塩	1 g
ビタミンB₁	10 mg
ビタミンC	300 mg
クエン酸	200 mg

なければ，立派な記録は生れない。

　栄養物の助けによってスポーツの記録を高め，あるいは競技の遂行能力を増強することは，スポーツ選手の栄養を論ずる場合の重要な課題の一つである。

（中略）

（1）ビタミン剤

　合理的な栄養物の供給によって，競技の遂行能力を高めることもできるし，栄養に注意することによって疲労の回復過程を促進することもできることは，よく知られている通りである。

　このような目的で，従来最も普遍的に用いられているのはビタミン剤である。

（中略）

（2）持久性スポーツの場合に与える栄養混合物

（中略）

　われわれは，体重減量を行なったレスリング選手に，ブドウ糖にビタミンや塩類を混合した通称スタミノンを与えてよい結果をあげることができた。このスタミノンは体協が選手の強化剤として一般選手にも配布した。

（中略）

（3）麦芽油

　　最近アメリカやオーストラリアの水泳選手などは，スタミナ
をつけるために麦芽油を使用しているといわれている。」

（「日本体育協会スポーツ科学研究報告1965年」[3]より）

　以上をまとめると、東京大会に出場した選手は、「戦争には負け
たがオリンピックでは勝つ」という強い目的意識を持って猛練習を
するとともに、強豪国の選手にも負けない質と量の食事を摂り、摂
りづらいビタミン類を「総合ビタミン」で補い、競技能力を増強す
るためのエルゴジェニックとして、「スタミノン」と「麦芽油」と
を摂っていた、つまり栄養面でも今日に通用するような万全の態勢
を取っていたということがわかります。栄養面からみても、世界3
位という好成績に合点がいくというものです。

ソウル大会、それから

　表6-8-1に戻りますと、ソウル大会が開催された1980年代は、
日本では「飽食の時代」に入った頃とみなされます。1960～70年
代にかけての高度経済成長期を経て、食に関しては「誰でも・いつ
でも・どこでも好きなものが食べられる」豊かな時代になりました。
ところが別の問題が起きてきます。食べ物の種類も量も無い時代は、
兄弟も多くて争って食べていたので、選手はとにかく飢えていて、
お腹いっぱい食べたいわけです。いわゆる「ハラで食べる」時代で
す。それが飽食の時代になると、少子化も進んで兄弟も少ないため
大事に育てられ、食べ物は豊富ですから好き嫌いがいえるようにな
ります。自分の好きなもの、おいしいと思うものだけを食べたくな
るのです。いわゆる「クチで食べる」時代です。

　本来は恵まれているはずなのに、偏食をし、食事時間が不規則に
なり、食事量が少なくなり、栄養バランスが悪くなります。一般人

にも生活習慣病が見られるようになりますし、選手としては猛練習に耐えるために必要な栄養量が摂れなくなるという事態が起こってきます。

　1989 年に札幌医科大学の岡野五郎先生と共同で行った日本と中国の高校トップ選手の栄養摂取状況の比較調査は、翌年の日本体力医学会で発表した時に新聞社が取りあげてくれました。高校時代の 3 年間の毎日を、栄養摂取量がどう見ても不足する日本選手と、2 倍多く摂取している中国選手とでは、成人した時の体力・競技力には大きな差が出てくるでしょう。栄養の差が競技力の差、メダルの差といえるでしょう。

　筆者が、ソウル大会の後に、オリンピックで活躍するには栄養が課題と考えたのはこのことです。世界で勝つためにはハードトレーニングが必要ですから、そのための膨大なエネルギーを満たし、消耗する身体をすばやくつくりかえる材料を補給し、どれだけ疲労しても良好なコンディションを維持していくことが必要とされます。つまり、ゴールとしては、1964 年東京大会のような栄養摂取状況にしたいのですが、飽食の時代という社会環境では、異なる栄養サポート法を採用する必要があります。牛乳・卵・バターをありがたいと思う時代ではないからです。選手自身が、たくさんの食べ物の中から自分にとって必要な食品を選んで摂取することができるようになるという、いわゆる「アタマで食べる」ことのできる選手を育てなくてはなりません。

　そして、本書で解説したような栄養サポートを考え、柔道、陸上競技、サッカー、水泳、レスリング等から実施し、もちろん多くの管理栄養士の方々のサポートがあり、国立スポーツ科学センター（JISS）などの組織的なサポートもあって、多くの競技で成功事例が積み重ねられ、スポーツ栄養学が定着してきました。2005 年には食育基本法が成立し、国家としても栄養の重要性を見直すように

なりました。

　実際に獲得メダル数を見ると、2004年アテネ大会ぐらいからその成果が出てきたように思います。JOC会長・山下泰裕氏は、2020年東京大会に向けて「金メダル30個、世界3位」という目標を掲げていました。このような目標を実現するためには、栄養サポートも重要な役割を持っていることを読者諸兄にもご理解いただき、スポーツ栄養に取り組んでいただければと思います。

参考文献

1) 長嶋次男：栄養とスポーツ. 中京体育学論叢, 5-32, 1960.
2) 白井伊三郎：レスリング選手の合宿練習時における栄養摂取量について. 体力科学. 11: 118-122, 1962.
3) 日本体育協会スポーツ科学研究報告 1965年.

おわりに

「スポーツで世界一になりたければ、栄養面でも世界一になって
ください」

練習内容や練習量では誰にも負けないというアスリートに出会う
たびに、このように声がけしてきました。世界一になるということ
は、世界一の練習をこなすということで、それ相応の負担が身体に
かかっています。スゴイ練習にはスゴイ栄養が必要なのですが、
「食事くらいは好きにさせてほしい」というアスリートや指導者も
少なくありませんでした。

私は、幼少期より生き物が好きで生物学の研究者を目指していま
したが、大学院修士課程時代の指導教員の勧めで、明治製菓株式会
社（現 株式会社明治）の研究所に就職しました。3年後に本社に
異動となり、スポーツ食品『ザバス』の担当となりました。主力商
品のプロテインの売り上げを伸ばす営業企画の仕事です。

本社に4名、販売会社に10名の営業だけの小さい部署だったの
で、何でも自分たちでやりました。雑誌広告も商品カタログも、デ
ザインを描きコピーを書きました。ファンクラブを組織し、新聞を
制作しました。営業と一緒に代理店、問屋、小売店まわりをして勉
強会をし、学校を訪問して栄養学のセミナーを実施しました。商品
企画、パッケージデザイン、工場生産の立ち合い、お客様相談もク

レーム対応も行ないました。そういう活動の中で、啓蒙・普及活動
と、関わったチーム・選手の勝利への貢献、そして成功事例をつく
って公表することが、口コミでファンを増やし売り上げを拡大する
のに有効であることを認識するようになりました。

　そこで、栄養サポートを専門的に行う『ザバス　スポーツ＆ニュ
ートリション・ラボ』という組織をつくり、日本代表選手の栄養サ
ポートも行うようになっていきました。私も、4回のオリンピック
夏季大会と長野冬季オリンピック、そして、サッカーの日韓ワール
ドカップにおいて活動しました。現場にばかり行くようになると、
どうしても基礎研究がおろそかになり、またその重要性に気づきま
す。そこは、入社したときに所属していた研究所の有志数名が請け
負ってくれて、対外的に上記『ラボ』のメンバーとして活動してく
れました。

　私自身も36歳の時に、東京大学の教養学部に新設された大学院
博士課程に籍を置き、ヒトを対象としてスポーツパフォーマンスを
高める研究を行い、学位論文ではその研究をもとに『スポーツ栄養
学』を学問として体系づけることができました。

　そして、50歳で大学教員になり14年目を迎えています。『スポ
ーツ栄養学』に出会って私の人生は大きく変わったと思います。そ
の大切さを、より多くのスポーツを愛する学生に伝えているところ
です。

　このような30年余りにわたる現場的経験の中で、素質があるの
に食生活を疎かにしたために故障して消えていったアスリートを無
数に見てきました。もったいないと思いました。逆に、伸びるアス
リートは勝つことに貪欲で栄養サポートを素直に受け入れ、栄養改
善に取り組んでくれました。私の言うことを、必要と判断すれば取
り入れて継続し、自分には合わないと思えばやめればいいのです。

やがて、栄養摂取においても世界トップと言えるぐらいにこだわったアスリートが、万全の準備をしてそれを自信にもして勝利する姿を見せてくれるようになったのです。

『スポーツ栄養学』は、確実にアスリートの武器（あるいは防具）になります。次は、あなたの番です。

本書は、特定非営利活動法人 日本トレーニング指導者協会（Japan Association of Training Instructors: JATI）の機関誌 JATI EXPRESS に、2015 年の 46 号から 2021 年の 81 号まで 6 年間にわたって連載した記事をもとに、加筆・修正したものです。たくさんのスポーツ指導者に支えられて連載を続けることができました。

JATI 理事長の有賀 雅史先生、副理事長の有賀 誠司先生、同じく事務局長の斉野 恵康氏、JATI EXPRESS 編集の光成 耕司氏、そして JATI に関わるすべての方々にお礼申し上げます。大修館書店には発刊まで段取りよく編集していただき、感謝いたします。

大学院博士課程時代からの恩師である小林 寛道先生、石井 直方先生、アメリカの恩師である故 Melvin H. Williams 先生には、たくさんの学びをいただきました。改めてここに謝意を表します。

いつも私を良い方向に導いてくださる元同僚の青山 晴子氏、酒井 健介先生を始めとするザバスに関わった方々、そして、立教大学スポーツウエルネス学科の同僚の先生方にも深く感謝いたします。

最後に、プライベートライフをおいしく楽しくしてくれる妻の杉浦 薫に感謝したいと思います。

2021 年 8 月

杉浦 克己

索引

た行

ま行

や・ら行

[著者紹介]

杉浦克己（すぎうら・かつみ）
立教大学コミュニティ福祉学部 スポーツウエルネス学科 教授。
1957年東京都生まれ。
静岡大学理学部生物学科を卒業し、同大学院（生物学）修士課程を修了し、
1985年に明治製菓株式会社（現 株式会社明治）に研究職として入社。
1991年に同社ザバス スポーツ＆ニュートリション・ラボを設立し所長に就
任（2008年まで）。
1994年に東京大学大学院（身体運動科学）博士課程に入学し、スポーツ栄
養学の研究で博士号（学術）取得。
日本陸上競技連盟、全日本柔道連盟、日本アイスホッケー連盟、日本バレー
ボール協会、JOC等の栄養委員を歴任。
2002年日韓ワールドカップではサッカー日本代表の栄養アドバイザーを務
めた。
2008年より現職。
http://katsumi-sugiura.com/

スポーツ栄養学がわかる
パフォーマンス向上から健康維持まで

© Katsumi Sugiura, 2021　　　　　　　　　NDC780／xv, 271p／19cm

初版第1刷——2021年11月1日

著　者———杉浦克己
発行者———鈴木一行
発行所———株式会社 大修館書店
　　　　　〒113-8541 東京都文京区湯島2-1-1
　　　　　電話03-3868-2651（販売部）　03-3868-2297（編集部）
　　　　　振替00190-7-40504
　　　　　[出版情報] https://www.taishukan.co.jp

印刷所———精興社
製本所———ブロケード

ISBN978-4-469-26920-8　　Printed in Japan